JN109909

ライブラリ 心理学の杜 7

学習・言語心理学

木山幸子・大沼卓也
新国佳祐・熊　可欣　共著

サイエンス社

監修のことば

　心理学はどの大学でも，もっとも人気のある科目の一つです。一般市民向けの講座でも，同様です。心理学への関心の高さは，人間とは何かという尽きぬ疑問のせいもありますが，一方で，暴力と虐待，環境と災害，紛争と差別，少子化など，様々の社会問題に人の心の特質が関与しているからと思われるからでしょう。心理学に携わる者にとっては，人々のこうした関心に応えるためにも，心理学の知識を社会に対して正しく伝えていく責務があります。その中核を担うのは大学教育です。

　実証科学としての心理学では，日々，新しい知見がもたらされ，新しい理論が提起され，新しい技術が開発されています。脳科学，遺伝学，情報学など隣接諸学とのコラボレーションも進み，新展開を見せている心理学分野がある一方で，社会の諸課題に挑戦する応用分野でも心理学者の活発な活動が見られます。知識体系，技術体系としての心理学の裾野は益々広がりを見せています。大学における心理学教育も，これらの発展を踏まえ，教育内容を絶えず書き換え，バージョンアップしていく必要があります。

　近年，我が国の心理学界では大きな動きがありました。2017 年より公認心理師法が施行され，心理専門職の国家資格がスタートしました。これに先立って，心理学を講ずる各大学や関連諸学会では，大学における心理学教育の在り方をめぐって精力的に検討が行われ，いくつかの団体から標準カリキュラムの提案もなされました。心理学徒の養成を担う大学での今後の心理学教育は，こうした議論や提案を踏まえたものになる必要があり，このためにも，そこで使用される心理学テキストの内容については抜本的見直しを行うことが急務です。

　本ライブラリは，これらのことを念頭に構想されました。心理学の基本となる理論と知識を中核に据え，これに最新の成果を取り入れて構成し，現代の心理学教育にふさわしい内容を持つテキスト・ライブラリを刊行することが目標です。公認心理師養成課程はもちろん，それ以外の心理学専門課程や教養としての心理学にも対応できるよう，教師にとって教えやすい簡明な知識の体系化をはかり，同時に，学生たちが読んで分かりやすい内容と表現を目指します。

監修者　大　渕　憲　一

阿　部　恒　之

安　保　英　勇

まえがき

　2017年から公認心理師制度が実際に動きだし，大学における心理学とその関連分野のカリキュラムも再構成されました。本書は，公認心理師養成を企図するとともに，大学の専門ないし教養としての心理学教育に対応するテキストとして企画された「ライブラリ 心理学の杜」のうち，「学習・言語心理学」の入門的内容をまとめたものです。公認心理師のカリキュラムでは，「学習・言語心理学」として1つの科目となっていますが，本来学習心理学と言語心理学はそれぞれ別のバックグランドを持っています。その標準シラバスとして公開されている記述も，あくまでも一例であると明示されていますから，そこに掲載されているキーワードの概略的説明を暗記すれば公認心理師として十分であるというわけではなく，各領域の統合的な理解が求められます。

　そこで本書では，公認心理師大学カリキュラム標準シラバスを参照しながら，著者たち4人それぞれが専門とする学習心理学と言語心理学（心理言語学）の領域全体に照らして，初学者が把握すべき不可欠な事柄を厳選し，できるだけ平易な表現で説明するようにしました。その際，これらの学問領域の知識から読者が人生をより良くするための知恵を得てほしいと願いながら執筆にあたりました。書かれている事柄は，受動的に与えられて覚えるものとしてではなく，なぜそのような説が妥当なのかという科学的道筋を読者がみずから考えられるように，実験的根拠とともに具体的に説明するように心がけたつもりです。そうでなければ，日々研究結果が蓄積され知識も更新されていく科学としての心理学の専門家として，根拠なく丸暗記した古い情報は無駄になるばかりで，日々の実践の中で状況に応じた適切な判断をすることはできないだろうと思われるからです。

　本書は，公認心理師大学カリキュラムの科目の枠組みにしたがって，以下のように構成しています。

第I部　学習心理学

　第I部の学習心理学と第II部の言語心理学は，別個に発展してきた学問領域ですが，互いに密接に関連し，章や部を越えて関連する事項は多々あります。できるだけ相互に参照できるように関連箇所を明記しました。人間の認知活動にことばが不可欠である以上，人間の学習のしくみの統合的理解のために言語機能のしくみの理解は欠かせません。また，人間の言語運用能力は学習によって得られたものですから，学習のしくみを知らずに言語機能を理解することもできません。さらに，こうした言語を含む認知活動は，必ずしも人間誰もが一様に実現しているものではなく，先天的・後天的な事由による個人差も大きく，一個人の中でも人生のあらゆる段階で変容していきます。一人ひとりの人間がみずからを環境にどのように適応させて問題を克服していくのか，心理学の研究知見の更新を追いながら学び直しを続けることが求められます。本書が，読者のみなさんにとってそのような人間の精神活動に対する洞察を深める一つのきっかけとなるのであれば，著者としてこの上ない喜びです。

　本ライブラリ監修の大渕憲一先生，阿部恒之先生，安保英勇先生には，著者たちに本書の執筆をおすすめくださり，草稿に的確なご助言をくださったことに心より御礼申し上げます。また，昭和大学の沖村 宰先生，筑波技術大学の伊藤和之先生，東北学院大学の那須川訓也先生，静岡県立大学の寺尾 康先生，東北大学の邑本俊亮先生と小泉政利先生に，医学，心理学，言語学におけるそれぞれのご専門の見地からのたいへん親身かつ貴重なご助言を頂戴することができたことを深謝いたします。

　これらの先生方に加え，総合リハビリ美保野病院／東北大学文学研究科博士後期課程の葛西有代氏と新潟青陵大学福祉心理学部の小林大介先生には，全章にわたって内容をチェックしていただきました。とりわけ，葛西氏には，草稿段階から脱稿まで，原稿の体裁を整える煩雑な作業にも惜しみないご助力をいただきました。さらに，2021〜2022 年度東北大学文学部，大学院文学研究科で著者が開講する「言語交流学各論」および「学習・言語心理学特論」の総勢 77 名の受講生たちから草稿に対する率直な反応を得られたことも，本書の完成に欠かせない貢献でした。中でも，同教育学研究科博士前期課程の白澤万智さんには，たびたび原稿内容の検証に多大なご協力をいただきました。そして，親身なペースメーカーとしても，的確かつ迅速な編集作業においても，著者たちを支えてくださったサイエンス社の清水匡太氏をはじめ編集諸氏のお力添えがなければ，本書の出版はもっとずっと後になっていたであろうと思います。

　著者たちは，それぞれにゆかりの深い東北大学の豊かな杜の中で自由に研究に専念し研鑽を積むことができたおかげで，本書を上梓することができたことを僥倖に思います。上述の方々とともに，著者たちの研究教育活動をいつも大きなお心で見守り支えてくださる恩師・同僚諸賢と，学習心理学と言語心理学を志す若いひたむきな学生たちに，言い尽くせぬ敬愛と感謝の心を持って，本書を世に送りたいと思います。

2022 年 5 月，杜の都の草青む佳き日に

　　　　　　　　　　　　　　　　著者を代表して　木山幸子

目　次

第11章　言語発達（2）──語彙　207

第12章　言語発達（3）──文法　229

第13章　言語発達（4）──談話・会話　249

第14章　言語に関わる障害　272

第 **I** 部

学習心理学

学習・行動領域の心理学

1

「学習」ということばを聞いて，どのような事柄を想像するでしょうか。学習塾，学習机，学習法……など，何となく「勉強」に関する事柄を想像するのではないでしょうか。そのため「学習心理学」ということばを聞くと，それは何か効率的な勉強の方法だとか，記憶術のようなものを扱う学問なのではないか，と思う人もいるかもしれません。しかし，心理学が扱う「学習」という概念は，単なる勉強のことではなく，私たち人間や動物にとって非常に重要で基礎的な現象およびそのしくみのことを指します。第1章では，「学習」とはそもそも何かという問題について触れた後，心理学という広い学問の一分野として学習心理学がどのようにして生まれ，どのように発展してきたかという歴史を概観しながら，学習心理学の基本的な概念について説明していきます。

1.1　はじめに——「学習」とは何か

本書のテーマである「学習」とは，単なる勉強のことではありません。学習はもっと広く深く私たちの生活に関わっています。たとえば，自転車に乗る，信号機を見て横断歩道を渡る，スマートフォンでメールを送る，さらに言えば，文章を読んで意味を理解するということすらも，はじめてそれを目の当たりにしたときにはできなかったはずです。これらの行動はいずれも，何かを繰返し見聞きしたり，練習したり，行ってみたりしたことで形成された行動であるといえます。このように，**学習**（learning）とは，経験によって行動およびその基礎過程[1]に生じる比較的永続的な変化のことであり，**学習心理学**（learning

---

[1] 行動の背後にある心理過程に加え，その神経科学的・生理学的な過程，さらにはそ

psychology）とは，学習を研究対象とする心理学の一分野です。

　なお，ここで学習を「経験によるものである」とするのは，単に時間経過によって起こる成長や成熟による変化と区別するためであり[2]，また「比較的永続的である」とするのは，疲労や酔い，薬物の投与，満腹や空腹といった状態による一時的な変容と区別するという意図があります。これらはいずれも「行動の変化」ではありますが，経験によらない，あるいは一時的なものであるという理由から，学習とは考えません。

　本章ではここから，学習心理学の誕生と発展の歴史について主要事項に限定しながら説明していきます。はじめに，学習心理学の思想のルーツとして，経験主義哲学者のロック（Locke, J.）の思想と自然史学者であるダーウィン（Darwin, C. R.）の進化論について説明します（1.2節）。続いて，学習心理学の誕生を決定づけたパヴロフ（Pavlov, I. P.）とソーンダイク（Thorndike, E. L.）による条件づけの研究について説明した後（1.3節），ワトソン（Watson, J. B.）による行動主義，ハル（Hull, C. L.）やトールマン（Tolman, E. C.）による新行動主義，スキナー（Skinner, B. F.）による徹底的行動主義について説明します（1.4節）。最後に，現在まで続く学習心理学の流れについて説明します（1.5節）。

1.2　学習心理学の思想的ルーツ

　学習心理学は，後で述べるように20世紀前半のアメリカの心理学において非常に大きな影響力を持っていました。しかし，その誕生のきっかけとなる2つの思想的ルーツは，実はどちらもイギリスで生まれたものでした。

の分子生物学的な過程までを含んでいます。

[2] 心理学における学習の定義に基づけば，個体の心身の発達にともなってある行動が出現するようになったとしても，それは特定の経験によるものではないため，学習とは考えません。とはいえ，ある発達段階になれば自然に出現すると思われていた行動でも，発達初期に一定の経験がない場合には出現しないこともあるため，成長や成熟と学習の間の区別は必ずしもはっきりしていません（今田，1996）。

1.2.1　経験主義と連合の概念

　第1の思想的ルーツは，17世紀イギリスの哲学者ロック（Locke, J.；図 1.1）に代表される**経験主義**（empiricism）です。ロックによれば，人間の心は生まれつき何も書かれていない白紙（tabula rasa）のような状態であり，感覚的経験を通してはじめて外界に関する観念が与えられるといいます。そして，経験によって観念と観念の間に結びつき，すなわち**連合**（association）が形成されていくことで，私たちの複雑な心や知識が出来上がっていくのだと考えました。哲学における経験主義者が主張する連合という概念は，学習心理学の基本的概念である連合の起源であることは疑いようがありません。また，心のはたらきや機能において経験を重要視するという点からも，経験主義哲学が学習心理学の思想的ルーツであることがうかがえます。

1.2.2　進化論

　第2の思想的ルーツは，19世紀イギリスの自然史学者ダーウィン（Darwin,

図 1.1　**イギリスの経験主義者ロックの肖像画**（Schultz, 1981）

ロックら経験主義者たちが示した連合の概念は，現在の学習心理学の基本的概念である連合の起源であると考えられます。

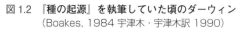

図 1.2 『種の起源』を執筆していた頃のダーウィン
(Boakes, 1984 宇津木・宇津木訳 1990)

ダーウィンが示した進化論では，動物と人間の心的機能の間には連続性があるとされました。こうした考え方は後に，動物を用いた学習心理学の実験的研究を推し進めることとなりました。

C. R.；図 1.2）による**進化論**（evolutionary theory）です。進化論では，生物の遺伝的形質は無作為に変化し（突然変異），環境に非適応的な形質は淘汰され，環境に適応的な形質が引き継がれていく（自然淘汰）とされています。この観点に立てば，現存する動物の器官や形態は，自然界において適応的であったからこそ現在のようなものになったのだと考えることができます。この考えは器官や形態の特徴だけでなく，動物や人間の心的機能についても適用されるようになり，心のはたらきや機能の適応的な意義を重要視する機能主義的心理学がアメリカで生まれることとなります。この機能主義的心理学が，後で述べる行動主義（1.4 節参照）につながるという意味で，進化論も学習心理学の思想的ルーツであるといえます。

　また，進化論的な立場に立てば，人間を含むさまざまな動物種の間には連続性があると考えることができます。たとえば，トカゲの前肢とコウモリの翼，ヒトの前腕は同じ骨を有し，かつ相対的に同じ配置をしているように，異なる

種の間で身体器官の形態的な類似性がみられます。重要なことに，このような
動物種間の連続性は形態的なものだけにとどまりません。ダーウィンは，1871
年に出版された著書『人間の由来（*The descent of man, and selection in relation
to sex*)』の中で，人間と他の動物の心的能力の程度には大きな差があるとはい
え，そこに質的な差はないという考えを示しています（Darwin, 1871 長谷川監
訳 2016）。このように，他の動物と人間の心的機能に連続性があるのならば，
他の動物の心的機能を研究することは，私たち人間の心の機能やはたらきを理
解することにもつながると考えることができます。こういった考え方が，動物
を用いた学習の実験的研究を推し進めることとなり，20 世紀前半における学
習心理学の著しい発展へとつながっていきます。

　以上のように，私たちの心は経験によって形作られるという経験主義哲学の
思想と，人間や動物の心的機能には自然界への適応という共通の意義があり，
なおかつ両者の間には連続性があるという進化論の思想が，学習心理学の誕生
の素地を用意していたといえます。

1.3　学習心理学の誕生を決定づけた 2 つの研究

　イギリスにその思想的ルーツを持つ学習心理学は，20 世紀初頭に行われた 2
つの研究によってその誕生が決定づけられることとなります。それは，ロシア
の生理学者パヴロフによる条件反射研究と，アメリカの心理学者ソーンダイク
による試行錯誤学習の研究です。

1.3.1　パヴロフの条件反射研究

　帝政ロシア・ソビエト連邦時代の生理学者パヴロフ（Pavlov, I. P.；図 1.3）
は，特殊な手術によって唾液や胃液の分泌を外部から観察できるようにしたイ
ヌを用いて，消化活動に関する研究を行っていました（Pavlov, 1897/1910）。
彼はこの研究成果により，1904 年にノーベル医学・生理学賞を受賞している
のですが，一連の研究の中で興味深い現象を発見しました。消化液は当然なが
ら，イヌが食物を食べたときに分泌されるのですが，それだけでなく，イヌが

図1.3　パヴロフの研究の様子（Boakes, 1984 宇津木・宇津木訳 1990）

条件反射の研究に着手する頃より20年ほど前の写真。右から2番目，イヌに手を当てている人物がパヴロフです。

食餌皿を見たときや，飼育員の足音を聞いたときにも分泌されることがわかりました。パヴロフは当初，このような現象を「心的分泌」と呼んでいましたが，現在ではこの現象は経験に基づく条件づけられた反射，すなわち**条件反射**（conditioned reflex）[3] として知られています。

　この観察から着想を得たパヴロフはその後，現在でもよく知られた一連の実験を行いました（Pavlov, 1926/1927）。その中のある実験でパヴロフは，イヌにメトロノームの音を聞かせた後に餌を与えるということ（対提示）を繰り返しました。メトロノームの音を聞いても，イヌは耳をそばだてたり音のほうを向いたりするだけで，唾液分泌は起こりません。一方，餌を食べると，生得的反射として唾液が分泌されます（無条件反射）。この手続きを繰り返すと，最終的にはメトロノームの音を聞いただけで唾液分泌，すなわち条件反射が起こるようになることがわかりました。

---

[3]　心理学における条件づけの研究では，反射だけでなく，幅広い行動を扱うことが多いので，**条件反応**（conditioned response）という表現も多用されます（第4章参照）。

パヴロフは，このような条件反射が形成されることの説明として，動物に対して2つの刺激を対提示することで，それぞれの刺激に対応する大脳皮質上の中枢の間に機能的な結びつきが生まれるのだと考えました。そのため，メトロノームの音を提示すると，餌に対応する中枢が大脳皮質上の結びつきを通じて活性化することで，たとえ餌が提示されていなくても唾液分泌が引き起こされるのです。なお，この考え方にみられるような刺激どうしの心的結びつきのことを刺激-刺激連合（stimulus-stimulus association），あるいはその頭文字をとってS-S連合（S-S association）といいます。

前述したような操作によって条件反射を形成することを，後に心理学者たちは**条件づけ**（conditioning）と呼ぶようになりました。また，パヴロフが行ったような，生得的に反応を引き起こす刺激とそうでない刺激を対提示するような条件づけは，現在では**古典的条件づけ**（classical conditioning）あるいは**パヴロフ型条件づけ**（Pavlovian conditioning）と呼ばれています。古典的条件づけについては，第4章でさらに詳しく説明します。

1.3.2 ソーンダイクの試行錯誤学習の研究

パヴロフの実験では，イヌはみずからの意思とは無関係に，受身的に刺激を提示されることで学習が起こっていました。ところが，私たちの学習の多くは，反射による消化液の分泌などの受身的な反応だけでなく，何らかの問題を解決するための積極的な行動や反応をともなうものでもあるはずです。このような問題解決型の行動や学習について研究を行ったのが，アメリカの心理学者ソーンダイク（Thorndike, E. L.；図1.4）です。

ソーンダイクは一連の有名な実験（Thorndike, 1898）の中で，空腹のネコやイヌを小さな仕掛け箱（問題箱，図1.5）の中に入れ，箱の外に餌を置きました。空腹の動物は外に出ようとして，壁をひっかいたりかみついたりと，さまざまな反応を示すのですが，なかなかうまくいきません。しかし，そのうち偶然に箱の中のペダルを踏むとか，ひもを引っぱるなどの反応が起こると，箱の扉が開き，餌にありつくことができます。この一連の流れを何度も繰り返すと，しだいに動物は脱出のための正しい反応を速やかに起こすようになること

図1.4 ソーンダイク（Boakes, 1984 宇津木・宇津木訳 1990）

後に効果の法則を提唱し，道具的条件づけの研究の基礎を築きました。

図1.5 ソーンダイクが博士論文の研究のために用いた問題箱
（Boakes, 1984 宇津木・宇津木訳 1990）

空腹状態で箱の中に入れられた動物が，ひもを引っぱるなどの決められた反応を示すことで扉が開き，餌にありつけるしくみになっていました。

がわかりました。つまり，種々の試みと失敗を繰り返しながら正しい反応を学習したと考えられます。このような学習を，**試行錯誤学習**（trial-and-error learning）といいます（第5章5.2節参照）。

　ソーンダイクは，みずからの実験でみられたような学習は，問題箱という環境全般としての刺激と，箱から脱出するための反応の間の結びつき，すなわち刺激−反応連合（stimulus-response association）あるいはS–R連合（S-R association）が経験によって形成されていく過程であると考え，この結びつきが形成される法則として**効果の法則**（law of effect）を提唱しました（Thorndike, 1898/1911）。この法則によれば，たとえばペダルを踏むことで扉が開き餌にありつけたように，動物を満足させるような結果をともなう反応（ペダル踏み）は，その刺激（問題箱という環境全般）との連合が強まることで，その刺激にともなって生起しやすくなります（問題箱に入ったらすぐにペダルを踏む）。逆に，不快な結果をともなう反応は（壁をひっかいても餌にありつけない），その刺激との連合が弱まることで，生起しにくくなります（問題箱に入っても壁をひっかかない）。ソーンダイクが提唱した「満足」や「不快」といったあいまいな概念は後に別の概念に取って代わられるなど，効果の法則はいくつかの修正が必要なものでした。しかし，反応にともなう結果が触媒のようなはたらきをして，刺激と反応の連合を強めるというその根本的な考えは，現在の学習理論にも引き継がれています。

　ソーンダイクの研究でみられたような学習は，特定の反応を行うことが餌などの報酬を得るための道具（instrument）あるいは手段となっているという意味で，**道具的条件づけ**（instrumental conditioning）と呼ばれています。

　以上のように，パヴロフとソーンダイクはそれぞれに異なる方法で，学習というものが機械的かつ自動的に生じていくことを明らかにしました。とくに，知的行動の学習は理性や自由意志，観念を持つ人間に特有のものであると考えられていた当時からすると，これらの発見がいかに革新的であったかがうかがえます。古典的条件づけと道具的条件づけは，どちらも現在の学習心理学の研究における基本的な手続きとなっており，これら2つの研究が今日の学習心理学の誕生を決定づけたといっても過言ではありません。

1.4 古典的行動主義

イギリスにその思想的ルーツを持ちながら，パヴロフおよびソーンダイクの研究によって誕生したともいえる学習心理学は，20世紀前半になるとアメリカの心理学界の中できわめて大きな位置を占めるようになります。この流れを理解する上で，アメリカの心理学者ワトソンが果たした役割を知る必要があります。

　心のはたらきや機能を進化や適応という観点から研究する機能主義的心理学の教育を受けたワトソン（Watson, J. B.；図1.6）は，19世紀の心理学が意識に関する主観的言明というあいまいな手法に頼ってきたことを批判し，意識や主観を排した客観的かつ科学的な方法で心的機能を研究すべきだと考えました。そこで彼は，1913年に「行動主義者の見た心理学」という有名な論文の中で，心理学が科学の仲間入りを果たすためには，客観的に観察可能な刺激と行動のみを研究対象とし，その目的を行動の予測と統制にすべきだという**行動主義**（behaviorism）を宣言しました（Watson, 1913）。なお，彼の主張した行動主

図1.6　ワトソン (Buckley, 1989)

アメリカ心理学会を去った後，広告代理店で働いていた頃の写真。

義は，その後の新しい行動主義と区別するため，**古典的行動主義**（classical behaviorism）と呼ばれます。

　ワトソンの古典的行動主義には，心的事象のすべてを刺激（S）と反応（R）の結びつきに還元しようとする S-R 主義が含まれていました。現に，ワトソンは愛，怒り，恐怖といった本能的な情動反応についても，それが何に対して生じるかは後天的な条件づけにより決まると考え，この考えを示した有名な実験は，アルバート坊やの実験（図 1.7）として知られています（Watson & Rayner, 1920）。この実験でワトソンは，生後 11 カ月の赤ん坊であるアルバートに対し白ネズミを見せます。アルバートは元来，白ネズミを見ても怖がることはありませんでした。しかし，アルバートが白ネズミに触れたとたん，背後で鋼鉄の棒をハンマーで激しく叩くとアルバートは大きな音に驚いて，飛び上がったり泣いたりするなど，恐怖反応を示しました。このような操作を，間隔を空けながら 7 回繰り返した後，白ネズミを見せると，もはや鋼鉄の棒を叩かなくても，白ネズミを見るだけでアルバートは泣き出すことがわかりました。このことから，本来は恐怖の対象ではなかった刺激（白ネズミ）が，本能的に恐怖を引き起こす刺激（鋼鉄の棒の音）と経験により結びつくことで，恐怖反

図 1.7　アルバート坊や（中央）とワトソン（右）（Buckley, 1989）

この写真では，白ネズミへの恐怖反応を条件づけた後，白いマスクにも同様の恐怖反応がみられるかどうかを検証しています。

応を引き起こすようになることが示されたのです。

　このように，対象者に過剰な恐怖やストレスを与える実験は，今となっては
倫理的に問題があると言わざるを得ず，目的の如何を問わず行うことは許され
ていません。しかし，ワトソンはこの実験結果から，成人にみられるようなさ
まざまな恐怖症も条件づけによって後天的に獲得されるものであることを示唆
すると同時に，その恐怖を取り除く方法も考察している点は重要です。なお，
ワトソンの実験のように，情動反応としての恐怖を条件づける手続きのことを
恐怖条件づけ（fear conditioning）といいます（第 4 章 4.4 節も参照）。

1.5　新行動主義

　ワトソンは，観察可能な刺激と反応のみを研究対象とすることで，心理学も
純粋に客観的で実験的な科学の一分野になることができると主張しました。し
かし，人間の行動を観察すると，同じ刺激に対して異なる反応が生じたり，あ
るいは異なる刺激に対して同じ反応が生じたりすることがしばしばあるように，
刺激と反応のみを研究対象とし，内的過程を無視することには無理があること
がわかります。

　こうした問題意識もあってか，1930 年代になると次世代の行動主義として，
新行動主義（neobehaviorism）と呼ばれる動きがみられるようになりました。
新行動主義者と呼ばれる研究者たちは，それぞれに特色ある理論を提唱したの
ですが，中でもとくに重要な役割を果たしたのがハルとトールマンです。彼ら
2 人に共通する特徴は，古典的行動主義では排除されていた心的概念を，操作
可能な刺激および測定可能な反応を媒介する**仲介変数**（intervening variable）
（あるいは，媒介変数）として定義することで，科学的な厳密さを保ちながら
扱えるようにしたという点でした。したがって，刺激と反応によって心的現象
を理解しようとした古典的行動主義を S-R 主義と表現するならば，新行動主
義の考え方は，刺激と反応の間に生物個体（organism）という仲介変数を設
定するという点で，S-O-R と表現することができます。

1.5.1　ハルの学習理論

　ハル（Hull, C. L.）は，ソーンダイクが提唱した効果の法則に基づきながらも，刺激と反応を結びつける仲介変数として動因の低減という概念を導入し，**動因低減説**（drive-reduction theory）を提唱しました（Hull, 1943）。**動因**（drive）とは，個体を何らかの行動に駆り立てる不快な内的状態のことで，たとえば飢餓状態という生理的要求状態によって生じる「飢え」や，脱水状態によって生じる「渇き」などがそれにあたります。

　前述したソーンダイクの効果の法則では，ある刺激のもとである反応をしたときに個体を満足させる結果がともなえば，その刺激と反応の結びつきは強まると考えられていました。これに対しハルの動因低減説では，その「満足」に相当するのが動因の低減ということになります。これによれば，ソーンダイクの実験で，動物が問題箱という刺激のもとで脱出のための反応を学習したのは，その反応をすることで餌にありつくことができ，飢えという動因が低減されたからだというわけです。もしもこの動物が満腹状態であってそもそも低減させる動因（飢え）がなかったとか，あるいは空腹だが脱出しても餌は与えられず，動因を低減させることはないとしたら，そのような学習は起こらなかったことでしょう。

　ハルは動因（drive; D）の他にも，刺激と反応の間の結びつきの強さとしての習慣（habit; H）という概念や，学習された反応を引き起こす力としての興奮ポテンシャル（excitatory potential; E）という概念を導入し，これらの変数間の関係を表す方程式（$E = H \times D$）を提唱しました（Hull, 1943）。この方程式を理解するために，実験箱の中に置かれたラットがレバーを押すと餌を獲得できるという実験状況を考えてみましょう。ラットが実験状況に繰返し置かれたことで，実験箱という刺激とレバー押しという反応の結びつきを十分に獲得していた，すなわち習慣 H が高かったとしても，観察時にラットが餌を必要としないくらい満腹であった，すなわち動因 D が低かったならば，習慣 H と動因 D の掛け算の結果である興奮ポテンシャル E は小さくなり，レバー押し反応がみられる頻度やその強度は低くなるだろうと予想されます。同様に，ラットが絶食下に置かれて空腹であった，すなわち動因 D が高かったとしても，

そのラットが実験箱に置かれたのがはじめてであった，すなわち習慣 H が低かったならば，このときもやはり興奮ポテンシャル E は小さくなり，レバー押し反応はみられにくいだろうと予想されます。このように，学習された反応が引き起こされるかどうかは，習慣 H と動因 D の掛け合わせによって生まれる潜在力，すなわち興奮ポテンシャル E の強さによって規定されるとハルは考えました。その後，この理論に関するさまざまな問題点が指摘されてきましたが，それまでの古典的行動主義では扱われなかった動因などの心理的な概念（例：飢え）を，操作可能な変数（例：絶食スケジュール）と測定可能な変数（例：餌を獲得するための反応に要した時間）に結びつけることで客観的に扱ったという点は評価されるべきでしょう。

　このようにハルは，さまざまな理論的概念を導入し，それらの概念どうしの関係性に関するさまざまな仮説を立てました。そして，実験で得られたデータが仮説に反するようであれば理論を修正していくという**仮説演繹法**（hypothetico-deductive method）を貫いていたことでも有名です。

1.5.2　トールマンの学習理論

　トールマン（Tolman, E. C.）は，心的現象はその構成要素の総和以上であると考えるゲシュタルト心理学[4]の影響もあってか，動物は単に刺激に対して反応するだけではなく，人間と同じように目的を持って行動しているのではないかと考えました。そこで，目的志向の観点から行動を巨視的[5]にとらえる目的的行動主義の立場をとりました（Tolman, 1932）。これは，あらゆる行動を刺激と反応の連鎖としてとらえたハルとは大きく異なっています。

　たとえば，複雑な迷路に置かれたラットが，ゴールである餌のもとへとたど

---

[4]「心的現象は要素の総和から構成される」という従来の要素主義的な考え方を否定する形で，ドイツで生まれた心理学の一派。トールマンはゲシュタルト心理学者であるコフカのもとへ留学していたこともあるようです（サトウ・高砂，2003）。

[5]　行動を筋運動や腺分泌などの物理的・生理的過程として要素的にとらえるのではなく，目的などの観点から1つの全体的な行動としてとらえるとき，その行動を巨視的行動（molar behavior）あるいはモル行動といいます。反対に，前者のように行動を要素的にとらえるとき，分子的行動（molecular behavior）といいます。

り着く行動を学習していく場合，最初のT字路という刺激に対しては左折とい
う反応をとり，次のT字路という刺激に対しては右折という反応をとる……
というような単純な刺激と反応の学習が連鎖的に起こるとハルは考えました。
これに対しトールマンは，目的であるゴール（餌）がどこにあり，そこに達す
るためにはどのような道を進めばよいかという知識が学習されるのだと考えま
した。このような頭の中の地図は**認知地図**（cognitive map）と呼ばれ（第6章
6.5節参照），この知識の学習は餌のような報酬やハルのいう動因の低減がなく
ても起こると考えました。

　また，トールマンは認知地図という概念以外にも，予期や仮説などといった
概念を仲介変数として導入しながら理論を展開していきました。たとえばトー
ルマンは，学習とは基本的に「ある刺激 S_1 のもとである反応 R_1 を行うと，あ
る刺激 S_2 に達するだろう」という予期の形成であるとし，S_1–R_1–S_2 の接近し
た生起によってその予期は強められ，反対に S_2 がともなわない場合は弱めら
れると考えました。こういった主張に対しては，動物を擬人化しているという
批判もあり，学習心理学に対する影響力はハルに比べると少なかったようです
が，トールマンが導入した認知的な概念は，その後の認知心理学の成立へとつ
ながっていきます。

1.6　徹底的行動主義

　新行動主義者のハルやその後継にあたる研究者たちの理論は，古典的行動主
義に代わって学習研究の中で大きな位置を占めるようになりましたが，1960
年代頃になると，その一人であるスキナー（Skinner, B. F.；図1.8）の影響力
が顕著になりました。スキナーは，行動の原因として観察不能な心的概念を持
ち出すことは不必要であり危険ですらあると考え，そうした目に見えない心的
概念を持ち出して行動を説明しようとするよりも，行動の予測と制御に専念す
べきだとする**徹底的行動主義**（radical behaviorism）を提唱しました（Skinner,
1938）。

　これについて，日常的な例で考えてみましょう。たとえば，朝の授業にいつ

図 1.8　**スキナー**（Hergenhahn, 1992）

徹底的行動主義者としてオペラント条件づけの理論を確立するとともに，行動分析学の礎
を築きました。

も遅刻してくる学生がいるとします。「あの人はなぜいつも遅刻するのか？」
と聞かれたら，「あの人は怠け者だからだ」と答える人がいるかもしれません。
その人は，その学生の内なる特性として「怠惰さ」という概念を仮定し，それ
によって行動の原因を説明していることになります。ここで注意が必要なので
すが，「遅刻する」という行動自体は直接観察できる（たとえば，遅刻日数を
記録する）のに対し，「怠惰さ」という特性は直接観察することができません。
では，どうしてその人はその学生が「怠惰である」と判断したのでしょうか。
それは，「いつも遅刻する」という行動を根拠にしているのではないでしょう
か。つまり，今その人は，「あの人はいつも遅刻する。なぜなら，怠け者だか
らだ」と言いながら，同時に「あの人は怠け者である。なぜなら，いつも遅刻
するからだ」と言っているわけです。これは典型的な循環論であり，実のとこ
ろ何も説明できていないことに気づかなければいけません。このようにスキナ
ーは，直接観察することのできない心的概念を安易に持ち出すことで，循環論
に陥っていることに気づかぬまま，行動の原因について説明できたつもりにな
ってしまう危険性を指摘しました。
　さらに言うと，行動の原因を「怠惰さ」などのような個人の特性にあるとみ

なしてしまうことで，その行動の制御に注意が向きにくくなる点も問題です（例：「あの人は怠惰な人間だから，遅刻するのは仕方がないことだ」）。実のところその学生は，非常に勉強熱心であるものの，経済的な事情により深夜帯にもアルバイトをせざるを得ず，十分な睡眠がとれていないために遅刻をしている可能性もあります。遅刻という行動の原因がその学生の置かれた環境の側にあるのであれば，たとえばアルバイトの出勤日数を減らせるように奨学金を支給するなど，行動を改善させるのに必要な努力をすることができるようになります。

　以上のように，行動の原因として観察不可能な心的概念を仮定するのではなく，観察できる環境事象と行動，これらの関係性を素直に記述することのほうが，ある環境においてどのような行動がどのように生じるかという予測に加えて，環境を操作することで行動の制御にもつなげることができるというわけです。徹底的行動主義のこのような考え方は，**行動分析学**（behavior analysis）という新しい学問分野の誕生へとつながり，現在にまで引き継がれています（行動分析学における考え方や研究手法については，第2章で詳しく説明します）。

　スキナーは，徹底的行動主義のもと，ソーンダイクの道具的条件づけに関する研究を再評価しつつ，刺激と反応の連合が強まるというS-R的な考え方とは異なる立場を表明しました（Skinner, 1938）。S-R的な考えのもとでは，個体はあくまで刺激に応じる形で何らかの反応を起こすにすぎません。しかし，個体は何らかの刺激を待たずとも自発的に行動を起こすことで環境にはたらきかけているのだとスキナーは考え，そのような自発的な行動のことを**オペラント**（operant）ということばで表現しました。そして，ソーンダイクの道具的条件づけは，個体がさまざまなオペラントを自発するうちにあるオペラントが何らかの良い結果と出会った結果，そのオペラントの自発頻度が増える過程であるととらえ，これを**オペラント条件づけ**（operant conditioning）と呼びました[6]。これに対応する形で，パヴロフの古典的条件づけを，刺激に対して生じる

---

[6] オペラント条件づけの中でも，動物が実験者によって走路の出発点に置かれるとい

受身的で応答的な反応という側面を強調して**レスポンデント条件づけ**（respon-dent conditioning）と呼びました（第5章5.1節参照）。

　本書では，パヴロフが確立した条件づけについては古典的条件づけの呼称を用いることとし，その基礎的かつ重要な事項について第4章で詳しく説明します。一方で，ソーンダイクやスキナーによって確立された条件づけについてはオペラント条件づけの呼称を用いることとし，同様に第5章で詳しく説明します。

1.7　学習心理学のその後

　ここまで述べてきたような歴史を経て，学習心理学は1950〜60年代をピークに発展してきました。その後，コンピュータ科学の発展にともなう認知心理学の興隆に押され，1970年代以降，学習の伝統的な研究は下火となっていきました（坂上・今田，2005）。しかし，学習や行動に関する研究は，心理学内外のさまざまな領域において現在も進められているほか，それらの研究から得られた新しい知見は，学校教育，職業訓練，さらには医療の現場など，現実社会に応用されてきました。

　また，学習心理学と他の領域の研究が融合することで，研究の新しい方向性が生まれることもありました。たとえば，強化子（第5章参照）を得るために個体がどのように行動するかを明らかにしようとするオペラント条件づけの研究と，消費財を得るために消費者がどのように行動するかを明らかにしようとするミクロ経済学の研究が融合した結果，**行動経済学**[7]（behavioral economics）という新しい学問領域が生まれました。この領域では，経済学の価格理論など

った具合に，個体の反応の自発機会が実験者によって決められる離散試行型手続きを用いた条件づけをとくに道具的条件づけと呼び，反応の自発機会が限定されない自由オペラント型手続きを用いた条件づけ（スキナー型条件づけ）と区別することもあります。

[7] プロスペクト理論やヒューリスティックスなどで知られ，経済学的な数理モデルに心理学の実験的成果を取り込んだ経済学の一分野としての「行動経済学」とは，名前は同じですがその内容は異なるため注意が必要です（坂上・井上，2018）。

を援用した新しい枠組みのもとで，ヒトや動物の行動に関する実験的研究が盛んに行われてきました。

　動物の行動に関する他の学問分野も，心理学に対して影響を及ぼしてきました。**行動生物学**（あるいは，**動物行動学**；ethology）は，行動を手がかりとしてさまざまな動物や人間について比較研究する学問です。1970年代の先駆的な研究者たちにより，動物行動の中でも組織化された行動，たとえば食物の位置に関する情報伝達や攻撃行動のような行動の生得性について，大きく理解が進みました（第3章参照）。この影響を受けて，心理学の領域においても，人間の行動の生得性に関する研究が進展することとなりました。また，行動生物学から派生した**行動生態学**（behavioral ecology）は，数理モデルによる予測と観察・実験を主な研究手法してさまざまな理論を打ち立て，その前身である行動生物学に対して大きな影響を与えました。現在これらの学問領域では，種という群の存続ではなく，個体の生存や繁殖にどのような利益をもたらすかという観点から，動物行動の研究が進められています（山田，1998）。そして，これらの流れは1990年代以降に発展を続けている進化心理学へとつながり，人間の行動も動物と同じように環境への適応の産物であるという観点から，人間の行動や心的機能に関する心理学的研究が進められています。

1.8　おわりに

　本章では，学習心理学の誕生と発展の歴史について概説しました。学習心理学は，イギリスの経験主義哲学や進化論をその思想的ルーツとしながら，ロシアの生理学者パヴロフとアメリカの心理学者ソーンダイクの先駆的な研究により誕生しました。20世紀前半のアメリカで興った行動主義のもとで発展し，心理学全体の中でも大きな位置を占めるようになったものの，その伝統的な研究は1970年代以降，下火となっていきます。しかしながら，心理学という学問が行動やそれを生み出すしくみに関する科学的探究である以上，学習・行動領域の心理学が担い続けてきた役割は，現在そしてこれからも重要であることは言うまでもありません。また，学習心理学が明らかにしてきたことは，教育，

訓練，医療など，現実社会のさまざまな場面で役立てられています。続く第2章から第8章までは，学習心理学の基礎的かつ重要な実証的知見および理論について紹介していきます。

復 習 問 題

1．以下のさまざまな行動の変化のうち，学習として<u>みなされないもの</u>を<u>1つ</u>選んでください。

　①練習をしたら自転車に乗れるようになった。

　②アルコール飲料を飲んだら人見知りせず会話できるようになった。

　③以前食べた際に腹痛を起こして以来，その食べ物が嫌いになった。

　④説明書を読んだらスマートフォンを使いこなせるようになった。

　⑤教科書で勉強したら試験問題が解けるようになった。

2．ワトソンが唱えた古典的行動主義の記述として，<u>正しいもの</u>を<u>2つ</u>選んでください。

　①客観的に観察可能な刺激と行動のみを研究対象とする。

　②心的概念を操作可能な刺激および測定可能な反応を媒介する変数として定義し，研究対象とする。

　③目的志向の観点から動物の行動をとらえる。

　④仮説演繹法を採用しながら，さまざまな理論的概念を導入する。

　⑤心的事象を刺激と反応の結びつきに還元する。

3．徹底的行動主義者であるスキナーに関する記述として，<u>誤っているもの</u>を<u>1つ</u>選んでください。

　①スキナーがとった徹底的行動主義の立場は，行動分析学の誕生へとつながった。

　②心的概念によって行動の原因を説明するのは不適切であると考えた。

　③個体の行動の原因の説明よりも，行動の予測と制御のほうを重視した。

　④パヴロフ型の条件づけは，刺激に対して生じる受身的で応答的な反応が関与しているとして，これをオペラント条件づけと呼んだ。

　⑤個体は何らかの刺激を待たなくても，自発的に行動を起こすことで環境にはたらきかけていると考えた。

参 考 図 書

今田 寛（1996）．学習の心理学　培風館（入門レベル）

　学習心理学をこれから学ぼうとする初学者に向けられた良著。実験結果や研究者に関する興味深いエピソードを収録したコラムも充実しています。本書全体を通して，重要概念が学習心理学の発展の歴史と共に記されています。

サトウ タツヤ・高砂 美樹（2003）．流れを読む心理学史——世界と日本の心理学
　　——　有斐閣（入門レベル）

　心理学の歴史に関する読みやすい入門書。第2章では，20世紀前半に力を持った行動主義の流れがわかりやすく論じられています。

ボークス，R.　宇津木 保・宇津木 成介（訳）（1990）．動物心理学史——ダーウィン
　　から行動主義まで——　誠信書房（中級レベル）

　動物心理学の発展の歴史が，その時代の社会情勢や研究者たちの私的生活にまで踏み込んで論じられています。学習心理学の歴史と重なる部分も多く，今日の学習心理学における重要概念がどのような経緯で生まれてきたかを知ることができる名著です。

行動の測定と実験デザイン

　第1章では，本書のテーマである学習を，経験によって生じる行動の永続的な変化であると定義しました。学習・行動領域の心理学では，このような経験による行動の変化を科学的に研究しています。しかし，経験による行動の変化を，いったいどのようにして科学的に扱うことができるのでしょうか。さらに言えば，そもそも「行動」とはいったい何なのでしょうか。本章では行動分析学の立場から，行動の定義にまつわる問題を紹介した後，行動を科学的に測定し研究する方法論について説明していきます。

2.1　はじめに──「行動」とは何か

　本書ではここまで，「行動（behavior）」という語の意味について明確に定義することなく話を進めてきました。その上で第1章において，「学習」とは「経験によって行動およびその基礎過程に生じる比較的永続的な変化」であると述べてきました。ここであらためて，「行動」という語を『心理学辞典』（有斐閣）で調べてみると，以下のような記述があります。

　　そのときどきの環境条件において示される，有機体（生活体）の運動や反応，あるいは変化。心理学において，有機体とは人間をはじめとする動物のことであるが……（中略）……現代心理学の対象を意識ではなく観察可能な行動とする立場は，少なくとも方法論的行動主義の意味において，多くの心理学者に受け入れられてはいるが，行動そのものの定義については定まったものがない。（後略）　　　　　　　　　　　　　　　（山田，1999）

　このように，生物個体が示すあらゆる種類の運動や反応，そして変化が，広く行動とみなされていることからもわかるように，実のところ「行動」の定義は，心理学者の間でも明確には定まっていないのです。

　一方，スキナーが提唱した徹底的行動主義（第1章参照）に端を発する行動分析学においては，「行動」は以下のように定義されています。

> 　行動分析学において，研究者の観察行動のもっぱらな対象（従属変数[1]）となっている生物個体（通常はヒトを含む動物）が示す変容は，行動と呼ばれる。一方個体は，それを取り巻く環境から，行動と呼ばれる，個体の全体的もしくは部分的な変容によって区別されている。これに対して，研究者の操作行動の対象（独立変数[1]）は環境と呼ばれる。
>
> （坂上・井上，2018）

　「個体が示す全体的もしくは部分的な変容」という記述は，『心理学辞典』の定義にもあった「運動や反応，変化」という記述を包括しているといえます。その上で行動分析学では，環境が行動にどのように影響を与え，また行動が環境にどのような影響を与えるかという相互関係に着目しながら，環境の操作に基づく行動の予測と制御を目指します。なお，本書では「行動」と類似した語として「**反応（response）**」という語も使用していますが，特別の断りがない限り，基本的にこれらの語はほぼ同義のものとして扱うこととします。

　本章ではこれ以降，行動を科学的に測定し研究する方法論について，学習・行動領域の心理学の中でもその方法論を緻密に発展させてきた行動分析学の立場から説明します。具体的には，個別の行動を区別し対象化する方法について

---

[1] 心理学の研究においては一般的に，個体に対して何らかの刺激を与えたり，あるいは個体を取り囲む環境を操作したりすることによって，個体にどのような反応がみられるかを検証します。このように，個体に対して与える刺激や操作する環境事象のことを**独立変数**（independent variable），それを原因として生じる反応のことを**従属変数**（dependent variable）といいます。何が独立変数であり何が従属変数であるかについては必ずしもあらかじめ自然に決まっているわけではなく，研究者が持つ仮説や研究目的によって設定されます。

説明した後（2.2節），対象化した行動を測定し研究するための手法である行動観察法（2.3節）と行動実験法（2.4節）について，それぞれの利点や限界点に触れながら説明していきます。

2.2 行動の対象化

前節では，行動とは個体の変容であると定義しました。また，行動を分析するためには，当該の行動を他の行動から明確に区別して取り上げる（対象化する）必要があります。個体の行動が，「あるときは行動をしていて，あるときは行動をしていない」というような，オンとオフがはっきりした性質のものであれば，この対象化はしやすいことでしょう。ところが，現実ではそのようなことはほとんどなく，個体のほうは生命維持のために絶えず変容しており，常に何らかの行動が連続的に生じています。それでは，いったいどのようにして，これらの連続した行動から個別の行動を切り取ることができるのでしょうか。

行動を定義し対象化する方法は2つあります。その一つは，行動をその様式である**反応型**（topography）によって定義する方法です。これは，個体が身体のどの部分をどのように動かすかといったような，形態的な特徴によって行動を区別しようとするもので，**反応型による行動の定義**と呼びます（坂上・井上, 2018）。この考え方に基づけば，たとえば調理をすることと弁当を買うことは，それぞれ互いに反応型が異なる（一連の異なる身体動作がともなう）ことから，これらは個別の異なった行動であると考えることができます（**図2.1**）。一方で，道すがら出会った知人におじぎすることと，謝罪として頭を下げることは，どちらも「頭を下げる」という同一の身体動作であり反応型が同じであることから，これらは同一の行動であると考えられます。

このような反応型による定義は，単純でかつ明快なものであるように思えますが，ある重要な点を見落としてしまう恐れがあります。たとえば，「調理をすること」と「弁当を買うこと」は共に「空腹状態の解消」という同一の結果を目指してとられるものです。そのため，これらの2つの異なる（ように見える）行動は，当人が満腹になることで（一時的にですが）共にみられなくなる

図 2.1　反応型による行動の定義と機能による行動の定義の相違点

| 行動 A 調理する | 行動 B 弁当を買う | 行動 C おじぎする | 行動 D 謝罪する |

反応型による定義	A≠B	C=D
機能による定義	A=B	C≠D

調理すること（A）と弁当を買うこと（B）は，反応型は異なりますが，空腹状態の解消という機能は一致しています。一方，頭を下げるという同じ反応型であっても，関係の円滑化の挨拶（C）と，不和解消のための謝罪（D）では機能が異なります。

ことが予想されます。一方で，「知人におじぎすること」と「謝罪のために頭を下げること」は，「頭を下げる」という反応型からみれば同一の行動ですが，知り合いと遭遇した場面であればその行動は挨拶を交わすためにとられ，許しを乞う場面であればその行動は不和の解消のためにとられるものです。そのため，これらの同じ（ように見える）行動は，それぞれどのような状況で生起するかという点で互いに異なることがわかります。以上の理由から，行動の予測と制御を目指す行動分析学においては，先に述べた反応型による行動の定義では不十分であると言わざるを得ません。

　そこで行動分析学では，行動を定義し対象化する別の方法として，環境に対して行動が持つはたらき，すなわち機能に注目します。これを**機能による行動の定義**と呼びます（坂上・井上，2018）。この観点に立てば，先ほどの例で挙げた「調理をすること」と「弁当を買うこと」は，共に同じ機能を持った同一の行動であり，一方で「知人におじぎすること」と「謝罪のために頭を下げること」は，互いに異なる機能を持った異なる行動であると考えることができます（図 2.1）。

　このように，行動分析学では，反応型ではなく機能による行動の定義に基づきながら，観察される対象である行動と操作対象である環境の関係性を明らかにしようしています。次節では，環境と行動の関係性を科学的に検証するための方法論について説明していきます。

2.3　行動観察法

　行動観察法[2]は，直接かつ客観的に観察可能な行動の生起頻度や回数を測定する方法です。とくに行動分析学では，行動の測定はできるだけ①自動的に，②機器によって，③観察時間全体にわたって，④連続的に行うことが求められます（坂上・井上，2018）。厳密に管理・統制された実験室で動物の行動を測定する場合は，これらの条件を満たすことは比較的容易かもしれません。しかし，実験室の外，たとえば学校や職場といった社会活動の現場で人間の行動を測定するという場合は，とくに「自動的に」「機器によって」測定することはきわめて困難です。それに代えて，人間の観察者がみずからの目を使って観察する場合には，複数の観察者で観察と測定を行い，観察者間での一致の程度を確認しながら進めていくことが望まれます。また，できるだけ観察時間を短くしたり，測定対象とする行動を具体的でわかりやすく，かつ単純に数え上げられるものに設定したりするなどの努力も必要となります。

　一般的な心理学の研究が単回の実験（数十分から数時間程度）によって行われるのとは対照的に，行動観察は一般に数日から数年の観察期間にわたって行われます。当然ながらその全期間を持続的に観察することはほぼ不可能であるため，実際には全期間のうち特定の長さの観察時間（セッション）を切り出して行動観察を行うことになります。動物を観察対象とする場合は，その動物種が持つ生体リズムを考慮しながらセッションの時間帯や長さを設定することに

---

[2]　本ライブラリ第3巻『心理学研究法』の第7章「観察法」では，心理学で広く用いられる観察法が概説されています。その中でも本章では，学習・行動領域の心理学でとりわけ重要となる行動の生起頻度（量的データ）を対象とした行動観察法に焦点を当てて説明します。

加え，セッションの開始時刻を毎日ほぼ同一にすることで，安定したデータが得られるようになります。たとえば，行動研究においてしばしば対象となるラットは夜行性であるため，観察者である人間が活動する日中の明るいうちはほとんど活動しません。このため，飼育室を昼間は消灯し，反対に夜間は点灯することで昼夜を逆転させ，ラットが昼間に活動するよう調整します。その上で適切な時間帯にセッションを設定し，標的行動の観察と測定を行います。

　一方，人間を観察対象とする場合は，標的行動がもっとも起こりやすいと考えられる場面や時間帯にセッションを組むこと，そして標的行動が最低でも何回かは起こるような長さにセッション時間を設定することが望まれます（たとえば，授業中の問題行動であれば授業時間内）。加えて，それぞれのセッションにおいて環境が行動に与える効果が一定であること（セッションの開始時刻やセッション時間，光や音の環境，人の出入りなどがセッション間で一定であること），なおかつ環境による効果がセッション内で均一であること（観察場面や周囲の人物など，セッション内で特定の環境が変化しないこと）も，安定したデータを得るためには重要です（坂上・井上，2018）。

　設定したセッション内で，どの程度の時間的精度をもって行動を測定するかという点も重要です。たとえば，成人の喫煙行動を観察する場合，1年単位で吸ったタバコの本数を記録するのでは，どのような環境においてその行動がみられるか（あるいはみられないか）を明らかにするという目的からすると，あまり意味があるとはいえません。そうではなく，1日のうちにいつ・何本吸ったのかがわかるような記録を行う必要があります。また，動物の行動を測定する場合もやはり注意が必要です。たとえば，ハトのキーつつき反応[3]のように，1秒間に何回も出現する行動の頻度を測定する場合，1分以上の単位で測定するのでは粗すぎるため，ミリ秒単位での測定が望まれます。一方で，ラットの飲水行動がいつ開始されいつ終了するかという測定では，ミリ秒単位ほどの精

---

[3] ハトを対象としたオペラント条件づけ（第5章参照）において，しばしば測定対象となる行動のことです。実験箱の壁面に設置された円形の窓（キー）は，背後からさまざまな色光で照明され，特定の条件下でハトがキーをつつくことで給餌装置が作動し，餌が提示されるようになっています。

度は必要なく，1秒単位程度の精度で十分でしょう。いずれにせよ，頻度や持続時間など，標的行動の性質を考慮しながら，標的行動が個々に分離されるような単位時間を注意深く設定する必要があります。

2.3.1 さまざまな行動観察法

　行動観察法は，セッション内での行動の記録方法の違いによって大きく3種類に分けることができます（坂上・井上，2018；表2.1）。1つ目は，**連続記録法**（continuous intrasession observation）で，セッション内を連続して観察記録します。行動分析学ではこの観察法がもっとも望ましいとされています。連続記録法はさらに2つの方法に分けられ，**頻度記録法**（frequency recording）では，たとえばセッション内でラットがレバーを何回押したか，あるいは対象者が喫煙を何回したかなど，セッション内に標的行動が何回起こったかを記録します。**実時間記録法**（real-time recording）では，たとえばラットのレバー押しが何時何分何秒の時点で開始して，何時何分何秒の時点で終了したかなど，セッション内の標的行動の開始時刻と終了時刻を記録します。とくに実時間記録法は，実験的研究の基礎データとしてもっとも多く使用されています。

　2つ目は，**準連続記録法**（semicontinuous sampling）で，セッション内をい

表2.1　**行動観察法の分類**（坂上・井上，2018を改変）

連続記録法	頻度記録法	セッション内の標的行動の生起頻度を記録。
	実時間記録法	標的行動の開始・終了時刻を記録。
準連続記録法	部分インターバル記録法	当該インターバル内で標的行動が生起したかどうかを記録。
	総インターバル記録法	当該インターバル中に標的行動が持続した場合に記録。
離散記録法	アドリブ記録法	本観察前の非系統的な記録。
	瞬間記録法	セッション内に設定した複数の区切り時点で記録。

くつかのインターバルへと区分して観察する方法ですが，各インターバルを完全に連続して観察記録するわけではありません。これには，当該インターバルにおいて標的行動が一度でも生起すれば記録し，それ以降は次のインターバルまで観察を行わない**部分インターバル記録法**（partial-interval sampling; one-zero sampling）と，当該インターバルにおいて標的行動が持続していた場合にのみ記録し，一度でも行動が途切れたら次のインターバルまで観察を行わない**総インターバル記録法**（whole-interval sampling）が含まれます。

　たとえば，松田・山本（2019）は，広汎性発達障害児の遊び場面におけるアイコンタクトと笑顔の表出行動について，部分インターバル記録法による観察を行いました[4]。具体的には，10分間のセッションを15秒ごとのインターバル，すなわち40のインターバルに区切り，各インターバル内で一度でもアイコンタクトや笑顔の表出があれば，そのインターバルでは標的行動がみられたものとしてカウントしました。そして，行動がみられたインターバル数を総インターバル数（40）で割ることで，セッションごとの標的行動の生起率を算出しました。もしもこの研究で総インターバル記録法を用いるのであれば，特定の長さに設定したインターバルの間中ずっとアイコンタクトや笑顔が持続していた場合にのみ，そのインターバルでは標的行動がみられたものとしてカウントすることになります。これらの準連続記録法は，動物を対象とした研究ではほとんど用いられないものの，人間を対象とした応用研究でしばしば用いられます。

　3つ目は，**離散記録法**（discrete sampling）で，セッション内すべてを連続して観察記録するのではなく，ある一部分だけを観察記録します。これには，本観察に入る前の予備的な観察であり，とくに系統立てずに自由に観察を行う**アドリブ記録法**（ad libitum sampling）と，セッション内に等間隔の区切り時点を設け，それぞれの時点で標的行動が生起しているかどうかを記録する**瞬間**

---

[4] 松田・山本（2019）は，実際には純粋な行動観察だけでなく，この後で述べる行動実験法の個体内デザイン（2.4.2項）を組み合わせることで，おどけた表情や発声などのユーモアを含んだ介入によって広汎性発達障害児のアイコンタクトと笑顔の表出行動の生起率が増加することを確認し，発達障害児の行動支援におけるユーモアの有効性を示しました。

記録法（momentary sampling; instantaneous time sampling; time sampling）が
含まれます。

　たとえば，小田切・松沢（1993）は子ヒツジの遊び行動について瞬間記録法
による観察を行いました。具体的には，子ヒツジの行動をビデオレコーダーに
よって24時間連続で録画した後，その録画データをもとに5秒ごとの区切り
時点で遊び行動とみなされる動作が生起しているかどうかを記録することで，
24時間あたりの遊び行動の生起頻度を算出し，子ヒツジの週齢にともなう遊
び行動の変化について検討しました。さらにこの研究では，5秒間隔の記録だ
けでなく10秒，15秒，30秒，60秒間隔の記録も同様に行って結果を比較す
ることで，区切りの間隔が長くなるほど遊び行動の頻度や種類数の検出精度が
下がることを示しました。こうした結果からも，瞬間記録法におけるセッショ
ン内の区切り時点の間隔の長さは，記録にかかる労力という意味では細かすぎ
ず，しかし精度という意味では粗すぎないものにする必要があるといえるでし
ょう。

　これらのさまざまな観察法は，環境を組織的に操作することが難しい状況で
あっても，一定の限界のもとで行動と環境の間の関係について科学的に推論す
るためのデータを提供できるため，行動分析学においては基礎的かつ重要な研
究手法です。では，ここでいう「一定の限界」とは何を指すのでしょうか。

2.3.2　行動観察法の限界点

　ここで，仮想の観察事例について考えてみましょう。たとえば，ある大学の
部活動における一部員の行動を観察した結果，とある不機嫌な先輩部員が近く
にいるとき（A：環境），その部員は黙り込んでしまう（B：行動）ことがわか
ったとします。この観察結果，すなわち事象A（環境）と事象B（行動）の継
起的・共起的な関係性をもとに，私たちは素朴に「不機嫌な先輩部員が近くに
いたから，その後輩部員は先輩部員を恐れて黙り込んでしまったのだろう」と，
事象Aと事象Bの間に因果関係を推定するかもしれません（**図2.2左**）。

　しかし，事象Aと事象Bの関係性についてはそれ以外の可能性もあり得ま
す。たとえば，その後輩部員が黙り込んでしまった（B）のは，実はその活動

図2.2　仮想の事例における事象間のさまざまな関係性（坂上・井上，2018を改変）

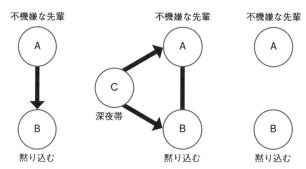

因果関係においては，事象Aは事象Bの原因になっています。相関関係においては，事象Cが事象Aおよび事象Bの原因になっているものの，事象Aと事象Bの間に因果関係はありません。独立関係においては，事象Aと事象Bは独立しており，偶然の結果として継起（共起）が生じているだけです。

が誰もが眠くなる深夜帯であった（C：環境）ことが原因であるかもしれません（眠さから口数が減った）。一方，先輩部員のほうは日中アルバイトで忙しく，疲れ果てた後で深夜帯の活動に参加することしかできないため，あたかもその不機嫌な先輩部員がいる（A）ときに限り，後輩部員が黙り込んでしまう（B）ようにみえた可能性があります（図2.2中央）。この場合，事象Cと事象A，事象Cと事象Bの間には因果関係があります。しかし事象Aと事象Bの間には，見かけ上の相関関係はありますが，因果関係はありません。なお，この例のように，隠れた共通原因によって2つの事象が共起しているときの見かけ上の相関関係を，擬似相関あるいは偽相関（spurious correlation）といいます。

　さらに，事象Aと事象Bは独立しており，偶然の結果として継起（共起）したという可能性もあります。たとえば，その後輩部員が黙り込んでいた（B）のは，試験勉強とアルバイトで疲れ切っていたためであり，不機嫌な先

輩の存在（A）とはまったく関係がないということもあり得ます（図2.2右）。この場合，事象Aと事象Bの間には因果関係も相関関係もなく，両者は独立した関係にあります。

　このように，環境と行動の各事象による関係性はさまざまに考えることができます。ところが，観察法で明らかにできることは単なる事象間の時間的な継起・共起関係でしかないため，観察された事象間の関係性がこれらのうちいずれの関係であるかを断言することはできないのです。そこで，環境と行動の真の関係性を理解するためには，これから述べるように，行動実験法が必要となります。

2.4　行動実験法

2.4.1　群間比較法

　独立変数である環境要因と従属変数である行動の間の因果関係を検証する実験法として，一般的な心理学の領域では**群間比較法**（between-group design）がしばしば用いられます（図2.3）。この方法では，複数の個体からなる実験群および対照群（統制群）をそれぞれ設定し，実験群に対しては特定の環境要

図2.3　群間比較法の概略図

実験群　　　　　　　対照群　　　　　　　行動の測定

実験的介入あり　　　実験的介入なし

行動指標の平均値

実験群　　対照群

実験的介入を行う実験群と行わない対照群（統制群）とで，行動の測定値を比較します。群間で統計学的に有意な差異が認められた場合には，実験的介入が行動に影響を及ぼしたと判断することができます。

因を導入するなど，何らかの実験的介入を行います（例：作業課題で成功する
ごとに称賛する）。一方で，対照群にはそのような実験的介入は行いません[5]
（例：称賛を行わない）。その後，測定された行動（例：課題に自発的に取り組
んだ頻度や時間の長さ）について，実験群と対照群の間で比較を行い，群間で
差異がみられた場合（例：実験群のほうが対照群よりも課題へ取り組む頻度が
高い）には，実験的介入が行動に影響を及ぼしたと解釈することができます
（例：成功した際に称賛されることで課題への自発的な取組みの頻度が増えた）。
このように，群間比較法では，独立変数である環境要因の導入あるいは非導入
という操作を異なる群の間で行った上で，従属変数である行動への影響を比較
します。

　群間比較法では，群ごとに多数の個体を集め，そこで得られた測定値の代表
値（平均値など）を比較に用います。これにより，群内の個体差や測定誤差な
どを相殺しながら，群間での唯一の違いである実験的介入が行動に及ぼす影響
を検証します。このような群間比較の方法論は，統計学的な観点からは望まし
いことなのですが，個体の行動の確実な変容を目指す行動分析学の立場からす
ると，ある種の欠点を抱えているともいえます（長谷川，2007）。たとえば，
先ほどの例のように，実験的介入を行った実験群の行動指標の平均値が，実験
的介入を行わなかった対照群のそれと比較して明らかに高かったとします。た
いていの場合は，こうした結果をもとに「実験的介入が個体の行動に影響を及
ぼした」と解釈することになるでしょう。しかしながら，このような平均値の
比較からわかることは，あくまで個体が集まった「集団」の行動への平均的な
影響であることに留意する必要があります。実験群の中には，実験的介入によ
って行動が大きく変わった個体だけでなく，まったく変わらなかった個体，あ
るいは予測とは反対方向に変わった個体も含まれているかもしれません。群を
単位として行動指標の比較を行う群間比較法においては，このような個体差は
覆い隠されてしまうのです。

---

[5] 研究によっては，薬学におけるプラセボ対照群，すなわち検証の対象となる薬剤と
見分けがつかないが薬効成分を含まない偽薬を投与される場合のように，対照群に対
しても何らかの擬似的な介入を行うこともあります。

　行動分析学では，環境要因の操作による集団への平均的な効果，裏を返せば，ある個体には予測通りの影響を及ぼすが，他の個体には影響を及ぼさないというような誤差を含む環境要因ではなく，個々の個体の行動を確実に変容させる環境要因を見つけ出すことを目指します（坂上・井上，2018）。このような理念的な理由に加え，対象とする行動によってはそれを示す実験参加者の数を十分に確保するのが難しい場合があることなどから[6]，行動分析学においては，集団ではなく単一の個体の中で環境要因の操作の効果を検証する個体内デザインが用いられます。

2.4.2　個体内デザイン

　個体内デザイン（within-subject design）（あるいは単一事例法（single-case design））においては，行動の原因と考えられる環境要因が存在しないベースライン状態（A）と，その環境要因を導入した状態（B）とで個体の行動を測定し比較します。この際，AとBの比較をどのように行うかの違いにより，2つの方法に分けられます（Baer et al., 1968）。第1の方法は，AとBの比較を同一対象者の同一行動に対して繰返し行う反転法（reversal design）です（図2.4）。逆転法あるいはABAデザインと呼ばれることもあります。この方法では，はじめのA期において，環境要因を導入しない状態で行動の測定を行います（ベースライン期）。その後のB期では，行動に対して効果を持つと考えられる環境要因を導入し，その状態における行動の測定を行います（介入期）。さらに今度は，当該の環境要因を取り除くことで再びA期へと戻り（反転），観察される行動の水準がベースライン期（最初のA期）と同等まで戻るかどうかを確認します。ここでもし，行動がベースライン期と同等の水準に戻ることが確認されれば，直前の介入期で導入した環境要因こそが，当該の行動変容の原因であると推測することができます。

　反転法は非常に単純な手法でありながら，行動の原因を科学的に究明できる

---

[6] たとえば，強迫神経症にともなう行動を対象とする場合，該当者20人を集めるためには2万人の患者を診断する必要があるといわれます（Barlow & Hersen, 1984）。

図2.4　仮想データによる反転法の例

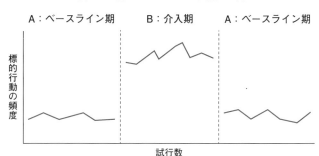

最初のベースライン期の後，介入期の開始と同時に行動の頻度が変化し，続くベースライン期への反転と同時に行動の頻度がもとの水準まで戻れば，行動変容の原因は介入（環境変数の導入）であると考えることができます。

という意味で，行動分析学の実験法のうちもっとも基本的かつ有用なものであるといえます。しかし，反転法にも主として2つの制約があります（桑田，1993）。第1に，対象とする行動がそもそも反転不可能なものである場合（例：自転車の運転や水泳などの技能），最後のベースライン期において行動の水準がもとに戻ることはないため，研究法として反転法を用いることはできません。第2に，対象としている行動が健康や社会生活にとって害となる問題行動である場合（例：過度の飲酒行動，他者への攻撃行動），介入期でせっかく改善がみられたものをわざわざもとに戻してしまうことには倫理的な問題があります。

　このような問題を回避できるのが，個体内デザインにおける第2の方法であり，ABの反転を行うことなく介入の効果を検証できる**多層ベースライン法**（multiple baseline design; MBD）です。この方法では，ベースラインとなるA期を同時期に複数開始した後，介入期であるB期をずらして導入します。この方法は3種類に区別され，①複数の対象者に対して実施する個体間MBD，②複数の標的行動に対して実施する行動間MBD，および③複数の場面に対し

て実施する場面間 MBD があります。たとえば，個体間 MBD の場合，標的行動や場面は固定した上で，複数の対象者に対して異なる長さの期間でベースラインを測定した後，それぞれ異なるタイミングで当該の環境要因を導入し（介入期），それによる行動への効果を測定します（**図 2.5**）。ここで，複数の対象者で介入期においていずれも行動の変化がみられれば，当該の環境要因が行動

図 2.5 仮想データによる多層ベースライン法（個体間 MBD）の例
（坂上・井上，2018 を改変）

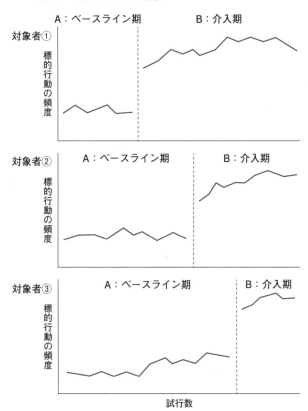

ベースライン期の長さが異なる複数の対象者において，介入期において行動に変容がみられれば，その原因は介入（環境要因の導入）であると考えることができます。

変容の原因となっていると判断することができます。

　とはいえ，反転法のように介入後のベースライン反転をしないので，介入期の行動変容が導入した環境要因によるものなのか，あるいは介入期にたまたま存在していた予期せぬ混同要因によるものなのか，効果の判別ができなくなる恐れがあります。このリスクを最小にするために，たとえば個体間 MBD では，対象者ごとに介入期開始のタイミングをずらします。これは，複数の対象者の介入期に同じ混同要因が混入してしまうことを避けるためのものです。具体的な研究事例として奥田（2005）は，高機能広汎性発達障害を持つ 2 人の不登校児童およびその母親を対象に，児童の学校活動への参加という行動を標的とした研究を行いました。この研究では，毎週の学校参加率について児童が目標を達成できた場合に特定のごほうび（トークン）を与えるというトークン・エコノミー法を用いて，児童の学校活動への参加という行動に与える効果を調べました。その結果，一方の児童では研究開始後 7 週目に，もう一方の児童では 10 週目に介入がはじまりましたが，両名共に介入期以降，学校活動への参加率が高まることを確認しました。この結果に基づいて奥田（2005）は，登校支援におけるトークン・エコノミー法の有効性について提言しています。

　こういった研究手法の配慮や工夫は，前述した個体間 MBD だけでなく，行動間 MBD や場面間 MBD でも同様に加えられています。多層ベースライン法には，ベースライン反転をしないという点以外にもさまざまな制約や限界が認められています。しかしながら，ベースライン反転にともなう倫理的な問題を回避できるという利点があるので，多くの臨床的・応用的な研究で使用されています。

　このように行動実験法には，一般的な実験心理学の領域で用いられる群間比較法と，とりわけ行動分析学において用いられる個体内デザインがあり，それぞれに長所・短所があります。実際の研究場面では，それぞれの実験法の特徴を理解しつつ，研究の目的に応じてこれらを使い分けることが望ましいといえます。

2.5　おわりに

　本章では，学習・行動領域の心理学の中でもその方法論を緻密に発展させて
きた行動分析学の立場から，行動の定義やその対象化の方法，行動を測定し研
究する手法としての行動観察法および行動実験法について概説しました。とく
に，環境と行動の間の因果関係を検証するという意味で，環境要因を系統的に
操作する行動実験法は重要であり，これには一般的な実験心理学の領域で用い
られることが多い群間比較法と，行動分析学で用いられることが多い個体内デ
ザインがあること，そして個体内デザインには，反転法と多層ベースライン法
があることを説明しました。次章以降で扱う学習・行動領域の心理学研究では，
これらの研究法のいずれかが実際に用いられています。

復 習 問 題

1.　行動の定義に関する以下の記述のうち，正しいものを2つ選んでください。
　　①反応型による定義に基づけば，部屋の暑さを和らげようとしてエアコンを始動
　　　させる行動と，窓を開ける行動は同一の行動であるといえる。
　　②機能による定義に基づけば，部屋の暑さを和らげようとしてエアコンを始動さ
　　　せる行動と，窓を開ける行動は異なる行動であるといえる。
　　③反応型による定義に基づけば，ラットが餌を得ようとして前脚でレバーを押す
　　　行動と，口によってレバーを押す行動は異なる行動であるといえる。
　　④機能による定義に基づけば，ラットが餌を得ようとして前脚でレバーを押す行
　　　動と，口によってレバーを押す行動は同一の行動であるといえる。
　　⑤反応型による定義に基づけば，友人を笑わせるためにおどけた表情をする行動
　　　と，冗談を言う行動は同一の行動であるといえる。
2.　行動観察法に関する以下の記述のうち，誤っているものを1つ選んでください。
　　①行動観察法を用いれば，環境を組織的に操作することが難しい社会場面でも，
　　　一定の限界のもとで環境と行動の関係性について科学的に推論することができ
　　　る。
　　②連続記録法のうち実時間記録法では，標的行動の開始および終了時刻を記録す
　　　る。
　　③準連続記録法のうち部分インターバル記録法では，当該インターバル内で一度

でも標的行動が生起すればそのインターバルで行動が生起したものとして記録する。

④離散記録法にはアドリブ記録法と頻度記録法が含まれる。

⑤行動観察法では事象間に因果関係があるかどうかを断定することはできない。

3. 行動実験法に関する以下の記述のうち，誤っているものを 1 つ選んでください。

①行動実験法では環境事象の操作による行動への影響を測定することで，環境と行動の間の因果関係を検証することができる。

②一般的な心理学の領域では，個体内デザインよりも群間比較法が用いられることが多い。

③個体内デザインは，環境要因の操作による集団への平均的な効果を調べたい場合よりも，個々の個体の行動を確実に変容させる環境要因を調べたい場合にとくに有効である。

④反転法では，特定の環境要因を導入した状態である A 期から環境要因を取り除いた状態である B 期に移行した後，再び環境要因を導入した A 期へと反転させることで，行動に対する環境要因の効果を検討する。

⑤多層ベースライン法は，対象とする行動が反転不可能な行動である場合や，行動をもとの水準に戻すことが倫理的に問題である場合において，とくに望ましい実験法である。

参 考 図 書

メイザー，J. E. 磯 博行・坂上 貴之・川合 伸幸（訳）（2008）．メイザーの学習と行動　日本語版第 3 版　二瓶社（中級レベル）

　学習心理学を専門的に学ぼうとする人に向けられた本格的なテキスト。第 1 章では学習と行動に関する研究法や基本的な考え方が概説されています。

坂上 貴之・井上 雅彦（2018）．行動分析学――行動の科学的理解をめざして――有斐閣（入門レベル）

　行動分析学に関する優れた入門書。第 2 章では行動の定義の問題や観察法・実験法について，わかりやすく解説されています。

ボークス，R. 宇津木 保・宇津木 成介（訳）（1990）．動物心理学史――ダーウィンから行動主義まで――　誠信書房（中級レベル）

　学習・行動領域の心理学の歴史が，その研究法としての観察法・実験法の発展の歴史と共に詳細に論じられています。研究法の基礎的かつ重要な知識についてさらに深く理解する上で大いに役立ちます。

生得性行動

　経験による行動の変化である学習は，個体が生きていくために非常に重要な役割を担っています。しかし，当然といえば当然ですが，経験によって行動が変化するためには，個体はその経験「以前」に，変化する前の行動を有している必要があります。実際，人間や動物には生まれながらにしてさまざまな行動が備わっており，学習性の行動の多くはそのような生得性の行動に基づいていることがわかっています。そのため，学習について正しく深く理解するには，まずは生得性行動について十分に理解しておく必要があります。第3章では，個体が生まれつき有している生得性行動について主に説明しながら，基礎的な学習性行動についても概説していきます。

3.1　はじめに――人間や動物の行動の分類

　個体の行動は，訓練や経験を必要とせず生まれながらにして備わっている**生得性行動（生得的行動（innate behavior））**と，生後の訓練や経験によって獲得される**学習性行動（習得的行動（learned behavior）**あるいは**獲得性行動（acquired behavior））**から成り立っています。生得性行動は，個体が異なっても，同一の生物種であれば共通してみられます。一方で，学習性行動は個体の経験に依存するため，個体によってさまざまに異なります。たとえば，キニーネのような純粋な苦味物質を口に含むと誰もが同じように嫌悪反応を示しますが（生得性の苦味嫌悪），どのような味をおいしいと感じ，どのような食べ物を好むかは人によって異なります（学習性の食物嗜好）。このように個体の行動を2つに区別することはできますが，完全な生得性行動あるいは完全な学習性行

動というものはあり得ず，実際には遺伝的な要因と環境的な要因の相互作用によって個体の行動が形成されていると考えられています。

　本章ではまず，主として動物の生得性行動のうち比較的単純な反射と向性，そしてより複雑な本能的行動について説明していきます（3.2節）。その後，学習性行動の基礎として，特定の動物種に限定的な初期学習である刻印づけや，あらゆる動物種に共通でかつもっとも単純な学習であると考えられている馴化について説明していきます（3.3節）。

3.2　生得性行動

　個体の行動のうち，生得性行動はとりわけ遺伝情報によって強く支配されており，環境や経験の影響を受けづらく，同一種内で決まりきったワンパターンなものとして現れます。以下では，生得性行動のうち比較的単純なものと複雑なものについて，順に説明していきます（表3.1）。

3.2.1　単純な生得性行動——反射と向性

　人間や動物に共通してみられる単純な生得性行動として，反射（reflex）があります。反射とは，特定の刺激によって確実に引き起こされる身体の一部の定型的な運動パターンで，それを引き起こそうとする意識的な労力は必要でなく，自動的かつ速やかに生じます。たとえば，砂ほこりが目に入った瞬間にま

表3.1　生得性行動の種類

生得性行動	単純な反応や運動	反射
		向性（走性・動性）
	複雑で組織化された行動（本能的行動）	固定的活動パターン
		生得的反応連鎖

ぶたを閉じる（眼瞼反射），誤って画びょうの針に触れてしまった手を瞬間的に引っ込める（屈曲反射），食べ物が口に入ると唾液がじわじわと出てくる（唾液反射）といった反射があります。これらの反応を一生懸命に練習したことがあるという人はいないでしょうし，実際，生まれたばかりの新生児にもこうした反応はみられることから，反射は生得的に備わったものであることがわかります。なお，第 1 章（1.3 節）で説明したように，経験と学習によって形成される条件つきの反射を**条件反射**（conditioned reflex）と呼び，生得的にみられる**無条件反射**（unconditioned reflex）と区別することもあります[1]。

このように，反射は身体の一部分の定型的な反応であるのに対し，無脊椎動物，魚類，単細胞生物など，比較的単純な生物においては，特定の刺激に応じて身体全体を移動させたり，運動性を変化させたりすることがあります。このような反応のことを**向性**（tropism）といいます。

向性は，走性と動性の 2 つに分類することができます。**走性**（taxis）とは，方向性がある移動反応で，特定の刺激に対して近づこうとする反応を正の走性，反対に遠ざかろうとする反応を負の走性といいます。光刺激に対する走性は走光性と呼ばれ，羽虫などが街灯の明かりに集まっていくのは正の走光性の現れです。その他に，一定の湿度に対する走湿性や特定の化学物質に対する走化性など，刺激の種類に応じてさまざまな走性があります。

走性と類似したものとして，光，温度，湿度などの刺激の強度に応じて運動性を高めたり低めたりする**動性**（kinesis）があります。これは，結果として特定の刺激に対して近づいたり遠ざかったりすることはありますが，反応そのものには方向性がありません。たとえば，ワラジムシは乾燥に弱いため，湿度の高い場所にいなければなりません。ところが，ワラジムシは離れた場所の湿度を検知する手段を持っておらず，その場の湿度しか感じとることができません。では，どのようにして生存を確保するかというと，ワラジムシは，湿度の低い場所では運動性を高めてランダムに動き回り，反対に湿度の高い場所では

---

[1] 心理学における条件づけの研究では，反射だけでなく，幅広い行動を扱うことが多いので，条件反射・無条件反射ではなく，**条件反応**（conditioned response）・**無条件反応**（unconditioned response）という表現も多用されます（第 4 章を参照）。

運動性を低めてその場にとどまろうとします。こうした反応を繰り返す結果として，ワラジムシは湿度の高い場所がどこにあるかわからなくても，そこに移動してとどまることができるのです。

3.2.2　複雑な生得性行動――本能的行動

　反射や向性は，生物個体が示す生得性行動の中でもかなり単純なものです。動物は，食物摂取，求愛，外敵の排除，脅威からの逃避など，さまざまな目的を達成するために，多くの複雑で組織化された行動を示しますが，この中にも，学習によらない生得性行動があります。それらのうち，その種に固有で，一定の条件のもとで特定の刺激に対して生じる組織化された全身的行動を，**本能的行動**（instinctive behavior）といいます。今日知られている本能的行動のほとんどが，自然状態での動物の行動を研究する行動生物学（動物行動学またはエソロジー）の研究者たちによって発見されてきました。

　本能的行動の基本的な特徴として，動物は環境中のあらゆる変化に対して反応するわけではなく，特定の一部分に対してのみ反応することが知られています。たとえば，繁殖期にあるオスのトゲウオは，繁殖期のしるしである赤い下腹部をした他のオスが自分のなわばりに近づくと，これに対して攻撃行動を示します。興味深いことに，オスのトゲウオは，本物そっくりだが赤い下腹部を持たない模型（図3.1（a））に対しては攻撃行動を示さないものの，本物には似ても似つかないが赤い底部を持つ模型（図3.1（b））に対しては攻撃行動を示します（Tinbergen, 1948）。このことから，繁殖期のオスのトゲウオが攻撃行動を起こす上では，他のオスの姿全体には意味はなく，赤い下腹部という一部分の特徴だけが重要であることがわかります。このように，動物の特定の本能的行動を引き起こす刺激のことを**解発（触発）子**（releaser）あるいは**信号刺激**（sign stimulus）といいます。また，動物に生まれつき備わった，特定の解発子に対して特定の本能的行動を示すしくみのことを**生得的解発機構**（innate releasing mechanism）といいます。

　ただし，解発子が動物に対して常に本能的行動を引き起こすわけではありません。たとえば，なわばりを持たず繁殖期を迎えていないオスのトゲウオは，

図3.1 2種類のトゲウオの模型（Tinbergen, 1948 を改変）

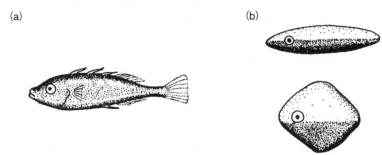

(a)　　　　　　　　　　　　　　(b)

繁殖期を迎えたオスのトゲウオは，形態的には正確に再現されているが赤い下腹部を持たない模型（a）を攻撃することはありません。一方で，魚一般の多くの特徴を欠くが赤い底部を持つ模型（bの2つ）に対しては攻撃行動を示します。

　たとえ赤い下腹部を持つ他のオスを見たとしても，攻撃行動を示すことはありません。このように，一定の条件が整った動物が解発子に出会ったときにのみ，本能的行動が引き起こされます。

　本能的行動は，トゲウオの攻撃行動の例のように，単純な反射とは異なり一連の反応や動作からなる系列的なものであることもあります。系列的な本能的行動の中には，解発子によってひとたび行動が開始されると，環境の変化とは関係なしにそれが完了するまで続けられるものがあります。たとえば，ハイイロガンは巣から転がり出た卵を見つけると，卵に向かって首を伸ばし，くちばしを使いながらそれを巣に戻そうとします（図3.2）。興味深いことに，卵が途中でわきのほうに転がってしまったり，あるいは実験者の手によって突如取り除かれたりしても，あたかもそこにまだ卵があるかのようにその行動を続けます（真空行動（vacuum behavior））。この例のように，一連の反応や動作が固定した順序で次々と起こり，一度はじまると完了するまで中断することなく続けられるようなものを固定的活動パターン（fixed action pattern; FAP）といいます。

　一方で，系列的な本能的行動であっても，環境の変化に応じて中断するもの

図 3.2　卵を巣に戻そうとするハイイロガンの固定的活動パターン（Marken, 2002 を改変）

ハイイロガンは，みずからの巣から転がり出た卵を発見すると，くちばしを使って巣に戻そうとします。ところが，その途中で卵がわきに転がったり，図のように実験者によって取り除かれたりしたとしても，あたかもまだそこに卵があるかのようにその行動を続けます。

もあります。たとえば，トゲウオの配偶行動は，オスとメスそれぞれの反応が互いに反応を引き起こしていくことで遂行されます（**図 3.3**）。はじめに，①繁殖期のオスが腹のふくれた（卵を抱えた）メスを見つけると，求愛のジグザグダンスをはじめます。するとメスは，ふくれた腹を見せるようにしながらオスに接近していきます。②これに対してオスは，メスを自分の巣の方向へと誘導していき，③巣の入口を示します。④メスが巣に入ると，オスはメスの体を揺り動かし，これによりメスは産卵します。⑤そして巣の中の新しい卵を見て，オスはそれを受精させるのです。このとき，オスによってひとたびジグザグダンスが開始されたとしても，メスが途中で逃げてしまえばその後の反応は中断されます。このように，系列的な本能的行動のうち，解発子と反応の一連の連鎖によって生じており，環境の変化に応じて中断できるようなものを**生得的反応連鎖**（reaction chains）といいます。生得的反応連鎖は環境の変化に依存しているという意味で，固定的活動パターンよりも柔軟で融通のきくものであるといえます。

図 3.3　**生得的反応連鎖によるトゲウオの配偶行動**（Reiss, 1984 を改変）

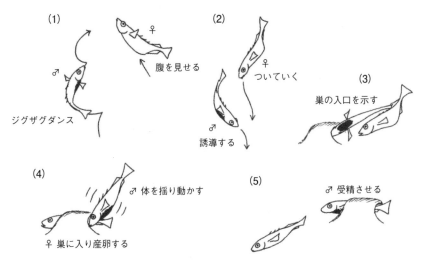

（1）繁殖期のオスは，腹のふくれたメスを見つけると求愛のジグザグダンスをはじめ，メスはふくれた腹を見せるようにしながらオスに接近していきます。（2）オスはメスを自分の巣の方向へと誘導していき，（3）巣の入口を示します。（4）メスが巣に入ると，オスはメスの体を揺り動かし，メスは産卵します。（5）オスは巣の中の卵を受精させます。

　これまでみてきた人間および動物の生得性行動は，一見すると動物種ごとにバラバラでそれぞれに異なるように思えるかもしれません。しかし，その根底には，生命の維持と遺伝子の複製（繁殖）に役立つものに対しては接近し，反対にこれらを脅かすものからは遠ざかったり除去したりするという，共通の適応的意義があることがわかります。

3.3　学習性行動の基礎

　これまでみてきたように，生得性行動は，環境への適応と生存という意味で人間や動物にとって欠かせないものとなっています。しかし，遺伝的に決められた行動パターンだけでは，刻一刻と変化し続ける環境に対して十分に適応で

きるとはいえません。そこで必要になってくるのが，動物がそのときに置かれ
た環境との相互作用を通して獲得する学習性行動です。以下では，学習性行動
の基礎として，特定の動物種のみにみられる発達初期の限定的な学習である刻
印づけと，人間や動物に幅広くみられるもっとも単純な学習といわれる馴化に
ついて，順に説明していきます。

3.3.1　発達初期の限定的学習

　動物が示す学習性行動の中には，生後間もない時期にのみ限定的に生じる特
殊な学習があります。行動生物学の始祖の一人であるローレンツ（Lorenz, K.
Z.；図3.4）は，ある興味深い観察を残しています。ある日ローレンツは，ハ
イイロガンのヒナ鳥が孵卵器の中でかえる瞬間を観察していました。その感動
的な瞬間を目の前で観察し終えて満足したローレンツは，後の世話を一羽のガ
チョウにまかせるべく，そのメスのヒナをガチョウの腹の下に押し込みました。
ところが，すっかり責任を果たした気になっていたローレンツに，予想してい
なかった出来事が起こったのでした。

図3.4　ローレンツとその後を追うハイイロガン（Vicedo, 2009）

ローレンツは動物たちと生活を共にしながら，動物たちが示すさまざまな行動について研
究しました。

と，たちまちにして，白いガチョウの腹の下から，問いかけるようなかぼそい声が聞こえてきた——ヴィヴィヴィヴィヴィ？……(中略)……彼女はぬくぬくした羽毛の間から這いだしてきた。彼女はじぶんの養い親つまり私を，片目でじっと仰ぎみて，大声で泣き出したのである——ピープ……ピープ……ピープ……「みすてられたちっぽけなガンのなげき」はこう聞こえた。

(中略)あわれなヒナは声もかれんばかりに泣きながら，けつまずいたりころんだりして私のあとを追って走ってくる。だがそのすばやさはおどろくほどであり，その決意たるやみまごうべくもない。彼女は私に，白いガチョウでなはなくてこの私に，自分の母親であってくれと懇願しているのだ。それは石さえ動かしたであろうほど感動的な光景であった。

(Lorenz, 1949 日高訳 2006, pp.148-149)

こうしてローレンツは，マルティナと名づけたヒナ鳥の母親として，感動と苦悩に満ちた育児の日々に身を投じることとなったのでした。

このように，ニワトリ，アヒル，カモなど，一部の鳥類のヒナが孵化直後に見た動く対象を追尾するようになることを**刻印づけ（刷り込み（imprinting））**といいます。刻印づけには，通常の学習にはみられない特徴があります。まず，刻印づけは，孵化後のかなり早い時期など，個体の生活史のごく限られた短い期間でしか生じず，それ以降はきわめて生じにくくなります（**臨界期（critical period）**の存在）。また，経験の反復や練習は必要でなく，一度きりの経験できわめて短時間のうちに成立します。さらに，特定の対象に刻印づけが一度成立すると，その対象を変更することはきわめて困難です[2]（刻印反応の不可逆性）。こうしてみてみると，刻印づけは融通のきかない不器用な学習のように

---

[2] ローレンツによって刻印づけが報告された当初は，刻印づけはきわめて固定的なものだと考えられていました。しかしそれ以降，数多くの実験室的研究が行われた結果，臨界期を過ぎていても刻印づけが生じる場合があることや，一度刻印づけが生じた後でも，異なる対象への新たな刻印づけが可能であることなどがわかっています（総説として，森山，2019）。

も思えますが，実際の自然環境においてヒナが孵化後はじめて目にするものは
ほとんどの場合母鳥なので，それをひたすら追尾するという学習は，非力なヒ
ナが生存する上で適応的であるといえます。

　以上のように，初期学習としての刻印づけは，一部の鳥類の発達初期の生存
にとってきわめて重要な役割を果たしています。刻印づけは一部の離巣性の鳥
類にのみみられる現象ですが，発達初期に見たものに対して愛着を形成すると
いう現象は，鳥類に限らず多くの動物でもみられており，生まれて間もない発
達初期の生存に役立つような学習がなされていることがわかります。

3.3.2　「慣れ」の学習

　休日の午後，自宅で本を読んでいると，目の前の道路で工事がはじまったの
か，騒音がしはじめた。予想外の音にはじめは驚いて，せっかくの読書の時間
を台無しにされたような気になったものの，しだいに音は気にならなくなって
いった。そして時間が経ち，気づかないうちに工事は終わっていた――。この
ように，同一の刺激を繰返し提示されることで，その刺激に対する反応性が低
下することを**馴化**（habituation）といいます。これは，単調に繰り返される
刺激を，なじみのある，あまり重要でないものとして無視できるようになる学
習であるともいえます。馴化は，無脊椎動物から人間まで，ほとんどすべての
動物にみられるもっとも単純な学習現象です。たとえば，ラットに対して大き
な音刺激を提示すると，びくっとするような驚愕反射がみられます。ところが，
その音刺激を何度も繰返し提示し続けると，しだいに音刺激への驚愕反射は弱
まっていきます（図3.5）。

　馴化には，以下に述べるような法則性があります（Thompson & Spencer,
1966）。①馴化は刺激が繰返し提示されるときはいつでも起こり，反応減少の
程度は序盤が大きく，その後しだいに小さくなっていきます。②馴化が起こっ
た後でも，刺激が一定時間提示されなければ反応は回復します（**自発的回復**
（spontaneous recovery））。また，その回復の程度は経過する時間の長さに依
存します。③馴化は長時間が経過することでいったんは消失する（反応が回復
する）ものの，馴化の手続きを繰り返すことで，それ以前よりも馴化が早く起

図 3.5　典型的な馴化実験における結果のイメージ

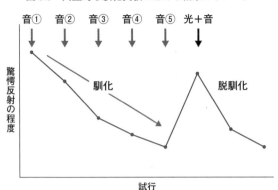

ラットに大きな音刺激（音①）を提示すると強い驚愕反射を示しますが，繰返し提示することで（音②〜⑤）しだいに驚愕反射は減弱していきます（馴化）。馴化が確認された後，光刺激を提示してから音刺激を提示すると（光＋音），再び強い驚愕反射が生じます（脱馴化）。

こるようになります。④個体に強い反応を引き起こすような強い刺激ほど馴化は起こりづらく，反対に弱い刺激ほど馴化は早く進行します。⑤馴化によって反応が完全にみられなくなったとしても，刺激を提示し続けることで馴化は進行しており，その後の自発的回復が遅れるという効果があります（**過剰学習**（overlearning））。⑥馴化が起こった刺激と類似した刺激に対しても反応性の低下がみられます（**刺激般化**（stimulus generalization））。

　ところで，馴化はなぜ学習性の現象であると言い切れるのでしょうか。同一の刺激を繰返し提示されることで，感覚器官が疲労していき，その結果として反応性が低下する，と考えることもできます。たとえば，前述したようにラットに対して音刺激を提示し続けると，音刺激への驚愕反射が馴化していきますが，ラットは音刺激を何度も提示され続けたことで難聴のような状態になり，しだいに音が聞こえなくなっていただけかもしれません。ところが，音刺激への馴化を確認した後で，新しく光刺激を提示してから再び音刺激を提示すると，

音刺激への驚愕反射が復活することがわかっています（**図3.5**）。このように，異なる刺激を提示することで馴化した刺激への反応性が復活する（あるいは増大する）ことを**脱馴化**（dishabituation）といいます。先ほどのラットの例では，光を見ることで耳の疲労が回復するということは考えにくいですから，馴化および脱馴化という現象を感覚器官の疲労によって説明することはできません。このことから，馴化は生体の内的過程が経験によって変化する学習性の現象だと考えることができるのです。

　もっとも単純な学習現象である馴化は，私たちが外界をどのように認識するかを扱う知覚・認知の研究において，非常に重要なツールの一つとなっています。たとえば，生後間もない新生児が赤色と青色を区別できているかどうかを知りたいとして，どのような方法でそれを調べることができるでしょうか。大人であれば，言語が使えるので，赤色のものと青色のものを見せながら，それぞれが何色に見えるかとか，2つが違って見えるかどうかを尋ねればすむ話です。しかし，まだ言語が使えない新生児の場合は，当然ながらこのような方法はとれません。そこで役立つのが，馴化の法則です。典型的な実験では，はじめに新生児に対して青色の四角形を短時間提示します（**図3.6**）。すると，その青色の四角形をじっと見つめる注視反応や，心拍数や呼吸数の減少といった生理反応がみられます。さらに青色の四角形の提示を繰り返すと，新生児のこのような反応はしだいにみられなくなります（馴化）。ここで，新しく赤色の四角形を提示すると，その四角形に対しては，注視反応や心拍数・呼吸数の減少という反応を再び確認することができます。もしもこの新生児が赤色と青色を区別できていないのであれば，青色の四角形に対して馴化が起こった以上，同じ色に見える赤色の四角形への反応性も低下しているはずです。ところが，赤色の四角形に対しては再び反応をみせたことから，その新生児は赤色と青色を区別できているはずだ，と推測することができるのです。以上のように，馴化の法則は，言語による報告ができない子どもや動物を対象とした知覚・認知の研究において役立てられています。

　さて，ここまで述べた刻印づけと馴化は，どちらも経験に依存した行動の変化という意味で，学習性行動の一つであるとみなすことができます。しかし，

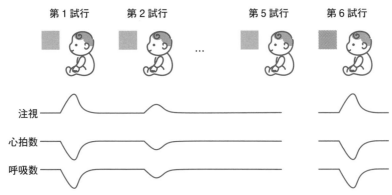

図 3.6　馴化を利用した新生児の知覚研究の典型例
（Squire & Kandel, 2009 小西・桐野監訳 2013 を改変）

新生児にはじめて青色の四角形を提示すると（第 1 試行），新生児はそれを注視するとともに，心拍数・呼吸数の減少がみられます。これを繰り返していくと，新生児の反応はしだいに馴化し，やがて反応はみられなくなります（第 5 試行）。ところが，赤色の四角形を新たに提示すると，再び注視反応が起こるとともに，心拍数・呼吸数の減少がみられます（第 6 試行）。これにより，新生児は赤色と青色を区別できていると解釈することができます。

続く第 4 章および第 5 章で扱うような条件づけに基づく学習性行動とは異なり，刻印づけは臨界期までの限られた期間に特定の刺激に出会うことで獲得される追尾行動ですし，馴化は単一の刺激を繰返し提示されることで生じる反応性の変化であるにすぎません。そのような意味で，これらの現象を学習性行動としてとらえるのではなく，生得性行動の持つ学習的側面，あるいは学習の原初的な形態としてとらえる立場もあります（坂上・井上，2018）。

3.4　おわりに

　本章では主に動物の生得性行動について，比較的単純な反射と向性から，より複雑な本能的行動までを概説しました。その後，学習性行動の基礎として，

特定の動物種に限定的な初期学習である刻印づけや，あらゆる動物種にみられ，もっとも単純な学習とも呼ばれている馴化について概説しました。以降の章で扱う動物や人間の学習性行動の多くは，遺伝的に決められた生得性行動に基づいているため，これらのことを先立って理解しておくことは非常に重要です。

復習問題

1. 生得性行動の特徴に関する以下の記述のうち，<u>誤っているものを1つ</u>選んでください。
   ①訓練や経験を必要とせず，生まれながらにして備わった行動である。
   ②遺伝情報によって強く支配されており，環境や経験の影響をほとんど受けない。
   ③同一種内であっても，異なった個体では異なったパターンとして現れる。
   ④反射や向性，固定的活動パターンや生得的反応連鎖などが含まれる。
   ⑤多種多様な生得性行動には，生命の維持や遺伝子の複製に役立つものへ接近し，生命を脅かすものからは遠ざかるという共通の適応的意義がある。

2. 本能的行動に関する以下の記述のうち，<u>誤っているものを1つ</u>選んでください。
   ①今日知られている本能的行動のほとんどが，自然状態での動物の行動を研究する行動生物学の研究者たちによって発見されてきた。
   ②動物は環境中のあらゆる変化に対して反応するわけではなく，特定の一部分に対してのみ反応する。
   ③解発子が動物に対して常に本能的行動を引き起こすわけではない。
   ④固定的活動パターンでは，一連の反応や動作が固定した順序で次々と起こる。
   ⑤生得的反応連鎖は解発子と反応の一連の連鎖によって生じており，一度開始されると完了するまで中断されることはない。

3. 馴化の法則に関する以下の記述のうち，<u>誤っているものを1つ</u>選んでください。
   ①馴化は刺激が繰返し提示されるときはいつでも起こり，反応減少の程度はしだいに小さくなっていく。
   ②馴化が一度起こった後は，その刺激が一定時間提示されなくとも反応性は低下したままである。
   ③個体に強い反応を引き起こすような強い刺激ほど馴化は起こりづらく，反対に弱い刺激ほど馴化は早く進行する。
   ④異なる刺激を提示することで，馴化した刺激への反応性が復活する。
   ⑤馴化が起こった刺激と類似した刺激に対しても反応性の低下がみられる。

参 考 図 書

実森 正子・中島 定彦（2019）. 学習の心理——行動のメカニズムを探る—— 第2版 サイエンス社（入門レベル）

　学習心理学に関する優れた入門書。豊富な研究データと共にわかりやすく解説されています。第1章の後半では生得性行動が，第2章の前半では馴化が論じられています。

ティンベルヘン，N. 永野 為武（訳）（1957）. 本能の研究　三共出版（中級レベル）

　行動生物学の始祖の一人であるティンバーゲンによる名著。当時はまだ珍しかった，動物の行動に関する客観的な研究事例を紹介しながら，動物の本能的行動の諸相およびそのメカニズムを論じています。

メイザー，J. E. 磯 博行・坂上 貴之・川合 伸幸（訳）（2008）. メイザーの学習と行動　日本語版第3版　二瓶社（中級レベル）

　学習心理学を専門的に学ぼうとする人に向けられた本格的なテキスト。第3章では生得性行動や馴化について，豊富な研究事例とともに概説されています。

ローレンツ，K. 日高 敏隆（訳）（2006）. ソロモンの指環——動物行動学入門——　早川書房（入門レベル）

　行動生物学の始祖の一人であるローレンツが読み物形式で著した名作。初学者であっても，動物の行動を研究することの奥深さや楽しさ，感動をうかがい知ることができます。

古典的条件づけ

4

　第3章では，生物個体に遺伝的に備わっているさまざまな生得性行動について概説しました。これらの主な特徴は，特定の刺激に対しては特定の決まりきった反応が生じるというものでした。このようなしくみが生まれつき備わっているおかげで，個体はうまく生きていくことができます。ところが，個体を取り囲む環境のほうは刻一刻と変化しているため，生まれつき定まっている刺激と反応の結びつきだけでは十分とはいえません。そのため，これを補うための一時的な結びつきを，その環境における経験に基づいて新たに形成していく必要があります。本章では，そのような学習現象である古典的条件づけを取り上げ，その基本的な特徴を概説した後，いくつかの重要な発見に触れながら，古典的条件づけ理論の展開について述べていきます。

4.1　はじめに——古典的条件づけとは

　テレビ番組やコマーシャルなどで，画面いっぱいに赤々とした梅干しが映し出されたときのことを想像してみてください。その映像を見ているだけで，どういうわけか口の中に唾液があふれてきた，などという経験はありませんか。確かに，梅干しは酸っぱいものだから，実際に口に入れれば，途端に反射によって唾液が分泌されます。しかし，梅干しの映像を見ているだけでは，実際には梅干しはひとかけらも口に入っていないはずです。それではいったいなぜ，そうした場合にも唾液分泌ということが起こるのでしょうか。

　このように，本来は反応を誘発することのない刺激が，強い刺激と関連づけられることで，強い刺激に対するものと同様の反応を誘発するようになること

があります。これは経験に基づく学習現象であり，**古典的条件づけ**（classical conditioning），あるいはレスポンデント条件づけ（respondent conditioning），パヴロフ型条件づけ（Pavlovian conditioning）などと呼ばれています（第1章参照）。

　本章では，古典的条件づけの基礎について説明した後（4.2節），古典的条件づけにみられるさまざまな性質（4.3節）や，具体的な現象および研究例について述べます（4.4節）。さらに，古典的条件づけの形成において古くから重要であると考えられてきた刺激の時間的関係性や（4.5節），当初の理論では説明できない現象の発見，およびそれをきっかけとした古典的条件づけ理論の展開について論じます（4.6節）。最後に，現代まで続く古典的条件づけの研究において重要な役割を担う随伴性の概念について説明します（4.7節）。

4.2　古典的条件づけの基礎

　古典的条件づけの存在を世に知らしめたのは，ロシアの生理学者パヴロフです（Pavlov, 1926/1927）。はじめに，彼の行った実験をもとに，古典的条件づけの基本的な考え方を説明します（図4.1）。

　まず，空腹状態のイヌに餌を与えると，イヌは唾液を出します。これは，何らかの訓練をしなくても生起する現象です。このように，生得的にある特定の反応を誘発する刺激（ここでは餌）を**無条件刺激**（unconditioned stimulus; US）といい，それによって誘発される反応（ここでは唾液分泌）を**無条件反応**（unconditioned response; UR）といいます。一方で，このイヌにメトロノームの音を聞かせても，音のほうを向くなどの定位反射[1]が起こるだけで，唾液分泌は起こりません。このように，さしあたって問題としている反応（ここでは唾液分泌）を誘発しない刺激のことを，**中性刺激**（neutral stimulus）といいます。

---

[1] **定位反射**（orienting reflex）とは，第3章で紹介した反射の一種であり，何らかの刺激が提示された際にそちらの方向を向くなど，個体が刺激に対して注意を向けることをいいます。

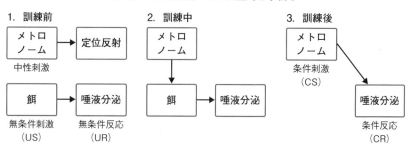

図 4.1 古典的条件づけの典型的な手続き

①空腹のイヌにメトロノームの音を提示してもはじめは定位反射が起こるだけであるのに対し，同じイヌに餌を提示すると唾液が分泌されます。②訓練を開始し，イヌにメトロノームの音を提示した直後に餌を提示することを繰り返します。③その後，イヌにメトロノームの音を提示するだけで唾液が分泌されるようになります。

　次に，訓練を開始しますが，そこでは，このイヌに対し，メトロノームの音を聞かせた後に餌を与えること（対提示）を何度も繰り返します。すると，メトロノームの音を聞かせただけで，イヌは唾液を出すようになります。このとき，メトロノームの音は条件づけられた刺激，すなわち**条件刺激**（conditioned stimulus; CS）として，唾液分泌という**条件反応**（conditioned response; CR）を誘発したことになります。このように，はじめは反応を誘発しなかった中性刺激が US と対提示されることで CS となり，CR を誘発するようになる一連の学習過程およびその手続きのことを，古典的条件づけといいます。

　古典的条件づけは，私たちヒト，イヌ，ラットなどの脊椎動物からアメフラシのような無脊椎動物まで，ほとんどすべての動物種にみられる学習現象です。4.4 節で述べるように，唾液分泌だけでなくさまざまなヒトの行動に対してこの学習現象が関わっています。

　冒頭で述べた梅干しの例も，古典的条件づけにより説明できます。本来，梅干しは見ただけではとくに反応を誘発しない中性刺激です。ところが，普段の食事の中で，梅干しの見た目と梅干しに含まれる酸（US）を繰返し一緒に経験（対提示）した結果，梅干しの見た目（CS）だけで唾液分泌（CR）が誘発

されるようになったと考えられます。

4.3 古典的条件づけの諸相

　古典的条件づけによって形成された反応（CR）は，US をともなわずに CS のみを単独で提示し続けることで，しだいに減弱したり消失したりします（図 4.2）。このことを消去（extinction）といいます。なお，消去訓練を行った後，しばらく時間を空けてから CS を提示すると，CR が再び現れることがあります。このように，消去訓練によって反応が減弱した後でも反応が復活することを，自発的回復（spontaneous recovery）といいます。自発的回復も，消去訓練を繰り返していくうちに減弱していきます。

　また，CR は CS そのものだけでなく，CS と類似した刺激に対しても生じることがあり，これを刺激般化（stimulus generalization）あるいは単に般化（generalization）といいます。刺激般化の程度は，それらの刺激が CS とどれ

図 4.2　**古典的条件づけにおける反応の形成から消去までの模式図**（今田，1996 を改変）

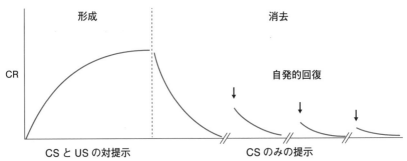

条件刺激（CS）と無条件刺激（US）の対提示によって形成された条件反応（CR）は，CS のみを単独提示することでしだいに減弱あるいは消失します（消去）。しかし，このような消去訓練を行った後でも，時間を空けてから CS を提示すると，下矢印で示した箇所のように CR が再び現れることがあります（自発的回復）。自発的回復は，消去訓練を繰り返すことで減弱していきます。

図 4.3　**古典的条件づけにおける刺激般化の模式図**（今田，1996 を改変）

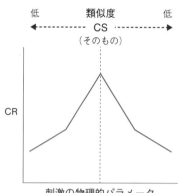

条件づけの後，個体は条件刺激（CS）そのものに対してもっとも大きな条件反応（CR）を示しますが，CS と類似した刺激に対しても CR を示すことがあります（刺激般化）。刺激般化の程度は，その刺激と CS の類似度によって決まります。

ほど類似しているかによって決まります（**図 4.3**）。たとえば，1,000 Hz の音を CS として条件づけられた個体は，当然ながら CS そのものである 1,000 Hz の音に対してもっとも大きな CR を示します。ところがその個体は，直接的に条件づけられていない 900 Hz や 1,100 Hz の音に対しても，CS ほどでなくてもある程度の CR を示します。このような般化は，刺激と CS の類似度が低下するにつれて小さくなります。

4.4　**古典的条件づけの具体例**

　古典的条件づけでは，これまでに述べた唾液分泌以外にもさまざまな反応がその対象とされてきました。たとえば，第3章の3.2節でも紹介した**眼瞼反射**（eyelid reflex）あるいは**瞬目反射**（eyeblink reflex）の条件づけは，主にウサギとヒトを対象に研究されてきました。これは，目に空気を吹きかける（US）ことで眼瞼反射（UR）が誘発されることを利用したものですが，光や音など

の CS と US を対提示することで，CS に対しても眼瞼反射（CR）が誘発され
るかどうかを調べるものです。これらの研究を中心として，一般的に強い US
を用いた場合ほど強い CR が誘発され，かつ CR 出現までに要する時間が短い
ことなどが見出されてきました。

　恐怖や不安のような情動反応も古典的条件づけの研究対象です。第 1 章の
1.4 節で紹介したアルバート坊やの実験は，ヒトを対象とした**恐怖条件づけ**
（fear conditioning）の先駆的な研究です（Watson & Rayner, 1920）。生後 11 カ
月の赤ん坊のアルバートは白ネズミ（CS）と大きな音（US）を対提示された
結果，白ネズミに対する恐怖反応（CR）を示すようになりました。また，こ
の恐怖反応は CS である白ネズミだけでなく，それとよく似た刺激であるウサ
ギや毛皮のコートに対しても生じることがわかりました（刺激般化）。ワトソ
ンらによるこの研究は，今となっては倫理的に問題があると言わざるを得ない
ものでしたが，特定の対象に対する過剰で不合理な恐怖が慢性的に持続してし
まう**恐怖症**（phobia）が，古典的条件づけによる反応の形成と刺激般化の観点
から理解できることを示している点は重要です。実際，現代の恐怖症の治療に
おいて消去の原理に基づいた**暴露法**（exposure）も用いられており，古典的条
件づけの基礎的な研究知見が臨床領域においても役立てられています。

　恐怖や不安などの情動反応の条件づけでは，ラットなどの動物を対象とした
研究も盛んに行われてきました[2]。たとえば，実験箱内でラットは，餌を得るた
めにレバー押しをすることを学習します（オペラント条件づけ，第 5 章参照）。
そのような遂行反応が安定して起こっている最中に，嫌悪刺激である電撃 US
と対提示された音 CS を付加することで，音 CS を付加しなかった場合と比べ
て遂行反応がどれだけ抑制されるか（抑制比率）を調べる研究が行われました
（Estes & Skinner, 1941）。これは条件づけされた情動の強さを間接的に調べる
もので，このような実験手続きを**条件抑制**（conditioned suppression）あるい
は**条件情動反応**（conditioned emotional response; **CER**）の手続きといいます。

---

[2] 動物を対象とした研究でも，研究者たちは実験動物の福祉を最大限に考慮しながら
研究計画を立て，倫理審査委員会による厳格な審査と承認を得た上で慎重に研究を実
施しています。

この手続きを用いた動物実験は，不安を抑制する薬物の開発などでも用いられています。具体的には，実験前に当該の薬物を投与された動物とそうでない動物とで抑制比率を比較することで，その薬物の不安に対する効果を評価します。

　これらの他，4.6節で取り上げる味覚嫌悪学習，食物の栄養素，風味に対する好ましさ（Yeomans, 2012），任意の対象に対する好悪の評価などの研究でも（De Houwer et al., 2001），古典的条件づけが用いられています。

4.5　条件づけ形成の要因①──CSとUSの時間的関係

　古典的条件づけが形成される速さや，条件づけの結果として形成されるCRの大きさは，さまざまな要因によって影響を受けることがわかっています。ここでは，その中でもとくに重要な要因として，CSとUSの時間的関係について説明します。

　メトロノームの音を提示した後に餌を提示したパヴロフの実験のように，CSを提示した後でUSを提示する手続きを順行条件づけ（forward conditioning）といいます。これには，CSが提示されている最中あるいは提示終了直後にUSを提示する延滞条件づけ（delayed conditioning）と，CSの提示が終了してしばらくしてからUSを提示する痕跡条件づけ（trace conditioning）が含まれます。CSとUSを同時に提示する手続きは同時条件づけ（simultaneous conditioning），CSを提示する前にUSを提示する手続きは逆行条件づけ（backward conditioning）といいます（図4.4）。

　一般に，条件づけが形成される速さやCRの大きさは，延滞条件づけ，痕跡条件づけ，同時条件づけの順で小さくなり，逆行条件づけでは条件づけがほとんど起こりません[3]。これは，古典的条件づけの形成に必須であるニューロン（神経細胞）どうしの機能的なつながり，すなわちCSとUSの受容に関わる感覚ニューロンと，UR（およびCR）の生起に関わる運動ニューロンとの間の

---

[3] 逆行条件づけは，順行条件づけと刺激提示の回数は等しく，その順序のみが異なるため，古典的条件づけの成立を確かめる際の対照（統制）条件（第2章の2.4節の群間比較法を参照）として用いられていた時期がありました（坂上・井上，2018）。

図 4.4　種々の条件づけ手続きにおける条件刺激（CS）と無条件刺激（US）の時間的関係
　　　　（横軸は時間経過を示す）

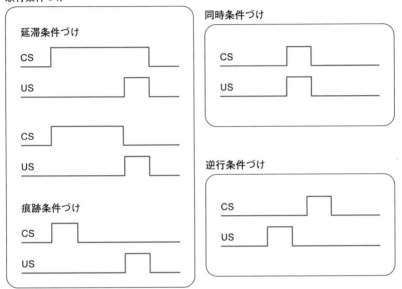

CS を提示した後に US を提示する順行条件づけには，CS の提示を開始した後，CS が提示されている最中あるいは提示が終了した直後に US を提示する延滞条件づけと，CS の提示が終了してしばらくしてから US を提示する痕跡条件づけが含まれます。同時条件づけにおいては，CS と US を同時に提示します。逆行条件づけにおいては，US を提示した後に CS を提示します。

つながりの形成が，CS と US の時間的関係によって制約を受けることと関係しています。現に，神経科学や分子生物学の研究によれば，これらのニューロンの機能的なつながりは，通常，CS を US の直前に提示した場合（延滞条件づけ）にもっともよく形成されることがわかっています（Squire & Kandel, 2009 小西・桐野監訳 2013）。

4.6　古典的条件づけ理論の展開

4.6.1　条件補償反応

　パヴロフ以降，古典的条件づけによって形成されるCRはURのレプリカ（同型）であると考えられてきました（Pavlov, 1926/1927）。たとえば，パヴロフのイヌの実験では，USである餌によって誘発されていた唾液分泌が，条件づけ後はCSであるメトロノームの音によっても同様に誘発されるようになりました。

　これに対し，確かにCRはURと類似したものとなるものの，まったく同一というわけではないことも指摘されてきました。実際，CSによって誘発されるCRの強度はUSによって誘発されるURよりも小さいことが多く，またCRはURに含まれる反応の一部を反映したものである場合が多いようです。たとえば，空腹のイヌは，餌USに対して唾液を分泌するだけでなく，食べようとして口を開けるなどのURを示します。餌USによって条件づけられた音CSに対しても，イヌは唾液分泌を示しますが，それによって口を開くという反応を示すことはありません。

　またあるときには，URとは正反対なCRがみられることもあります。たとえば，ホルモンの一種であり薬物でもあるエピネフリン（アドレナリン）を個体に投与すると，薬理効果であるURとして，心拍数の増加，胃液分泌の抑制，血糖値の上昇などの反応がみられます。ところが，このエピネフリンをUSとして条件づけたCSに対しては，心拍数の減少，胃液分泌の促進，血糖値の低下など，本来の薬理効果とは正反対の反応がみられることがあります（Siegel, 1982）。このように，URとは正反対の方向に生じるCRは**条件補償反応**（conditioned compensatory response）と呼ばれます。

　薬物を用いた条件づけにおける条件補償反応は，生体が持つ恒常性（ホメオスタシス）のはたらきとして理解することができます。薬理効果によって何らかの生理的変化（心拍数の上昇）が生じると，平常時の状態に戻そうとする恒常性のはたらきにより，薬理効果とは反対の生理的変化（心拍数減少）も生じます。ここで，恒常性のはたらきによる生理的変化がCRとして条件づけられ

た結果，薬理効果とは反対方向の CR が生じるようになったと考えることができます。このように，UR と類似する，あるいは類似しないさまざまな CR が確認されていますが，現在のところ，個体の生存にとって有利な方向に作用するような反応が CR として形成されるのであろうと考えられています（坂上・井上，2018）。パヴロフのイヌの例のように餌を用いた条件づけでは，餌の消化を助ける作用としての唾液分泌が CR として形成されるが，個体の恒常性を乱す薬物を用いた条件づけでは，薬理効果に拮抗するような生理的変化が CR として形成されるのはこのためだと考えられます。

　特定の薬物を繰返し服用していると，その効果が薄れていくことがありますが，このような薬物耐性には，条件補償反応も寄与していると考えられています（Siegel, 1976）。それは，薬物を服用する際の環境や時間などの文脈が CS として条件づけられた結果，薬理効果とは正反対の条件補償反応が生じるため，本来の薬理効果が低減してしまう，ということのようです。また，薬物治療に限らず，アルコールやカフェイン飲料の摂取においても同様のことが起こり得るため，嗜好品の摂取と条件補償反応の関係についても研究が進められています（福田，2019; Marczinski & Fillmore, 2005）。

4.6.2　味覚嫌悪学習

　4.5 節で説明したように，古典的条件づけが形成されるためには，CS が US に数秒ほど先立って（あるいは同時に）提示される必要があります。CS と US の時間間隔が数時間にもなると，条件づけが形成されることはありません。これは**接近の法則**（law of contiguity）として，古典的条件づけの基本法則と考えられてきました。

　ところが，甘味料のような味覚刺激を CS，内臓不快感をもたらす薬物を US としてラットに与えたガルシア（Garcia, J.）らの研究では，両者の提示が数時間隔てられている場合でも，ラットは味覚 CS に対して嫌悪反応を示すようになることがわかりました（Garcia et al., 1966）。この**味覚嫌悪学習**（taste aversion learning）は，「CS と US は時間的に接近していなければならない」という古典的条件づけの定説を覆す現象として，驚きを持って受け止めま

した。

　さらに興味深いことに，味覚嫌悪学習では，ある特定の CS と US の組合せにおいてのみ条件づけが形成されるという**選択的連合**（selective association）があることもわかりました。これは，CS と US の組合せがどのようなものでも古典的条件づけは可能であるという，それまでの一般的な考え方を否定するものでした。ガルシアとコーリング（Koelling, R. A.）の研究（Garcia & Koelling, 1966）は，喉の渇いたラットに CS として甘いサッカリン溶液と視聴覚刺激の複合刺激（味覚＋視聴覚 CS）を提示しました（図 4.5）。その装置は，

図 4.5　ガルシアとコーリング（Garcia & Koelling, 1966）の実験手続きの概略図

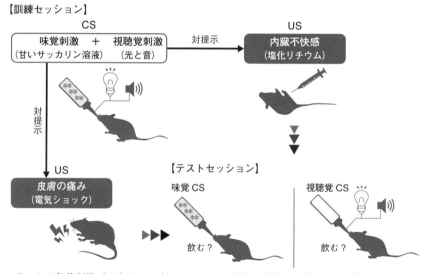

ラットは条件刺激（CS）として甘いサッカリン溶液と視聴覚刺激の複合刺激（味覚＋視聴覚 CS）を提示されました。その後，半数のラットは内臓不快感を引き起こす塩化リチウムを無条件刺激（US）として投与され，残り半数は皮膚への痛みを引き起こす電撃を US として与えられました。その後，サッカリン溶液（味覚 CS）と，光と音（視聴覚 CS）がともなうだけの無味の水が提示され，ラットがこれらの溶液をどれほど摂取するかがテストされました。その結果，US として塩化リチウムを投与された群では味覚 CS の摂取のみが抑制されたのに対し，US として電撃を与えられた群では視聴覚 CS がともなう水の摂取のみが抑制されることがわかりました。

ラットがチューブから溶液をなめたときに，光と音が出るものでした。その後，USとして半数のラットには内臓不快感を引き起こす塩化リチウムを，残り半数は皮膚の痛みを引き起こす電撃を与えました。その後のテストセッションでは，サッカリン溶液（味覚CS）と，光と音（視聴覚CS）がともなうだけの無味の水を提示し，ラットがこれらの溶液をどれほど摂取するか測定しました。その結果，USとして塩化リチウムを投与した群では，視聴覚CSをともなう水の摂取は通常通りであったのに対し，味覚CSの摂取は顕著に抑制されました。一方，USとして電撃を与えた群では，味覚CSの摂取は通常通りであったのに対し，視聴覚CSをともなう水の摂取は顕著に抑制されました。このことは，味覚と内臓不快感，あるいは視聴覚と痛覚という組合せは学習されやすいのに対し，視聴覚と内臓不快感，あるいは味覚と痛覚という組合せは学習されにくいということを示しています。

　では，これらの現象が古典的条件づけにおける接近の法則や，刺激の組合せの任意性を完全に否定するかというと，そうともいえません。セリグマン（Seligman, M. E. P.）は，これらの現象を準備性（preparedness）という概念で説明しようとしました（Seligman, 1970）。これによれば，それぞれの動物種がたどってきた進化の歴史を反映する形で，条件づけされやすい刺激の組合せが生まれつき準備されています。たとえば，メトロノームと餌，あるいは味覚と電撃といった組合せは，自然界においてほとんどあり得ない組合せであるため，準備されていないか，あるいは逆方向に（条件づけされにくいように）準備されていると考えられます。このため，学習に時間がかかったり，あるいはまったく学習できなかったりします。その一方で，味覚と内臓不快感は，「ある味の食物を食べたらお腹を壊した」という経験が誰にでもあるように，自然界で頻繁に起こる組合せであるため，あらかじめ高度に準備されていると考えられます。そのため，他の刺激の組合せとは比べものにならないくらい，よく学習することができるというわけです。

　このように，各動物が持つ生得的あるいは本能的傾向によって，特定の学習が促進あるいは制限されることを**学習に対する生物学的制約**（biological constraints on learning）といいます。まとめると，古典的条件づけの基本法則と

して接近の法則が重要であることは変わりませんが，現在では，これに加えて，動物種ごとの生物学的制約のもとで学習が生じると考えられています。

　かつては，味覚嫌悪学習は古典的条件づけとは異なる別個の学習現象だと考えられていたこともありました。しかし，前述したような観点から，味覚嫌悪学習も古典的条件づけの一つであるという見方が現在では有力となっています。むしろ，味覚嫌悪学習は生物学的・生態学的にも妥当な学習であり，比較的シンプルな神経メカニズムを有していることなどから，ヒトや動物における学習と記憶の心理・神経メカニズムの解明のための良いモデルとして，さまざまな研究分野において研究が進められています（Mazur, 2006 磯ら訳 2008; 坂井, 2000）。

4.6.3　隠蔽・阻止・条件制止

　ここまでで紹介した条件づけの例のほとんどは，1 つの CS と 1 つの US の対提示によるものでした。しかし，古典的条件づけの実際の研究においては，複数の CS からなる複合刺激に対して条件づけを行うこともあります（複合条件づけ）。このような場合，ある CS が他の CS への反応の形成に影響を及ぼします。ここでは，実験群と統制群（対照群）の比較を行う群間比較法（第 2 章の 2.4 節参照）に基づいた研究例を紹介します。

　たとえば，実験群では，音 CS と光 CS の複合刺激に対し餌 US を対提示します。その後，光 CS を単独で提示し，唾液分泌反応（CR）がどの程度誘発されるかを調べます。一方，統制群では，単独の光 CS に対し餌 US を対提示し，その後は実験群と同様に光 CS を単独で提示して CR がどの程度誘発されるかを調べます。すると，訓練期に光 CS が複合刺激として提示されていた実験群のほうが，単独で提示されていた統制群に比べて CR の誘発量が少なくなります。このように，ある CS を単独で US と対提示した場合にはみられるはずの CR が，他の CS と複合で対提示されることで抑えられることを**隠蔽**（overshadowing）といいます（**表 4.1**）。

　他にも，次のような研究報告があります（Kamin, 1968）。統制群では，音 CS と光 CS の複合刺激に対して電撃 US を対提示した後，光 CS を単独で提示

表 4.1 隠蔽を検証するための実験手続きの例

	訓練	テスト
統制群	光 CS → US	光 CS ⇨ 強い CR
実験群	（音 CS ＋光 CS）→ US	光 CS ⇨ 中程度の CR

注：CS＝条件刺激，US＝無条件刺激，CR＝条件反応。

表 4.2 阻止を検証するための実験手続きの例

	第 1 段階	第 2 段階	テスト
統制群		（音 CS ＋光 CS）→ US	光 CS ⇨ 中程度の CR
実験群	音 CS → US	（音 CS ＋光 CS）→ US	光 CS ⇨ CR ほぼなし

注：CS＝条件刺激，US＝無条件刺激，CR＝条件反応。

すると，ある程度の恐怖反応（CR）が誘発されます[4]。一方，実験群ではこの複合条件づけに先立ち，音 CS と電撃 US の対提示を行うと，その後で複合条件づけを行っても，光 CS に対する CR はほとんどみられません。このように，ある CS に対し前もって条件づけを行うことで，その後の複合条件づけにおいて付加した CS に対する CR の誘発が抑えられることを**阻止**（blocking）といいます（表 4.2）。

付加した光 CS には，なぜ条件づけが形成されなかったのでしょうか。それは，第 1 段階で音 CS と電撃 US の対提示を経験することによって，個体は音 CS から電撃 US の到来を完全に予測できるようになったからだと考えることができます。この状況で，第 2 段階で光 CS を新たに付加したところで，光 CS は新しい情報を与えるものではありません（光があろうとなかろうと，音がするときには電撃がくる）。そのため，意味を持たない光 CS に対しては条

---

[4] ここでは CS の複合刺激に対して US を対提示しているため，隠蔽が起こり，CR の誘発がある程度抑えられています。

件づけが形成されなかったと考えられます。

　さらに，特定の手続きにより，CS が CR の誘発を抑える特性を持つように
なることもあります。たとえば統制群では，第1段階で音 CS と餌 US を対提
示した後，第2段階では風 CS と餌 US を対提示します。その後のテストで，
風 CS と光 CS の複合刺激を提示すると，風 CS への条件づけの結果として唾
液分泌（CR）が誘発されます。これに対し実験群では，統制群と同様に第1
段階で音 CS と餌 US を対提示しつつも，それと並行して，光 CS を何もとも
なわせずに単独提示します。第2段階以後は統制群と同じ手続きとなるのです
が，テストセッションで風 CS と光 CS の複合刺激を提示すると，統制群と比
べて CR の誘発量が少なくなります。このように，条件づけによって CS が
CR の誘発を抑える機能を持つようになることを**条件制止**（conditioned inhibi-
tion）といいます[5]（表 4.3）。

　条件制止の現象も，阻止の現象と同様に，CS が US についてどのような情
報を持つかという点から理解することができます。統制群では，光 CS は事前
に提示されることはなく，テスト時にはじめて風 CS と複合で提示されます。
これに対して条件制止がみられた実験群では，第1段階において光 CS が餌

表 4.3　**条件制止を検証するための実験手続きの例**

	第1段階	第2段階	テスト
統制群	音 CS → US	風 CS → US	（光 CS ＋風 CS）⇨ 強い CR
実験群	音 CS → US 光 CS →（ ）	風 CS → US	（光 CS ＋風 CS）⇨ 弱い CR

　注：中身が空白である（ ）は，刺激を何もともなわせないことを示す。CS＝条件刺
　　　激，US＝無条件刺激，CR＝条件反応。

---

[5] ここで紹介した実験手続きは，条件制止を検証する方法のうち**加算法**（summation
test）と呼ばれるものです。もう一つの方法として，はじめに制止的な手続きを受け
た CS を新たに US と対提示し，この CS に対する CR の形成が遅くなることを確認す
ることで条件制止を検証する**遅滞法**（retardation test）もあります。

US をともなうことなく単独で提示されることで,「光 CS があるときには餌 US が与えられない」という学習が起こります。その結果,第 2 段階で CR を誘発するようになった風 CS に,餌 US の非到来を予告する光 CS が複合されることで,本来は誘発されるはずの CR が抑えられたのであろうと考えられます。

4.7 条件づけ形成の要因②——随伴性

　前節で紹介した隠蔽,阻止,条件制止といった現象は,CS と US を時間的に近接して対提示したとしても,条件づけが常に同程度形成されるわけではないことを示しています。とくに,阻止や条件制止という現象からは,CS が US の到来(あるいは非到来)をどれほど予告するかという情報としての側面も,条件づけの形成にとって重要であることがわかります。

　古典的条件づけにおけるこのような情報的側面は,とりわけレスコーラ(Rescorla, R. A.)によって研究が進められました(総説の一つとして,Rescorla, 1988)。彼の提唱した考え方を理解するためには,これまでとは少し異なった実験状況について考える必要があります。これまで紹介してきた古典的条件づけの実験のほとんどは,パヴロフのイヌの実験のように,基本的にはCS があるときは必ず US が提示されるというものでした。しかしこれ以降は,CS があるときに US が提示される(例:音 CS が提示されたときに電撃 US が提示される)こともあれば,CS がないときに US が提示される(例:音 CS が提示されないときに電撃 US が提示される)こともあるような,異なる状況が混ざり合った実験だと思ってください。

　このとき,CS があるときに US が提示される確率を $P(\text{US}|\text{CS})$,CS がないときに US が提示される確率を $P(\text{US}|\text{noCS})$ として,これらの確率の組合せによる 2 次元空間を考えます(図 4.6)。この 2 次元空間(随伴性空間)によって表現される CS と US の共起関係(CS があるとき / ないときに US が提示される確率)が随伴性(contingency)であり,接近の法則と並ぶ,古典的条件づけ形成の重要な要因です。

図4.6　**随伴性空間のモデル**（今田，1996を改変）

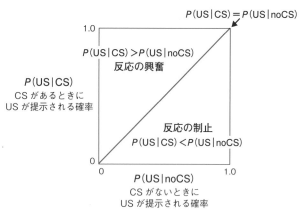

ある実験状況について，条件刺激（CS）があるときに無条件刺激（US）が提示される確率 $P(\mathrm{US}|\mathrm{CS})$ を縦軸，CS がないときに US が提示される確率 $P(\mathrm{US}|\mathrm{noCS})$ を横軸とする2次元空間上の点として考えます。対角線上 $[P(\mathrm{US}|\mathrm{CS}) = P(\mathrm{US}|\mathrm{noCS})]$ に含まれる点は，CS があってもなくても US が提示される確率は同じである状況を表し，この場合条件づけは生じません。一方，対角線よりも上の空間 $[P(\mathrm{US}|\mathrm{CS}) > P(\mathrm{US}|\mathrm{noCS})]$ に含まれる点は，CS がないときよりも CS があるときに US が提示される確率が高い状況を表し，この場合は興奮性条件づけが生じます。反対に，対角線よりも下の空間 $[P(\mathrm{US}|\mathrm{CS}) < P(\mathrm{US}|\mathrm{noCS})]$ に含まれる点は，CS があるときよりも CS がないときに US が提示される確率が高い状況を表し，この場合は制止性条件づけが生じます。

　この考え方について，音 CS と電撃 US を用いた条件づけを想定して，具体的に説明していきます。図4.6の随伴性空間において，対角線上に含まれるすべての点は $P(\mathrm{US}|\mathrm{CS}) = P(\mathrm{US}|\mathrm{noCS})$ となりますが，これは「CS があるときもないときも，US が提示される確率は同じ」であることを表します。これらの状況では，CS は US の到来についていかなる情報も与えないため（音がしてもしなくても電撃は与えられる），条件づけは生じません。

　一方で，対角線よりも上の空間に含まれるすべての点は $P(\mathrm{US}|\mathrm{CS}) > P(\mathrm{US}|\mathrm{noCS})$ となり，空間内の位置によって程度の差はありますが，「CS があるときに US が提示される確率は，CS がないときに US が提示される確率よ

りも高い」ことを表します。これらの状況では，CS は US が到来することを予告することとなり（音がするときは電撃がよく与えられる），CS に対する恐怖反応や回避行動などが形成されます。このように，CS が US の到来を予告することによって起こる条件づけを**興奮性条件づけ**（excitatory conditioning）といいます。

　反対に，図 4.6 の対角線の下の空間に含まれるすべての点は $P(\text{US}|\text{CS}) < P(\text{US}|\text{noCS})$ となり，やはり程度の差はあるものの「CS があるときに US が提示される確率は，CS がないときに US が提示される確率よりも低い」ことを表します。これらの状況では，CS は US が到来しないことを予告することとなり（音がするときは電撃が与えられにくい），CS に対する安堵の反応や，その場にとどまる行動などが形成されます。このように，CS が US の非到来を予告することによって起こる条件づけを**制止性条件づけ**（inhibitory conditioning）といいます[6]。

　実は，レスコーラによってこのような新しい考え方が提唱される前から，古典的条件づけの開祖であるパヴロフは，興奮と制止という 2 つの対照的な概念を用いていました。現に，4.3 節で述べた，CR の消去手続き後に自発的回復がみられるという現象も，これらの概念によって説明されています。パヴロフによれば，CS と US の対提示による条件づけでは，CR を誘発する興奮メカニズムが形成されるのに対し，CS を単独で提示するその後の消去手続きでは，そのような興奮メカニズムを抑制する制止メカニズムが形成されます。その結果，CR の減弱や消失がみられるようになるのですが（消去），制止メカニズムは時間経過により弱まる性質があるため，ある時点で興奮メカニズムだけが作用するようになり，CR が復活する（自発的回復），と考えていました。

---

[6] ここで用いられている「興奮」「制止」という用語は，生体の内的過程を表す仮説的な概念であり，US が有益なものか有害なものであるかという性質の違いに関係なく用いられます。そのため，ここで述べたように電撃などの有害な刺激が US である場合には，興奮性条件づけでは恐怖反応，制止性条件づけではその反対である安堵などの反応が形成されます。一方で，餌のような有益な刺激が US である場合には，興奮性条件づけでは希望や接近行動，制止性条件づけではその反対である落胆や退却行動などの反応が形成されます。

パヴロフ以降の研究では，CS が US の到来を予告する興奮性条件づけのケースのみを扱うことが多く，制止性条件づけはほとんど扱われていませんでした。しかし，レスコーラによる随伴性の考え方からも明らかなように，古典的条件づけとは本来，興奮性条件づけと制止性条件づけの 2 つの過程が合わさったものであると現在では考えられています。

4.8　おわりに

本章では，さまざまな生物種に共通してみられる基礎的な学習現象であり，かつ学習心理学研究における主要な枠組みの一つでもある古典的条件づけを取り上げ，その基本的な特徴や理論の展開について説明しました。生後の経験に基づきながら，刺激と反応の新たな結びつきを柔軟に形成する古典的条件づけは，変化し続ける環境に個体が適応するために非常に役立っているといえます。

復習問題

1. 古典的条件づけに関する以下の記述のうち，誤っているものを 1 つ選んでください。

　①訓練をしなくても生得的にある特定の反応を誘発する刺激を無条件刺激と呼ぶ。

　②さしあたって問題としている反応を誘発しない刺激を中性刺激と呼ぶ。

　③条件反応は一度形成された後でも，無条件刺激をともなわずに条件刺激のみを単独で提示し続けることで，しだいに減弱あるいは消失する。

　④古典的条件づけは，ヒト，イヌ，ラットなどの脊椎動物のように，一定の動物種でのみみられる。

　⑤条件反応は条件刺激そのものだけでなく，条件刺激と類似した刺激に対しても生じることがある。

2. 古典的条件づけの特徴や具体例に関する以下の記述のうち，誤っているものを 1 つ選んでください。

　①接近の法則によれば，条件刺激と無条件刺激の時間間隔が数時間にもなると，条件づけは形成されることはない。

　②条件反応のうち，無条件反応とは正反対の方向に生じるものを条件補償反応と

いう。

③条件制止の手続きを用いた動物実験は，不安を抑制する薬物の開発現場でも行われている。

④恐怖症の原因や治療法は，古典的条件づけの観点から理解することができる。

⑤無条件刺激を提示した後に条件刺激を提示する逆行条件づけでは，条件反応が形成されることはない。

3. 古典的条件づけの特徴や具体例に関する以下の記述のうち，正しいものを2つ選んでください。

①味覚嫌悪学習には，特定の条件刺激と無条件刺激の組合せにおいてのみ条件づけが形成されるという特徴がある。

②阻止とは，ある条件刺激を単独で無条件刺激と対提示した場合には誘発されるはずの条件反応が，その条件刺激を他の条件刺激と複合で対提示することで抑えられるような現象である。

③隠蔽とは，無条件刺激との対提示がなされ，条件反応が誘発されるはずの条件刺激に対し，無条件刺激をともなわずに単独で提示されていた他の条件刺激が付加されることで，条件反応の誘発が抑えられるような現象である。

④条件制止とは，ある条件刺激に対して前もって条件づけを行うことで，その後の複合条件づけにおいて付加した他の条件刺激に対する条件反応の誘発が抑えられるような現象である。

⑤条件刺激があるときよりも条件刺激がないときに無条件刺激が提示される確率が高い状況では，制止性条件づけが生じる。

参 考 図 書

今田 寛（1996）．学習の心理学　培風館（入門レベル）

　学習心理学をこれから学ぼうとする初学者に向けられた良著。実験結果や研究者に関する興味深いエピソードを収録したコラムも充実しています。第2章では古典的条件づけの基本原理が，第6章から第8章までは古典的条件づけの理論の発展がわかりやすく論じられています。

実森 正子・中島 定彦（2019）．学習の心理——行動のメカニズムを探る——　第2版　サイエンス社（入門レベル）

　学習心理学に関する優れた入門書。豊富な研究データと共にわかりやすく解説されています。第3章から第5章まで，初学者にもわかりやすいように古典的条件づけの基本や理論が論じられています。

坂上 貴之・井上 雅彦（2018）．行動分析学——行動の科学的理解をめざして——

　　有斐閣（入門レベル）

　行動分析学に関する優れた入門書。第4章では古典的条件づけ（レスポンデント条件づけ）について，行動分析学の立場から新しい枠組みを提供しています。

メイザー，J. E.　磯 博行・坂上 貴之・川合 伸幸（訳）（2008）．メイザーの学習と
　　　行動　日本語版第3版　二瓶社（中級レベル）

　学習心理学を専門的に学ぼうとする人に向けられた本格的なテキスト。第4章と第5章において，古典的条件づけの基本原理と理論が詳しく論じられています。

オペラント条件づけ

　私たち動物は，環境に対して常にみずからはたらきかけを行っています。たとえば，食べられそうなものがあれば口に入れてみたり，たまたま席が隣になった人に話しかけてみたりなど，数えればきりがありませんが，第4章でみた古典的条件づけにおいては，そのような自発的行動の変化については扱いませんでした。本章では，環境に対する自発的・能動的な行動の変化を説明するオペラント条件づけについて，これが生じる過程や，それに必要な要素，手続きの種類などについて解説していきます。

5.1　はじめに——オペラント条件づけとは

　あなたがある日，電車やバスでお年寄りに席を譲ったことを想像してみてください。もし，席を譲った結果，相手にとても感謝されたとしたら，同じような場面でまた席を譲りたくなるでしょう。一方，善意からの行動だったにもかかわらず，相手に「年寄り扱いするな！」と怒られてしまったとしたら，次からはもう席を譲らなくなるかもしれません。この例の場合，感謝されたにしろ怒られたにしろ，その経験によってあなたの後の行動は変化したことから，いずれのケースでも学習が成立したといえます。

　この例のようなタイプの学習は，日常にありふれていますが，第4章でみた古典的条件づけによる学習とは異なっています。古典的条件づけにおいて変化する行動（反応）は，刺激（例：餌）に対して反射的・自動的に現れる反応（例：唾液分泌）でしたが，上記の例において変化した「席を譲る」という行動は，あなたが自発的に行った行動であって，ある刺激に対して自動的に生じ

る反応ではありませんでした。このように，環境に対して自発的・能動的にはたらきかける行動は**オペラント行動**（operant behavior）[1]と呼ばれ，自発的行動の結果によってその行動の後の頻度や強度が変化する場合，これを**オペラント条件づけ**（operant conditioning）あるいは**道具的条件づけ**（instrumental conditioning）といいます（第1章の1.6節も参照）。上記の例は，「席を譲る」という行動が引き起こした結果（感謝される/怒られる）によって，その行動が後に生じる可能性が変化するため，オペラント条件づけが生じた例といえます。また，オペラント条件づけにおいて，行動の頻度や強度を増加させる事象を**強化**（reinforcement），逆にそれらを減少させる事象を**罰**（punishment）といいます。上記の例では，感謝されることは強化（正確には正の強化：5.4.1項参照）として，怒られることは罰（正の罰：5.4.2項参照）としてはたらいていることがわかります。

　次の5.2節ではオペラント条件づけ研究の先駆けとなったソーンダイク（Thorndike, E. L.）の研究を取り上げ，5.3節で古典的条件づけとオペラント条件づけとの違いについて考えていきます。5.4節では，オペラント条件づけ研究の基礎を築いたスキナー（Skinner, B. F.）の研究手法に基づいて，強化，罰，三項随伴性，般化・弁別，強化スケジュールなどのオペラント条件づけの重要概念について説明します。5.5節，5.6節では，迷信行動，学習性無力感と呼ばれる現象についてみていきます。

5.2　ソーンダイクの研究

　「オペラント（行動）」という用語と概念を導入し，オペラント条件づけの理

---

[1] これに対して，たとえば餌に対する唾液分泌や，熱いものに触れた際とっさに手を離すなどのように，ある刺激に対して反射的・自動的に生じる行動は**レスポンデント行動**（respondent behavior）と呼ばれます。また，オペラント行動をオペラント反応（operant response）と呼ぶことがありますが，意味に大きな違いはありません。このように，学習心理学では「行動」と「反応」はほぼ同義で用いられていますので，本章でも「行動」と「反応」を意味的に区別することなく用います（第2章の2.1節も参照）。

図 5.1　**ソーンダイクの問題箱（ネコ用）**（Thorndike, 1911）

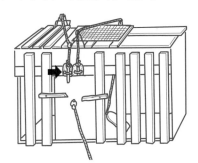

ソーンダイクの実験では，この問題箱にネコが入れられ，ネコが箱から脱出するまでの時間が計測されました。問題箱は，中の動物が特定の行動をとると扉が開くしくみになっています。

論的基礎を築いたのはスキナーですが，スキナーの研究はソーンダイクによる先行研究（Thorndike, 1898, 1911）の影響を受けています。ソーンダイクは，**図 5.1**（第 1 章図 1.5 も参照）のような**問題箱**（puzzle box）と呼ばれる木の箱にネコなどの動物を入れ，外側には餌を置いて，動物が箱から脱出するまでの時間の変化を調べました。ただし，箱の出口には何パターンかの仕掛けがしてあり，たとえば箱の天井からぶら下がっている輪っかを引っぱると，**図 5.1**の「→」の部分のようにして仕掛けられたボルトが抜けて出口の扉が開くというものでした（**図 5.1**にはその他にも複数の仕掛けが示されています）。この問題箱にネコを入れると，はじめはいろいろなものをひっかく，かみつくなどの行動をとり，そのうちに偶然輪っかを引っぱって脱出の成功を経験します（**試行錯誤**；第 1 章の 1.3 節，および第 6 章の 6.2 節参照）。このような試行を何度も繰り返すと，**図 5.2**にみられるように，脱出までにかかる時間が段階的に短くなっていくことがわかりました。

　以上のような実験結果は，ソーンダイクによれば，以下に示される**効果の法則**（law of effect）によって説明されます。

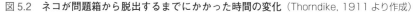

図 5.2　ネコが問題箱から脱出するまでにかかった時間の変化（Thorndike, 1911 より作成）

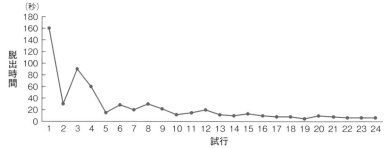

はじめの試行では，脱出までにかなりの時間がかかっていますが，脱出時間は試行を繰り返すごとに段階的に短くなっていくことがわかります。

　　同じ場面に対してなされるいくつかの反応のなかで，その動物にとって満足を伴うか，すぐあとに満足がつづく反応は，他の条件が等しければ，その場面といっそう強く結合する。……（中略）……その動物にとって不快を伴うか，すぐあとに不快がつづく反応は，他の条件が等しければ，その場面との結合が弱められる。

（Bower & Hilgard, 1981 梅本監訳 1988, p.28）

　つまり，①問題箱に閉じ込められた状況において，②輪っかを引っぱるという行動をとることにより，③満足な結果（脱出して餌がもらえる）が得られるという事態が繰り返される中で，①の場面（刺激）と②の行動（反応）との結びつきがだんだんと強くなり，①の場面で②の反応が現れやすくなっていった，というわけです。

5.3　古典的条件づけとの違い──随伴性

　ソーンダイクの実験においてネコにみられた学習は，まさしくオペラント条件づけによる学習といえます。ここで，古典的条件づけとオペラント条件づけ

の違いについて，手続きの観点から考えてみます。第4章の4.2節でみたパヴロフの実験でも，ソーンダイクの実験でも，動物に刺激として餌を与えるという手続きは共通しています。両者が異なるのは，餌（刺激）が何に**随伴**（contingent）しているかという点です。

　ある事象Xが起こったときに（だけ），別の事象Yが起こるとき，事象Yは事象Xに随伴している，あるいは事象Xと事象Yの間に**随伴性**（contingency）があるといいます[2]。ソーンダイクの問題箱では，ネコに「輪っかを引っぱる」という行動があったときに（だけ）餌が与えられていますので，餌（刺激）は行動に随伴しているといえます。一方，パヴロフの実験では，餌（刺激）はメトロノームの音，すなわち（行動ではなく）もう一つの別の刺激に随伴しています。

　このように，古典的条件づけでは異なる刺激どうしが随伴性を持つのですが，オペラント条件づけでは刺激と行動の間に随伴性があるという点が違います。

　オペラント条件づけにおいて，刺激が行動（オペラント行動）に随伴するという事態は，刺激が得られるかどうかが学習者の制御下にあることを示します。ソーンダイクの問題箱でいえば，ネコが餌を得られるかどうかは，ネコ自身の行動に依存しており，学習が成立するためには，学習者が刺激と行動の間の随伴性に気づくこと（随伴性の認知）が重要であることがわかります。この認知が形成されず，もし刺激（たとえば，餌）が得られるかどうかが自身の制御下にないと思うのなら，学習者にとって積極的に行動を起こす意味はないからです。この点については，本章の最後（5.6節）でも触れます。

5.4　スキナー箱とオペラント条件づけ

　スキナーは，後に**スキナー箱**（Skinner box）と呼ばれる図5.3のような装

---

[2]　より正確には，事象Xが起こったときに事象Yも起こりやすい場合，事象Xと事象Yの間には正の随伴性（positive contingency）があるといいます。一方，事象Xが起こったときは事象Yが起こりにくい場合，事象Xと事象Yの間には負の随伴性（negative contingency）があるといいます。

図 5.3　ラット用のスキナー箱の例 （Skinner, 1938 を一部改変）

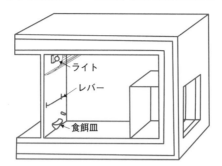

箱に入れられたラットがレバーを引くと，食餌皿に自動的に餌が出るしくみになっています。

置を用いてオペラント条件づけの研究を行いました。スキナー箱の基本的なし
くみはソーンダイクの問題箱と同様で，箱に入れられた動物（図 5.3 はラット
用）が特定の行動をとると，食餌皿に自動的に餌が出るようになっています。
たとえば，図 5.3 の装置ではラットがレバーを引くと餌が出るようになってお
り（ハト用のスキナー箱ではハトがキーをつつくと餌が出るようになっていま
す），それらの反応が現れた数が時系列で自動的に記録されます[3]。スキナー箱
の中で動物は，レバー引きやキーつつきなどのオペラント行動を自由にいつで
も，繰返し行うことができるので，スキナー箱を用いた実験手法は**自由オペラ
ント型手続き**（free operant procedure）と呼ばれます。また，たとえばレバー
引きによって餌が与えられる経験をする前に，ラットがどのくらいレバー引き
行動を行うか，すなわち，オペラント条件づけが成立する以前のオペラント行
動の生起頻度を**オペラント水準**（operant level）と呼びます。ここでは，スキ
ナー箱に入れられたラットの行動を例に，オペラント条件づけの重要な要素に
ついてみていきます。

---

[3] 反応の記録装置は累積反応記録装置（cumulative recorder）と呼ばれます。

5.4.1 強　化

　ソーンダイクの問題箱の場合と同様に，スキナー箱に入れられたラットは，レバーを引いた結果として餌が与えられると，その後は以前より頻繁にレバーを引くようになります[4]。このように，オペラント行動の後にある刺激が与えられた結果，当該オペラント行動の生起頻度が増加するとき，これを**正の強化**（positive reinforcement）と呼びます。また，オペラント行動の生起頻度を増加させる刺激（この場合，餌）のことを**正の強化子**（positive reinforcer）あるいは**正の強化刺激**（positive reinforcing stimulus）と呼びます。

　また，オペラント行動によって嫌な事象を避けることができる場合にも学習は生じます。たとえば，ラットに電気ショックなどの**嫌悪刺激**（aversive stimulus）を与え続け，レバー引きが行われたときに電気ショックを止めた場合にも，後のレバー引き行動の生起頻度は増加します。これを正の強化に対して**負の強化**（negative reinforcement）と呼びます。このとき，除去されることによってオペラント行動の生起頻度が増加する刺激（この場合，電気ショック）のことを**負の強化子**（negative reinforcer）または**負の強化刺激**（negative reinforcing stimulus）と呼びます。このように，同じくオペラント行動の生起頻度が増加する場合でも，それが刺激の提示によって引き起こされるのか，それとも除去によって引き起こされるのかで，正の強化，負の強化の2種類に分けられます。

5.4.2 罰

　前項では，ラットがレバーを引いたときに餌が与えられたり，電気ショックが止まったりする場合について考えました。では，ラットがレバーを引いたと

---

[4] 実際には，実験対象となる動物は，レバー引きなどの目的となる行動を自発的に行ってくれない場合があります。そのような場合は，まずレバーに近づいた段階で餌を与え，次にレバーに触れた段階で餌を与え，……といったように，段階的に強化を行っていく手続きがとられます。このように，目的の行動に向けて逐次的に強化を進めるやり方を**シェイピング**（行動形成；shaping）あるいは**逐次接近法**（successive approximation）といいます。

表 5.1　**強化と罰の種類**（Mazur, 2006 磯ら訳 2008 を一部改変）

		結果として行動の生起頻度が	
		増加する	減少する
行動の後で刺激が	提示される	正の強化	（正の）罰
	除去される	負の強化	負の罰

きに，電気ショックを与えたとしたらどうでしょうか。効果の法則（5.2 節）から考えるならば，この場合，ラットはその後レバー引き行動を起こしにくくなるはずです。このように，オペラント行動の後にある刺激が与えられた結果，当該オペラント行動の生起頻度が（強化の場合とは逆に）減少するとき，これを罰（punishment；あるいは正の罰（positive punishment））と呼びます[5]。オペラント行動の生起頻度の減少も，刺激の提示だけでなく除去によっても引き起こすことができます（負の罰（negative punishment））。たとえば，ラットに餌を無条件で与え続け，レバー引きを行った場合に餌の供給を止めたとしたら，同様にレバー引き行動は起こりにくくなるはずです。

　以上より，正負の強化と正負の罰の関係は表 5.1 のようにまとめることができます。とくに負の強化と罰は混同されがちです。「正の」という語は「刺激の提示」を，「負の」という語は「刺激の除去」をそれぞれ含意している点に注意してください。正の強化/罰は「刺激を提示することによる強化/罰」，負の強化/罰は「刺激を除去することによる強化/罰」と考えると理解しやすいでしょう。

5.4.3　三項随伴性

　ここまでは，スキナー箱（図 5.3）において，ラットがレバーを引くといつ

---

[5]　罰については，単に「罰」といった場合，一般的にそれは「正の罰」を指す場合が多いようです（Mazur, 2006 磯ら訳 2008）。

でも餌（強化子）が与えられる場合について考えてきました。これを，レバー
上部のライトが点灯している間にのみ，レバーを引くと餌が出るというしくみ
に変えたとします。するとラットは，ライトが点灯したときにだけレバー引き
行動を行い，そうでないときには行わなくなります。この場合，ライトはオペ
ラント行動（レバー引き）を引き起こす手がかり刺激として機能していること
になりますが，このような刺激を**弁別刺激**（discriminative stimulus）と呼びま
す。

　弁別刺激の役割は，現実場面の行動を考えると重要であることがわかります。
たとえば，お年寄りに席を譲る行動が強化されたからといって，他に席がたく
さん空いている状況であれば，わざわざ席を譲ろうとはしないでしょうし，も
しそうした場合，逆に恩着せがましく思われてしまう可能性すらあります。
「他に座る席がなく，お年寄りが立っている」という状況を弁別刺激とし，こ
れが与えられてはじめて席を譲るというオペラント行動が生起してそれが強化
され，学習は成立すると考えられます。このように，通常オペラント条件づけ
においては弁別刺激が存在し，そこで私たちが学習するのは，弁別刺激―反応
（オペラント行動）―結果（強化または罰）の三者の関係性，すなわち，ある状
況である行動を行った結果どのようなことが起こるのか，なのです。このとき
の，弁別刺激―反応―結果の関係性のことを**三項随伴性**（three-term contin-
gency）と呼びます。

5.4.4　条件性強化

　子どもがお手伝いをしたときに，お小遣い（お金）を与えたら，お手伝い行
動は強化されるでしょう。このとき，お金は正の強化子としてはたらいている
といえますが，スキナー箱において正の強化子としてはたらく餌とは少し性質
が異なっています。餌は，空腹を満たすという機能をそれ自体が持っています
が，お金は本来それ自体には何の直接的機能もありません。お金が強化子にな
り得るのは，それによってお菓子やおもちゃが手に入ると子どもが知っている
からです。このように，経験によって強化子としての機能を持つようになった
刺激を**条件性強化子**（conditioned reinforcer）または**二次性強化子**（secondary

reinforcer）と呼びます。一方，餌や電気ショックのように，本来的に強化子の機能を持っている刺激を**無条件性強化子**（unconditioned reinforcer）または**一次性強化子**（primary reinforcer）と呼びます。条件性強化子による強化は，人間だけでなく，ラット（Saltzman, 1949）やチンパンジー（Kelleher, 1958; Wolfe, 1936）などの動物でも可能です。ウォルフ（Wolfe, J. B.）は，チンパンジーが餌を手に入れるためにポーカーのチップをお金のように使うようになる様子を観察し，このチップのことを**トークン**（token）と呼びました（Wolfe, 1936）。トークン（条件性強化子）を用いて特定の行動を強化するためのシステムは**トークン・エコノミー**（token economy）と呼ばれています。

5.4.5　般　　化

　古典的条件づけが成立すると，条件反応（CR）は条件刺激（CS）そのものに限らず，それと類似の刺激によっても生じることがあり，第4章ではこれを**般化**（generalization）あるいは刺激般化と呼びましたが，オペラント条件づけにおいても般化と呼ばれる現象が生じます。例として，ガットマン（Guttman, N.）とカリッシュ（Kalish, H. I.）のハトを被験体とした研究（Guttman & Kalish, 1956）をみてみましょう。

　この研究では，はじめに青緑，緑，黄緑，黄色のどれかのキーを使って，キーをハトがつついた場合に餌を与えてキーつつき行動を強化し，その後，強化に用いたキーとは色の異なるキーをどれくらいつつくかが調べられました。その結果，ハトは元のキーとは多少色が違うキーにも反応を示すことがわかりました（図5.4）。ここで，強化に用いられた色のついたキーはキーつつき反応を引き起こす手がかり，すなわち弁別刺激（5.4.3項参照）としてはたらいていることがわかります。したがって，上記の結果が示すのは，オペラント条件づけによってある行動が強化されると，その行動は弁別刺激そのものだけでなく，それと類似の刺激によっても引き起こされるようになる（般化）ということです。日常的な例としては，お年寄りに席を譲ってほめられたとしたら，そのときとは別人の高齢者や，場合によってはけが人や妊婦にも譲るようになることを考えるとわかりやすいでしょう。

図 5.4　ガットマンとカリッシュの実験結果（Guttman & Kalish, 1956 を一部改変）

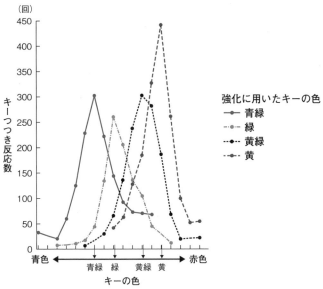

元のグラフでは，横軸（x 軸）はキーの色の光の波長の長さがとられています。光（可視光）は波長が長いほど赤色に近く，短いほど青色（紫色）に近くなるので，グラフ中では，横軸の右側に行くほどキーの色が赤色に近く，左側に行くほど青色（紫色）に近いことになります。縦軸は，強化後のハトのキーつき反応数です。そのようにしてみると，ハトは強化後に，強化の際に用いられた色と同じ色のキーにもっとも反応しやすく，かつ，それと色が似ている（波長が近い）キーにも反応しやすかったことがわかります。

　また，図 5.4 をみると，ハトは強化に用いたキーと色が似ているほどそのキーに反応しやすかったことがわかります。この傾向は，図 5.4 のグラフの形状が逆 V 字型の勾配になっていることにみてとることができ，この勾配を**般化勾配**（generalization gradient）と呼びます。般化勾配は条件によってはゆるやかになったり（Jenkins & Harrison, 1960），急になったり（Blough, 1967），あるいはその頂点が移動する（頂点移動（peak shift）；Hanson, 1959）こともあります。

5.4.6　弁　　別

　たとえば青色のキーをつつくハトの行動を強化したとき，ハトが青に似た色（たとえば，水色）のキーにも反応を示すようになることを般化といいました。これに対して，青色のキーだけに反応し，水色には反応をしなくなるように，それと似たものであっても弁別刺激以外の刺激には（ほとんど）反応しなくなることを**弁別**（discrimination）といいます。弁別を生じさせる方法には，ガットマンとカリッシュの実験状況で考えると，たとえば青のキーと一緒に水色など別の色のキーを同時提示し，青のキーをつついた場合にのみ餌を与えるというやり方（**同時弁別手続き**（simultaneous discrimination procedure））と，色の異なる複数のキーを1つずつ順に提示し，青のキーをつついた場合にのみ餌を与えるというやり方（**経時弁別手続き**（successive discrimination procedure））があります。般化と弁別は，刺激の違いが後の行動にどう影響を与えるか，あるいは刺激の違いと後の行動との関連性に関するトピックであり，このようなトピックは**刺激性制御**（stimulus control）と呼ばれています。

5.4.7　強化スケジュール

　子どものお手伝い行動をお小遣いによって強化する場合を考えてみてください。その一つのやり方として，子どもがお手伝いをしたら毎回お小遣いをあげるという方法があります。このように，反応（行動）に対して必ず強化子を与える方法が**連続強化**（continuous reinforcement）です。一方で，たとえば3回お手伝いをしたらお小遣いをあげるなど，反応に対して毎回は強化子を与えない方法は**部分強化**（partial reinforcement）と呼ばれます。部分強化は，反応をどのようなタイミングで強化するかによって，主に以下の4つの**強化スケジュール**（reinforcement schedule）に分類されます[6]。また，各スケジュールにおける反応の現れ方は，図5.5に示すようにそれぞれ異なってくることが知

---

[6] ここに挙げる4つの強化スケジュールはあくまで基本的なものであり，この他にもいくつかの種類の強化スケジュールが存在します。また，複数の種類の基本スケジュールを組み合わせることも可能です（**複合スケジュール**（multiple schedule））。詳しくは，木村（2001）などを参照してください。

図 5.5　4つの基本的な強化スケジュールによって産出される典型的な行動パターンを示した累積記録の仮想例（Mazur, 2006 磯ら訳 2008）

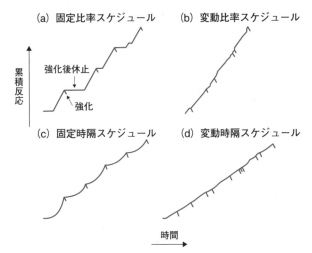

(a) 固定比率スケジュール　　(b) 変動比率スケジュール

累積反応

強化後休止

強化

(c) 固定時隔スケジュール　　(d) 変動時隔スケジュール

時間

横軸は経過時間，縦軸は起こった反応の累積数を示すため，グラフの傾きが急であるほど，時間あたりの反応数が多いことを意味します。また，グラフが水平であることは，その期間に反応がまったく現れないことを意味します。単線は強化が与えられるタイミングを示すため，たとえば（a）の固定比率スケジュールでは，強化後に反応がしばらく現れない期間（強化後休止）が生じることがわかります。

られています。以下，各強化スケジュールについて詳しくみていきます。

1．固定比率スケジュール

　固定比率（fixed-ratio; FR）スケジュールにおいては，特定回数の反応が起こった場合に決まって強化子が与えられます。たとえば，ラットが 10 回レバー引きを行ったら餌を与えるなどです。少ない反応回数からはじめて，徐々に強化子を与えるまでの規定反応回数を増やしていくことで，1 つの強化子に対して非常に多くの反応を起こさせることもできます。テレビゲームのキャラクターの「レベル上げ」などはこれにあたるでしょう。

　強化子が与えられるまでに特定回数の反応が必要であることが学習されると，反応は図 5.5（a）のような形で現れるようになります。図の縦軸は起こった

反応の累積数を，横軸は時間をそれぞれ示していますので，FRスケジュールにおいては，高頻度かつ連続的に現れていた反応が，強化子が与えられた直後にはしばらく止まり（**強化後休止（postreinforcement pause）**），その後また現れはじめることがわかります。

2. 変動比率スケジュール

変動比率（variable-ratio; VR）スケジュールでは，強化子が与えられるまでの反応回数をランダムにして，予測ができないようにします。すると，図5.5(b) のように，強化後休止が現れないか，現れてもその時間が短くなります。VRスケジュール強化の日常的な典型例はギャンブルで，ギャンブル中の心理を考えると，VRスケジュールで強化後休止がみられにくい理由も理解できます。ギャンブルでは，1度勝負に勝ったとして，（FRスケジュールのように）その後しばらく勝てないということは確定していません。早ければ次の試行でまた勝てる可能性があるので，勝った（強化子が与えられた）後にもすぐまた勝負（反応）をしたくなるでしょう。その場合，強化後休止は現れないことになります。

3. 固定時隔スケジュール

固定時隔（fixed-interval; FI）スケジュールでは，反応の回数は問題にせず，一度強化子を与えてから一定時間の経過後にはじめてみられた反応に対して強化子を与えます。このようにして強化を行った場合，図5.5 (c) にみられるように，反応の出現頻度は，強化子提示直後では少なく，時間経過にしたがって増加していきます（**スキャロップ（scallop）**[7]）。身近な例では，一定時間が経過すると1話分が読めるようになるチケット制の電子書籍サイトを利用する場合などが挙げられます。この場合，チケットを使用した直後には，次の話は読めないことはわかっているのでサイトにアクセスすることはしませんが，時間経過とともにチケットが回復していないかどうか確かめにいく頻度が高くなっていくことがイメージできるでしょう。

---

[7] scallopはホタテ貝を指し，図5.5 (c) のグラフの強化と強化の間の形状が貝殻のような扇形をしているためにこのように呼ばれています。

4. 変動時隔スケジュール

　VR スケジュールと FR スケジュールの関係と同様に，**変動時隔**（variable-interval; VI）**スケジュール**は，FI スケジュールにおいて設定される時間間隔（上記の電子書籍サイトの例でいえば，チケットの回復時間）をランダムにし，予測できないようにしたものです。VI スケジュールで現れる反応パターンは VR スケジュールと類似していて，比較的一定の頻度で反応が生起しますが，VR スケジュールほど高頻度の反応はみられません。これは，VR スケジュールでは反応を多く行うほど強化子が得られる確率が高まるのに対して，VI スケジュールでは反応を頻繁に行ったからといってそれほど早い強化子の取得に結びつかないためであると考えられます。

5.4.8　部分強化消去効果

　第 4 章の 4.3 節では，古典的条件づけが成立した後に CS を単独で提示し続けると，CR が消失すること（消去）を説明しましたが，オペラント条件づけにおいても消去は生じます。たとえばスキナー箱でレバー引き行動を強化した後に，レバーを引いても餌が出ないようにしておくと，この行動の生起頻度がしだいに減少していきます。また，オペラント条件づけにおける消去は，条件づけが連続強化スケジュールよりも部分強化スケジュールで行われた場合のほうが進行しにくく，とくに強化頻度が低いほど消去が進行しにくいことが知られており，これを**部分強化消去効果**（partial reinforcement extinction effect）あるいは**部分強化効果**（partial reinforcement effect）と呼びます（Humphreys, 1939）[8]。

　部分強化消去効果は，教育場面への示唆を含むものです。なぜなら，学習者

---

[8] 部分強化効果が生じることは，強化を受ける立場に立つと理解しやすいでしょう。何回かの反応の後にはじめて餌を与えられる部分強化の手続きを経験していれば，消去手続きへの移行後も，「もう少し反応すれば（あるいはもう少し時間が経ってから反応すれば）餌をもらえるのでは」と考え，反応を続けたくなるでしょう。一方，反応のたびにもらえていた餌が突然もらえなくなれば，あきらめて反応をしなくなるのも早いのではないでしょうか。

の望ましい行動を強化するときに，連続強化（たとえば，毎回ごほうびをあげる）よりも部分強化を用いた（たまにごほうびをあげる）ほうが，強化（ごほうび）がなくなった後も，その行動が持続する可能性が高いからです。

5.5　迷信行動

　私たちの行動は，必然的にある結果を引き起こすこともあれば，何らかの事象が偶然にその後に続くこともあります。たとえば，バスでお年寄りに席を譲ったら，その日買った宝くじが当たったとしましょう。言うまでもなく，席を譲ったことと，宝くじが当たったことは何の関係もなく，タイミングが偶然重なったにすぎません。そのような場合でも，行動は後続事象（上記の例では，宝くじの当たり）によって強化されるのでしょうか。

　スキナーは，ハトを使って次のような実験を行っています（Skinner, 1948）。ハトは空腹の状態でケージに入れられ，そこでは，ハトがどのような行動をとるかに関係なく，15秒間隔で機械的に餌が与えられました。するとたいていのハトは，餌が与えられるまでの間に，何か特定の行動を繰り返すようになりました。その行動は個々のハトによって異なっており，たとえばケージの中を決まった方向に回転したり，ケージの隅に頭を押しつけたりといったもので，それらの行動と餌との間に（実際には存在しない）因果関係があたかも存在するかのようにハトがふるまっていたことから，スキナーはこれを迷信行動（superstitious behavior）と呼び，以下のような過程で形成されるものと考えました。すなわち，ハトがある行動を起こした直後に餌が与えられると，たとえそれが偶然のタイミングであっても，餌は強化子としてはたらき，その行動の生起頻度が増加します。すると，次も行動と餌のタイミングが合いやすくなり，偶然の強化が起こる確率が高くなります。このように，行動の頻度と偶然の強化が起こる確率が連鎖的に高まっていき，結果としてその行動ばかりが繰り返されるようになります。スキナーは，人間における迷信行動の例として，スポーツ選手が行うような「ゲン担ぎ」行動を挙げ，そのような行動も上記と同様のプロセスで形成されるものと述べています。

5.6 学習性無力感

前節では，動物（ハト）の行動によらず一定間隔で餌を与え続ける実験を紹介しました。では，餌ではなく，電気ショックのような嫌悪刺激を行動によらずに与え続けた場合には，どのようなことが起こるでしょうか。ここでは，イヌを用いてそのことを調べたセリグマン（Seligman, M. E. P.）とマイヤー（Maier, S. F.）の有名な実験研究（Seligman & Maier, 1967）を紹介します（イヌにとって少々残酷な手続きが含まれていますので，とくに動物好きの読者は心の準備をして読むようにしてください）。

セリグマンとマイヤーの実験は，以下の2つのセッションからなります。第1セッションでは，イヌがいくつかのグループに分けられ，それぞれ次のような処遇を経験しました。あるグループのイヌは，ハーネスで体を固定された状態で，予測不可能なタイミングで電気ショックが与えられるのですが，イヌは頭部を使ってパネルを押すことでこの電気ショックを止めることができました。一方，別のグループのイヌは，上記のグループのイヌと同様の条件で電気ショックが与えられるのですが，パネルを押しても電気ショックを止めることができませんでした。

第2セッションでは，イヌはシャトル・ボックス（shuttle box）と呼ばれる箱型の装置（**図5.6**）に入れられました。このシャトル・ボックスでは，床から電気ショックが与えられます。電気ショックの10秒前には必ずランプの消灯があり，イヌは（ランプが消灯したら，あるいは電気ショックが流れはじめたら）シャトル・ボックスの仕切りを飛び越えて隣の区画に移動することにより，ショックを逃れることができました。シャトル・ボックスを使ってこのような試行を繰り返すと通常，はじめイヌは電気ショックが流れはじめてからそこから逃れる行動を学習します（**逃避学習**（escape learning））。そのうちに，ランプと電気ショックとの関係に気づき，電気ショックを受けずにすむ，すなわち回避する行動を学習します（**回避学習**（avoidance learning））[9]。

---

[9] 実際，セリグマンとマイヤーの実験では，第1セッションで電気ショックを経験し

図5.6　シャトル・ボックスの模式図
（Seligman & Maier, 1967 および Solomon & Wynne, 1953 を参考に作成）

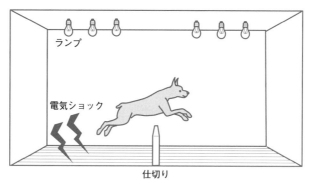

セリグマンとマイヤーが用いたシャトル・ボックスでは，6つのうち4つのランプが消灯
した10秒後に，イヌがいる区画の床から電気ショックが与えられました。イヌは，仕切
りを越えてもう一方の区画に移動することにより，電気ショックから逃れることができま
した。

　ところが，第2セッションでのイヌの行動は，第1セッションで電気ショッ
クを止めることができたグループと，そうでなかったグループとで大きく違っ
ていました。前者では，10試行中9試行以上区画の移動を行わなかったイヌ
は1匹もいなかったのに対して，後者では75％のイヌが9試行以上で区画移
動を行いませんでした。つまり，後者では，シャトル・ボックスにおいて逃避
／回避学習がほとんど成立しなかったのです。

　これと類似の現象は，私たち人間にも起こり得ます。たとえば，受験勉強で，
いくら勉強しても模擬試験の成績が良くならないと，その人は「勉強しても無
駄だ」と感じて勉強するのをやめてしまうかもしれません。このように，自分
ではどうすることもできない経験が繰り返された結果，「どうすることもでき
ない」ことが学習されて行動すら起こさなくなる現象を**学習性無力感**（learned

ないグループも設けられており，そのようなグループのイヌはシャトル・ボックスに
おいて逃避／回避行動を問題なく学習しました。

helplessness）と呼びます。学習性無力感が生じるという事実は，私たち人間
や動物が，結果をみずからの行動によって制御可能かどうか，言い換えれば，
行動と結果の間に随伴性があるかどうかによって影響されることを示しており，
もしも随伴性を見出すことができなければ，学習を行わなくなってしまうこと
を示唆しています。随伴性の認知が学習において重要であることは，みずから
の行動とは関係なく報酬や成功体験を得られる場合でも，無気力や抑うつ，不
安が生じること（Seligman, 1975; Griffith, 1977）からも示唆されます。

5.7　おわりに

　本章では，オペラント条件づけに関する基礎的な知見について解説してきま
したが，日常生活を振り返ってみても，オペラント条件づけがはたらいている
場面は数え切れないほど見つけることができます。また，オペラント条件づけ
の原理について理解していれば，しつけや教育，あるいは自身の行動の修正な
どを効率よく行うための助けになるかもしれません。実際，オペラント条件づ
けの原理は，たとえば統合失調症患者の行動修正から企業経営における組織マ
ネジメントまで幅広い対象・分野に応用できる可能性が示唆されています
（Mazur, 2006 磯ら訳 2008）。

　一方，条件づけによって人間や動物の行動・学習のすべてを制御あるいは説
明できるわけではないこともまた理解しておく必要があるでしょう。たとえば，
オペラント条件づけは，その種に固有の反応パターンによって制約を受ける場
合があります（**本能的逸脱**（instinctive drift））[10]。また，それとは対照的に，条

---

[10] 本能的逸脱による条件づけの失敗を報告した研究には，ブレランド（Breland, K.）
とブレランド（Breland, M.）のブタやアライグマを対象とした研究（Breland &
Breland, 1961）などがあります。ブレランドとブレランドは，餌を強化子として，ア
ライグマにコインを容器に入れる行動を学習させようとしました。ところが最終的に
アライグマは，コインを容器に入れる代わりに，それらを手でこすり合わせるという
逸脱行動をとるようになりました。物をこする行動は，アライグマが食物に対してと
る本能的な行動であり，この本能的行動パターンによって条件づけが制約を受けた
（失敗した）といえます。

件づけの手続きを行っていないにもかかわらず特定の反応が形成される現象
（**自動反応形成**（autoshaping））も報告されています。さらに，人間の言語獲
得の過程は，私たちが言語を学習するための土台を生まれつき持っていると仮
定しないと，条件づけの原理だけからは説明できないという考えもあります
（この点については，本書の第9章の9.2節，および第12章の12.3節などで異
論も含めて詳しく解説します）。条件づけが私たちの学習の重要な基盤をなし
ていることは疑いようがありませんが，学習の様相を完全に理解するためには，
さらに幅広く多面的な視点が必要になるといえるでしょう。

復 習 問 題

1. 負の強化の説明としてもっとも適当なものを1つ選んでください。
　①ある行動の結果として刺激が除去されることにより，その行動の頻度が増加す
　　ること。
　②ある行動の結果として刺激が除去されることにより，その行動の頻度が減少す
　　ること。
　③ある行動の結果として刺激が提示されることにより，その行動の頻度が増加す
　　ること。
　④ある行動の結果として刺激が提示されることにより，その行動の頻度が減少す
　　ること。
　⑤他者の行動とそれによる結果を観察することによって学習が成立すること。

2. 固定時隔（FI）スケジュールによるハトのキーつつき反応の強化の手続きの例と
してもっとも適当なものを1つ選んでください。
　①ハトがキーを1回つつくごとに餌を与える。
　②前に餌を与えてから数えて，ハトがキーを20回つついたら，そのたびごとに餌
　　を与える。
　③前に餌を与えてから30秒経過した後はじめてハトがキーをつついたときに餌を
　　与える。
　④前に餌を与えてから数えて，ある回数（そのたびごとに変え，ハトが予測でき
　　ないようにする）ハトがキーをつついたときに餌を与える。
　⑤前に餌を与えてからある時間（そのたびごとに変え，ハトが予測できないよう
　　にする）経過した後はじめてハトがキーをつついたときに餌を与える。

3. 次のような行動がその例としてもっともよく当てはまるものを 1 つ選んでくださ
い。

　定期試験の日に，何気なくいつもと違う道を通って登校したら，試験でいつもよ
り良い成績をとることができたので，それ以降，試験の日にはその道を通って学校
へ行くようになった。
　　①連続強化
　　②学習性無力感
　　③般化
　　④弁別
　　⑤迷信行動

参 考 図 書

**メイザー，J. E. 磯 博行・坂上 貴之・川合 伸幸（訳）（2008）．メイザーの学習と
　　行動　日本語版第 3 版　二瓶社（中級レベル）**

　第 4 章でも紹介した，学習心理学の著名な入門書です。第 6～9 章において，本章
で取り扱った内容がたいへん詳しく，かつわかりやすく論じられています。

**小野 浩一（2016）．行動の基礎──豊かな人間理解のために──　改訂版　培風館
　　（中級レベル）**

　初学者向けの著書ではあるものの，具体的な研究知見が図表と共にかなり詳しく
紹介されているため，ある程度学習心理学の知識がある読者にもおすすめできます。
内容の大半がオペラント条件づけ（オペラント行動）に関連したものとなっていま
す。

**山内 光哉・春木 豊（編著）（2001）．グラフィック学習心理学──行動と認知──
　　サイエンス社（中級レベル）**

　著書のタイトルからもわかるように，図解による説明や研究知見の紹介が豊富で，
内容の具体的な理解が進みやすい良書です。オペラント条件づけについては第 2 章
で解説されていますが，その他の章では，記憶や言語獲得など，認知心理学に関わ
るトピックも多く扱われています。

問題解決

　日常生活において困難な問題に遭遇して苦労したとしても，何とか工夫してそれを解決できたなら，次に同じような問題に直面したときには，以前よりも苦労せずに解決できるはずです。つまり，私たちは，ある問題を解決する経験によって，将来の行動を変えること，すなわち学習を成立させることができます。このように，学習と問題解決は密接な関係にあり，実際，学習心理学において問題解決は主要なトピックの一つとして扱われてきました。本章では，人間や動物が問題を解決する過程やその形態についての基本的な知見を概観した後，過去の経験が後の問題解決に良い影響を与える場合（正の転移）と，悪い影響を与える場合（負の転移）についてそれぞれみていきます。

6.1　はじめに

　学習は，ある問題を解決する経験ととても密接な関係にあります。たとえば，ある人が友人の太郎さんを怒らせてしまった場面を考えてみましょう。その人にとって太郎さんはとても大切な友人なので，どうにか仲直りをしなければなりませんが，素直に謝っても太郎さんはなかなか許してくれません。いろいろと試してみた結果，共通の友人花子さんに相談したら，見事仲裁して仲直りさせてくれました。さて，別の日にまた太郎さんを怒らせてしまったとしたら，その人はどのような行動をとるでしょうか。おそらくまた，花子さんに相談しようとするのではないでしょうか。この例で，「太郎さんが怒っていて，仲直りをしなければならない」という状況は，その人にとって問題状況だったのですが，その人は花子さんに相談することでこの問題を解決する経験をしたとい

えます。もしもこの経験が，次に太郎さんを怒らせてしまったときのその人の思考や行動に影響を与えたのだとしたら，それは学習です。このように，人は過去の問題解決経験から学習することで，次に直面した問題状況に対してより効率的な解決法を選択し，より適応的な行動をとることができます。

　ところが，過去経験は，必ずしも将来の問題解決に対して促進的にはたらくわけではなく，逆に経験からの学習が後の問題解決に妨害的に作用する場合もあります。

　本章では，6.2 節で「問題」と「問題解決」について心理学的観点から分析した後，6.3 節では，人が問題解決に用いる**方略**（strategy）について，6.4 節，6.5 節では洞察と潜在学習について扱います。その後，6.6 節で，上記のように過去経験が後の問題解決に与える妨害的な影響について，6.7 節では過去経験が後の問題解決に与える促進的な影響についてそれぞれみていきます。

6.2 問題と問題解決

　ダンカー（Duncker, K.）によれば，人が以下の 2 つの条件を満たす状況に置かれたとき，そこに問題（problem）が生じているといえます（Duncker, 1945）。

1. 目標（goal）があること。
2. 目標の達成の仕方を知らないこと。

　このとき，問題に直面している最初の状態のことを**初期状態**（initial state），最終的に目標が達成されている状態のことを**目標状態**（goal state）といいます。先の例でいえば，「太郎さんが怒っている」状態が初期状態，「太郎さんと仲直りをした」状態が目標状態といえるでしょう。そのように考えると，初期状態が目標状態へと変化したとき，問題が解決されたということができ，与えられた初期状態を目標状態へと変えるために行われる行動や認知処理のことを**問題解決**（problem solving）と呼びます（Mayer, 1990）。

　問題を解決するためには，初期状態から目標状態に向かって状況を変化させていく必要があり，そのためにとり得る手段のことを**オペレータ**（operator）

と呼びます。先の例でいえば,「謝る」「第三者に相談する」などがオペレータ
です。また,問題解決を行うためには,当然ながら,初期状態と目標状態,お
よび利用することのできるオペレータを理解している(問題解決のためにとる
ことのできる手段を知っている)必要があります。問題解決研究においては,
そのような問題状況全体に関する理解のことを**問題の表象**(problem represen-
tation),初期状態から目標状態に向かうための可能な道筋を考えることを**探索**
(search)と呼びます。

　初期状態,目標状態,およびオペレータは,具体的に定義可能な場合もあれ
ば,そうでない場合もあります。大学のレポート課題を例にとってみましょう。
レポート課題の目標は通常「レポートの完成」ですが,何をもってレポートを
完成させたといえるのかを明確に定義することは困難でしょう(完成したと思
って提出しても,単位が認められないかもしれません)。また,利用可能なオ
ペレータには,図書館で本を借りる,教員に質問するなどが考えられますが,
可能な選択肢すべてを挙げることはできないでしょう。このように,問題は,
初期状態,目標状態,オペレータ(それが利用可能な条件も含む)の3要素の

図6.1　ハノイの塔(円盤が3枚のバージョン)

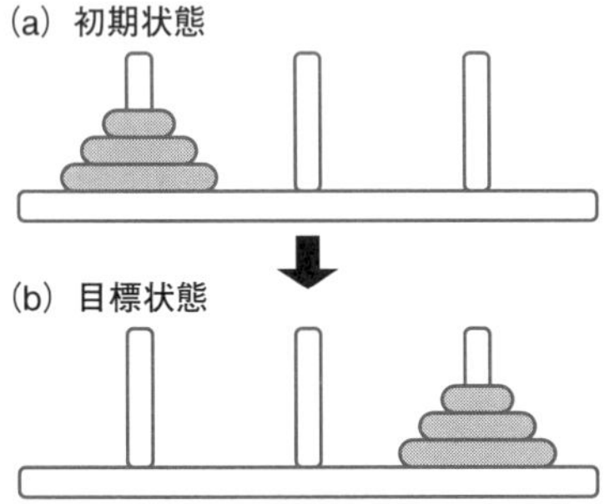

(a) 初期状態

(b) 目標状態

この問題では,大,中,小3つの円盤が,3本の杭のうちの1本に重なって入っている状
態(初期状態)から,円盤を1枚ずつ移動して,別の杭に同じ順で円盤が入っている状態
(目標状態)にすることが求められます。ただし,1枚の円盤を棒から抜いたら必ず別の
棒に入れなければならず,それまでは別の円盤の移動はできません。また,ある円盤の上
にそれよりも大きな円盤を重ねることもできません。

うちいずれかが明確でない場合もあり，それは**不良定義問題**（ill-defined problem）と呼ばれます。

　一方，それら3つの要素をすべて明確に定義することが可能な問題は，**良定義問題**（well-defined problem）と呼ばれています。その典型例として，**図6.1**の「ハノイの塔」が挙げられます。この問題は，**図6.1**をみてもわかるように，初期状態と目標状態がはっきりと定義されています。また，利用可能なオペレータも，（ルールにしたがって）円盤をどれか1つ動かすこと以外にありません。

　心理学において主として研究対象とされてきたのはこうした良定義問題ですが（Eysenck & Keane, 2015 など），現実場面において人々が直面する問題のほとんどは不良定義問題です。

6.3　問題解決のための方略

　問題解決には，いくつかのやり方（方略）があります。**図6.1**の「ハノイの塔」を例に考えてみましょう。この問題へのアプローチの仕方には，まず，円盤を思いつくまま "適当に" 移動させ，行き詰まったら最初から，という手続きを繰り返すやり方が考えられます。このように，オペレータをおよそランダムに選択して試行を繰り返す手続きは**試行錯誤**（trial-and-error）と呼ばれますが，その過程で（偶然の）成功経験から学習が成立することもあります。これが**試行錯誤学習**（trial-and-error learning）です（第1章の1.3節も参照）。

　しかし，試行数が限られているような場合であれば，考えながら慎重に円盤を動かしていく必要があります。その際，たとえば「まずは大の円盤を別の杭の一番下に移動させよう」という下位目標を立て，その下位目標の達成に向けてオペレータを選択していくやり方が考えられます。このように，現在の状況と目標状態との差を縮めるための下位目標を設定するやり方を，**手段−目標分析**（means-ends analysis）と呼びます。手段−目標分析は，それによって必ず問題が解決されるとは限りませんが，多くの場合効率的な解決に結びつくはずです。

　手段-目標分析のように，解決が必ずしも保証されているわけではないもの
の，うまくいけば少ない時間や労力での問題解決につながる手続きをヒューリ
スティック（heuristic）と呼びます。ヒューリスティックは「経験則（rules
of thumb）」であり，身近な例でいえば，はじめて行くお店であっても，目当
ての商品の置き場所に大体の見当をつけてそこから探しはじめるやり方です。

　これに対して，お店の棚を端から順に探していくなど，正しく実行すれば確
実に問題解決につながる系統的な算術手続きがアルゴリズム（algorithm）で
す。アルゴリズムの実行はたいていの場合，ヒューリスティックよりも多くの
労力や時間を要します。ハノイの塔問題は，可能な円盤移動（オペレータ）の
組合せパターン（図6.2）をすべて検討できれば，必ず解決することができま

図6.2　ハノイの塔において可能な円盤移動の全組合せパターン （Bassok & Novick, 2012）

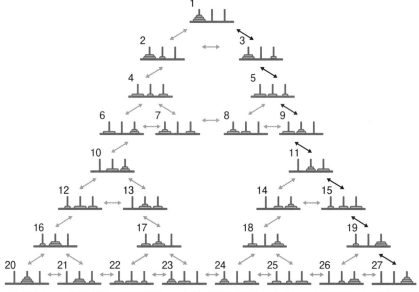

　このように，初期状態，目標状態，および（利用可能な）オペレータを適用した結果生じ
る中間状況のすべてを含む集合を問題空間（problem space）と呼びます（Newell &
Simon, 1972）。

す。しかしながらそれは，人の短期記憶容量の観点から現実的ではありません。このため，ハノイの塔やその他の問題（たとえば，川渡り問題）の解決場面においては，ヒューリスティックに頼った検索を行う人が多いようです（たとえば，Newell & Simon, 1972; Greeno, 1974）。

6.4　洞　察

　「失敗は成功のもと」と言われるように，問題解決にあたり（それが失敗に終わっても）試行を積み重ねることは大切です。しかし，試行を行わなくても，解決法が突然頭の中でひらめき（アハ体験（aha experience）），問題解決が一気に進む場合もあります。

　たとえば，図6.3 を見てください。今，天井からぶら下がっている 2 本のひもを結び合わせたいのですが，ひもとひもとの間隔が広すぎて，2 本を同時につかむことができません。このとき，A のひもに何か物をぶら下げて揺らしてから，もう一方の B のひもをつかみ，振り子の要領で戻ってきた A のひもをつかむという方法に気づくと解決は一気に進みます。目標状態を「ひもを結

図 6.3　**振り子問題**（Maier, 1931 を参考に作成）

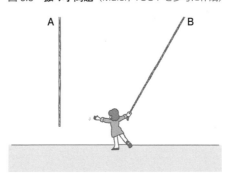

この問題では，天井からぶら下がった 2 本のひもを結び合わせることが求められます。ただし，2 本のひもは静止した状態だと互いに遠すぎて同時につかむことができません。

ぶ」ことから「ひもを揺らす」ことに置き換える，物を振り子の重りとしてとらえ直すなど，問題に関する状況やそれを構成する要素のとらえ方（表象）を再構築させることが解決につながります。そのような表象の再構築による突然の問題解決経験が洞察（insight）です（Kounios & Beeman, 2014）。

　ユン=ビーマン（Jung-Beeman, M.）らは，問題解決中の脳活動を機能的磁気共鳴画像法（functional magnetic resonance imaging; fMRI；第 9 章の 9.3 節も参照）を用いて計測することにより，洞察が起きる過程を詳細に検討しています（Jung-Beeman et al., 2004）。ユン=ビーマンらは，参加者に，pine, crab, sauce のような一見何の関連もない 3 つの単語を提示し，それらの単語と複合語をなすことができる 1 つの単語を見つける課題を行わせました（正答は，apple: *pineapple, crabapple, applesauce*）。その際，参加者に突然答えが浮かんで「ああそうか！(Aha!)」と思ったかどうかを報告させ，それがあった試行を「洞察試行」，なかった試行を「非洞察試行」に分類した上で，問題解決中の脳活動を比較しました。その結果，大脳の右半球における上側頭回前部（anterior superior temporal gyrus; aSTG）という領域の活動が洞察試行で顕著に大きいことがわかりました。この脳領域は，意味的に遠い関係にある情報どうしを結びつける処理に関連するといわれている領域であり，したがってユン=ビーマンらは，洞察が起こる過程とは，意味的に遠い情報どうしが統合されることにより，今までみえなかった問題要素間のつながりがみえるようになることであると結論づけています[1]。

6.5　潜 在 学 習

　洞察による問題解決にはじめに着目したのはケーラー（Köhler, W.）です。彼は，チンパンジーが棒や箱を道具として巧みに使い，手では届かない場所にある餌を手に入れる様子を観察しました（Köhler, 1917 宮訳 1962）。ケーラー

---

[1] なぜ洞察が突然起こる（ように感じる）のかという点に関して，ユン=ビーマンらは，遠い関係にある情報どうしを結びつける処理は無意識に進められるためであるとしています。

図6.4 **迂回行動の例** (Köhler, 1917 宮訳 1962 をもとに作成)

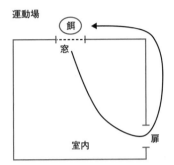

ケーラーは，イヌを窓の付近に誘導し，餌を窓から外へ投げ，すぐに窓を閉めたところ，イヌが図中の矢印の経路を通って餌にたどり着いたと報告しています。

は，そのような行動が偶然の積み重ねによって形成されたとは考えにくいと主張し，代わりに問題解決場面における洞察の役割を強調しました[2]。

また，ケーラーは，上述のように動物が道具を使用する様子だけでなく，イヌやチンパンジーが餌を手に入れるために回り道（迂回）をする様子も観察しています（図6.4）。

さらに，トールマン（Tolman, E. C.）らは，ラットに，図6.5（a）のような迷路において餌に到達する経路を学習させた後，図6.5（b）の迷路においてラットがどのように行動するかを観察しました（Tolman et al., 1946）。すると，多くのラットが図6.5（b）中の6の経路，すなわち，もし図6.5（a）と同じ空間的位置に餌があれば，餌まで最短に近い経路を選択する行動を示しました。つまり，ラットは餌までの経路を学習したというよりは，餌の（あることが期待できる）空間的位置を学習していたと考えられます。

これらの結果は，動物が心内における地図，すなわち**認知地図**（cognitive

---

[2] ケーラーは，ヴェルトハイマー（Wertheimer, M.）を創始者とする**ゲシュタルト心理学**（Gestalt psychology）の立場の研究者として知られています（Bower & Hilgard, 1981 梅本監訳 1988 などを参照）。

図6.5　**トールマンらが用いた迷路**（Tolman et al., 1946 を改変）

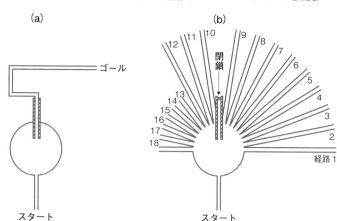

トールマンらの実験において，ラットは，4日間かけて（a）の迷路でスタート位置からゴール（餌）にたどり着く行動を学習しました。5日目に，迷路を（b）に切り替えた結果，経路6を選択して進むラットがもっとも多くなりました。

map）を形成し，利用したことを示唆します。認知地図は，餌のような報酬が与えられない場合でも形成されることが確認されています（たとえば，Blodgett, 1929）。認知地図の形成のように，表面には現れない形で進行する学習を**潜在学習**（latent learning）と呼びます。

6.6　過去経験の負の影響

　問題解決において，過去の経験や知識が重要な役割を果たすことは本章の冒頭でも述べました。それは洞察による問題解決についても例外でなく，たとえばマイヤー（Maier, N. R. F.）は，図6.3の振り子問題において，実験者が偶然を装いひもを揺らすことで，実験参加者の洞察が促進されることを示しました（Maier, 1931）。これは，過去の経験が後の問題解決に対して正の影響を及ぼす，すなわち問題解決を容易にする場合の例ですが，これとは逆に，過去の

（問題解決）経験や学習された知識が後の問題解決を困難にする場合もあります。

6.6.1　機能的固着

　マイヤー（Maier, 1931）の振り子問題（図6.3）を用いた実験では，参加者は，棒やペンチなどいくつかの道具を与えられました。しかし，ペンチをひもに結びつけて振り子の重りにするという方法を，参加者はなかなか思いつくことができませんでした。なぜなら，振り子の重りという機能はペンチの本来の機能ではないので，参加者はそのような使い方に目を向けにくいためであると考えられます。このように，物の本来の機能にばかり目が行き（固着し），それ以外の使い方に気づきにくい傾向を**機能的固着**（functional fixedness）と呼びます。

　図6.6（a）を見てください。これは，テーブル上に置かれている物だけを使って，ロウソクを壁に照明として取りつけるにはどうすればよいかという問題です。正解は，マッチ箱をロウソク台として画びょうで壁に取りつけ，そこにロウソクを立てる方法ですが（図6.6（b）），多くの人はマッチ箱の容れ物としての機能に固着し，ロウソク台としての用途に気づくことができません[3]。

　機能的固着は，物の機能や使い方に関する学習の結果として生じます。その証拠に，ジャーマン（German, T. C.）とディフェイター（Defeyter, M. A.）は，5歳児は6，7歳児よりも，ロウソク問題において機能的固着が生じにくいことを報告しています（German & Defeyter, 2000）。この結果は，箱の容れ物としての機能を十分に学習していないことが，逆にその本来の機能に縛られない柔軟な発想を可能にしていると解釈できます。

6.6.2　心 的 構 え

　表6.1の「水瓶問題」では，容量の異なるA，B，C3つの容器を使って，

---

[3] 一方で，箱の中身を空の状態にしておくと，そのロウソク台としての用途に気づきやすくなります（Duncker, 1945）。

図6.6　**ロウソク問題**（Duncker, 1945 を参考に作成）

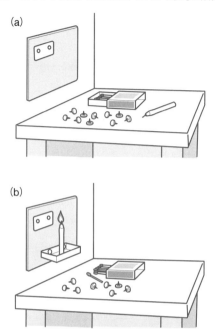

(a) は問題状況であり，机上の道具を使ってロウソクを壁に取りつけることが求められます。模範解答例は，(b) のようにマッチ箱をロウソク台の代わりに使う方法ですが，マッチ箱の「容れ物」としての機能にしか目が向かないと，この方法を思いつきにくくなります。

目標量の水を量りとることが求められます。たとえば，①の問題では，容量21の容器A，容量127の容器B，容量3の容器Cの3つだけを使って，目標量である100ちょうどの水を量らなければいけません。本項で説明する「心的構え」について実感できるよう，①〜⑦の問題を順に解いてみてください。

　①の問題の解き方を示すと，まずBの容器に水を満たし，その水をまずAの容器がいっぱいになるまで移します。次に，Bの容器に残った水を今度はCの容器がいっぱいになるまで移す作業を2回繰り返すと，Bには目標量の100が残ります。つまり，式で表すと，B－A－2×C（＝127－21－2×3＝100）で

表 6.1 **水瓶問題** (Luchins, 1942 を改変)

問題	使用可能な容器の容量			目標量
	A	B	C	
①	21	127	3	100
②	14	163	25	99
③	18	43	10	5
④	9	42	6	21
⑤	20	59	4	31
⑥	14	36	8	6
⑦	28	76	3	25

容量の異なる A, B, C 3 つの容器を使って, 目標量の水を量ります。たとえば, 問題①では, 水で満たした容器 B から, A に 1 杯分, C に 2 杯分それぞれ水を移すと, B には目標量の 100 (=127−21−2×3) の水が残るため, 問題①の正答は「B−A−2×C」となります。

解くことができます。

さて, 同じように②以下も解いていくと, ②〜⑥はすべて①と同じやり方 (B−A−2×C) で解けることがわかります。ところが, ⑦だけは B−A−2×C では解けないため, 一瞬困ったのではないでしょうか。しかし, よく考えてみると, ⑦は A−C という単純な方法で解けることがわかります。さらに, 実は⑥も A−C で解けることに気づいたでしょうか。実際に①から順に問題を解かせてみると, ほとんどの人は, ⑥の単純な解法に気づかず, 複雑な B−A−2 ×C の解法を選択してしまいます (Luchins, 1942)。

以上の例から, 人はある問題の解決を経験すると, 次の問題もなるべく同じ方法で解こうとする傾向を持っていることがわかります。このように, 特定の問題や状況に対する準備状態として形成される固定的な態度を**心的構え** (mental set, あるいは Einstellung) と呼びます。心的構えにより, 水瓶問題の場合のように, しばしばそれが不適当, あるいは非効率であっても使い慣れたやり方を優先的に適用してしまうことがあります[4]。心的構えは, 過去の (問題解

---

[4] なお, 水瓶問題における心的構えの影響は, 実際の瓶と水を用いて問題に取り組む

決）経験が後の問題解決に影響を及ぼす典型的な例といえます。

　もちろん，心的構えは，後の問題解決に負の影響を及ぼすばかりではありません。水瓶問題でも，④，⑤あたりの問題は，心的構えが形成されていたからこそ迅速に解くことができたのではないでしょうか。機能的固着にしても心的構えにしても，ここではその負の側面を強調しましたが，考えてみると，悪いことばかりではありません。機能的固着についていえば，問題場面でいちいち物の本来以外の用途について考えていては，認知的処理に多くの負荷がかかり，むしろ解決が非効率的になってしまうことが多いのではないでしょうか。機能的固着や心的構えは，私たちが後の学習や問題解決をスムーズに行うために用いている一種の方略（ヒューリスティック）です。その負の側面は，多くの場面で効率的な解決を行うことができることのいわば代償として生じる副作用的な効果といえるでしょう[5]。

6.6.3　過去経験以外の制約

　心的構えは，過去の経験によってのみ形成されるとは限りません。図6.7は「9点問題」と呼ばれる問題で，等間隔に並んだ9つの点を一筆書きの直線ですべて結ぶことが求められます。ただし，線が折れ曲がってよいのは3回までです。一見簡単そうな問題ですが，ほとんどの人はこの問題をすぐに解くことはできません。それは，点が構成する正方形の外に線を伸ばすという発想がされにくいためです。逆にいえば，私たちは無意識的に，線を正方形の外にははみ出させない，あるいは線は必ず点で折り曲げるという心的構えを持ってしまっているといえるでしょう。このように，問題解決を阻害する要因のことを広く**制約**（constraint）とも呼びます（たとえば，Ohlsson, 1992）。

　9点問題は，解決のためには正方形から線をはみ出させなければならないこ

と緩和されることがわかっています（Vallée-Tourangeau et al., 2011）。
[5] 判断に認知的な歪み（バイアス）を生じさせる可能性のあるヒューリスティックとして，代表性（representativeness），利用可能性（availability），調整と係留（adjustment and anchoring）などのヒューリスティックが知られています（Tversky & Kahneman, 1974）。詳しくは，池上・遠藤（2009）などを参照してください。

図6.7 **9 点 問 題**

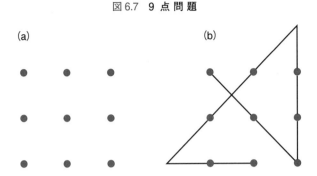

(a) のように，等間隔に並んだ9つの点を，一筆書きで引いた4本の線分によってすべて結ぶ問題です。正答例は（b）です。

とを教えられてもなお，解決が困難であることが確かめられており（たとえば，Weisberg & Alba, 1981），このことは，9点問題において生じる構えは，水瓶問題において生じる構えとは異なり，過去経験によって形成されたものではないことを示唆しています。点がなす正方形に輪郭を感じること（主観的輪郭）などの知覚上の特性に加えて（Scheerer, 1963），知識も含めた複数の要因が9点問題の困難性を生み出す要因になっているとして，その心的構えの構造が検討されています（Kershaw & Ohlsson, 2004）。

6.7 過去経験の正の影響

6.7.1 転　移

　ここまでは主に，過去の経験によって，後の問題解決が困難，あるいは非効率的になる場合についてみてきました。過去の経験や学習が後の問題解決や学習に影響を及ぼすことを**転移**（transfer）と呼びますが，過去経験が後の問題解決や学習に妨害的に作用する**負の転移**（negative transfer）とは逆に，過去経験が後の問題解決や学習に促進的な影響を与えることは**正の転移**（positive transfer）と呼ばれます。入試で模擬試験の問題と似たような問題が出され，解答がスムーズにできたといった経験は多くの人が持っているのではないでしょうか。これは，過去の問題解決経験（模擬試験）が，後の問題解決（本番の試験）を容易にしているという点で正の転移の例といえます。

　転移はさらに，**近い転移**（near transfer）と**遠い転移**（far transfer）に分けることができます。転移の距離（近さ）を規定する要因は，①課題の類似性，②文脈の類似性，③時間間隔の 3 つです（Chen & Klahr, 2008）。たとえば，模擬試験とまったく同じ問題に出会うのは①の課題の類似性が非常に高い例です。模擬試験を同じ会場で入試を受けたとしたら②の文脈の類似性が高いといえます。模擬試験が入試の 1 週間前か 1 年前かで③の時間間隔が異なります。課題・文脈の類似性が高く，時間間隔は短いほうが転移の距離は短い（近い）とされ，一般に，転移は生じやすくなります。

6.7.2　近 い 転 移

　ジック（Gick, M. L.）とホリオーク（Holyoak, K. J.）は，ダンカー（Duncker, 1945）が用いた次の「腫瘍問題」を使って，正の転移がどのような条件で，どの程度生じるのかを調べました（Gick & Holyoak, 1980）。

【腫瘍問題】（太田ら，2011, p.230）

　あなたは胃に悪性の腫瘍をもつ患者を担当することになった医者である。患者に外科手術を行うことはできない。だが，腫瘍を早く取り除かなければ患者は死亡してしまう。そこで，放射線による治療を考えた。腫瘍にある程度以上の強さで放射線を照射すれば，腫瘍は破壊できる。ただしその場合，放射線が通過するところにある健康な組織も破壊されてしまう。逆に，弱い放射線を用いれば健康な組織に影響はないが，その場合腫瘍を破壊することができない。では，どのように治療すればよいか？

模範解答：弱い放射線を同時に多方向から照射する。

　まず，この腫瘍問題だけをみて模範解答を産出できた実験参加者は，全体の
ごくわずか（0〜10％）でした。一方，別の参加者群には，腫瘍問題の前に次
のような「要塞物語」が提示されました。

【要塞物語】（太田ら，2011，p.231）

　ある小さな国が一人の独裁者の冷酷な支配を受けていた。要塞は国の中
央に位置し，農場や村に囲まれている。要塞からは，四方八方に道路がの
びていた。偉大な知将が現れ，国を独裁者から解放しようと，仲間を集め
て軍隊を結成した。軍隊が一団となって要塞に攻め込めば，要塞を攻略す
ることができる。知将は自分の軍隊をある場所に集合させ，攻撃の準備を
整えた。ところが，独裁者は要塞に通じるすべての道路に地雷を埋めたと
いうのだ。この地雷は，独裁者の味方や労働者が通っても大丈夫なように，
少数の人間が通っても爆発しないように設置されていた。しかし，大勢の
力がかかると爆発する。したがって，どの道からも要塞を攻撃するために
大軍を通すことは不可能のように思われた。だが，知将は屈しなかった。
知将は軍隊を少数のグループに分け，各グループを別々の道路に配置した。
準備が整った後，知将は命令を出し，各グループは別々の道を通って進軍
した。グループはすべて安全に地雷を通過し，要塞で結集した。そして要
塞を攻め落とし，独裁者を倒したのである。

　腫瘍問題と要塞物語のストーリーをよく見比べると，これらは比喩的な関係
にあることがわかります（要塞→腫瘍，軍隊→放射線，地雷→健康な細胞）。
この関係に気がつくことができれば，腫瘍問題は**類推**（analogy）を使って解
決することが可能です（**類推的問題解決**（analogical problem solving））。ジッ
クとホリオークの実験では，事前に要塞物語が提示された参加者は，提示され
なかった参加者と比べて，腫瘍問題での模範解答の産出率が高い（後述のよう
に，20〜92％）ことが示されました。このことは，要塞物語から腫瘍問題への
正の転移があったことを示唆しています。ここでみられた転移は，課題間の文
脈的類似性が高く，かつ時間間隔も短いため，近い転移といってよいでしょう。

　では，課題の類似性はどうでしょうか。チェン（Chen, Z.）は，課題（問題）の類似性には①表層的な類似性，②構造的な類似性，③手続き的な類似性，の3つの側面があることを指摘しており（Chen, 2002），腫瘍問題と要塞物語は，その内部構造や解決のための手続きは類似しているものの，表面的にはまったく関連性のないストーリーであるという点で，①の表層的な類似性は低いといえます。ジックとホリオークの実験をみてみると，事前に要塞物語を提示された参加者の中でも，要塞物語が腫瘍問題の解決のためのヒントになると教示された参加者の模範解答産出率は約92％であったのに対して，そのような教示をされなかった参加者のそれは約20％にとどまっていました。この分析は，類推的問題解決に利用可能な知識や経験を持っていても，正の転移は必ず生じるわけではなく，課題間の表層的な類似性の低さが転移の阻害要因になり得ることを示しています。

　以上の結果から，人は類推的問題解決を行おうとする際，解決すべき問題と類推源との間の表層的類似性ばかりに着目し，構造的・手続き的類似性には目を向けにくいと考えることもできます。一方，ブランチェット（Blanchette, I.）とダンバー（Dunbar, K.）は，現実場面においては，問題の表層的特徴よりもむしろ構造的特徴に基づいて類推が行われやすいこと（Dunbar, 1995, 1997）に着目し，ジックとホリオークの研究のような実験室場面で表層的類似性の低い課題間で転移が生じにくいのは，参加者が（現実場面でのように）類推源を自分自身で見出すのではなく，与えられた課題間の関係性に着目することが求められるためである可能性を指摘しています（Blanchette & Dunbar, 2000）。実際，現実の問題解決場面で自発的に類推を用いようとしたならば，類推源として，表層的に類似している問題の解決経験よりむしろ，構造や解決手続きが類似した問題の解決経験を積極的に探そうとするのではないでしょうか。このように，実験室における研究結果は必ずしもそのすべてが現実場面での心理現象に一般化できるわけではないことも，心理学を学ぶ上では心得ておく必要があるでしょう。

6.7.3 遠い転移

　子どもの頃に学習したことが，大人になってからの問題解決に役立ったという経験はないでしょうか。転移は，時には 10 年単位の長い時間を隔てても生じることがあります。たとえば，チェンらは，次の「石像問題」を使い，類推源となる情報に昔触れたことのある参加者（中国人）と，触れたことのない参加者（アメリカ人）との比較を行うことで，そのような遠い転移が生じることを確かめています（Chen et al., 2004）。

【石像問題】（Chen et al., 2004 より要約）

　その部族の首長は毎年，川を下って，隣の村に税金の取り立てに行っています。税金の額は，部族の神聖な石像の重さと釣り合う量の金貨と決まっており，いつもは大きな桶に石像を入れて天秤の片方にぶら下げてから，天秤のもう片方にも桶をぶら下げ，天秤が釣り合うまで桶に金貨を入れさせることで重さを量っていました。ところがその年，族長は天秤を持ってくるのを忘れて村に来てしまいました。族長は，天秤を使わずに，どのように金貨の重さを量ったらよいでしょうか？

模範解答：まず，桶に石像を入れて川に浮かべ，桶がどれくらい沈むかを確かめる。次に，桶から石像を取り除き，代わりに金貨を，石像の場合と同じ深さに桶が沈むまで入れていく（桶の代わりにボートを用いてもよい）。

　チェンらの実験では，中国人の大学生とアメリカ人の大学生がそれぞれ石像問題に取り組みました。その結果，アメリカ人大学生の正答率は 10% 以下であったのに対して，中国人大学生は 70% 近くが正答することができました。なぜ中国人学生とアメリカ人学生で正答率がこれほど違ったのでしょうか。チェンらによれば，中国では，「皇帝への贈り物であった象の重さの量り方について，誰も答えられずにいたところ，皇帝の幼い息子が，（石像問題と同じ要領で）水に浮かんだ舟とたくさんの石を使った量り方を提案した」という物語

（「象の重さ物語」）が昔話として一般に知られています。中国人の実験参加者
は，幼少期に触れたこの物語から類推的問題解決を行ったものと考えられます。

　また，興味深いことに，この実験においては，石像問題を解決する際に
「『象の重さ物語』を思い出した」と報告した中国人参加者の正答率が顕著に高
かったのですが，「思い出さなかった」と報告した中国人参加者の正答率もま
たアメリカ人の参加者より高かったのです。このことは，類推源となる情報の
意識的な想起をともなわずに類推的問題解決が行われることがあること，つま
り，転移が無意識的に生じる可能性もあることを示唆しています。

　遠い転移においても，課題間の類似性は重要です。チェンらは，中国人の参
加者を使った別の実験（Chen et al., 2004）で，目標物と，解決のために使用
できる道具を表6.2のように変えることで，課題と「象の重さ物語」の類似度
を操作しました。たとえば，物の重さは，水に浮かべた舟と同じ要領で，図

表6.2　チェンら（Chen et al., 2004）の実験条件

	目標物	道具	「象の重さ物語」との類似度	
			目標物	道具
条件1	象	舟	高	高
条件2	象	ばね台※	高	低
条件3	隕石	舟	低	高
条件4	隕石	ばね台※	低	低

※図6.8を参照。

図6.8　ばね台（Chen et al., 2004）

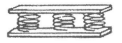

水に浮かべた桶や舟と同じ要領で，物を乗せた際にどのくらいばねが縮むかを見ることで
重さを量ることができます。

6.8 のようなばね台を使っても量ることができますが，使用できる道具が舟の場合と比べて，「象の重さ物語」との（道具の）類似度は低くなります。同様に，重さを量る対象を（象でなく）隕石にすることで，「象の重さ物語」との（目標物の）類似度を下げることができます。

　実験の結果，問題解決成績は，道具の類似性が低い条件 2 と目標物・道具が共に類似性の低い条件 4 でもっとも低くなりました。この結果からチェンらは，類推的問題解決に関しては，課題間の問題解決のためのツール（道具）の類似性が，転移のプロセスにおいてとくに重要であると解釈しています。

6.7.4 文脈の類似性と時間間隔の影響

　転移が生じる可能性は課題の類似性によって異なることはこれまでみてきた通りですが，文脈の類似性と時間間隔の影響も確認されています。たとえば，スペンサー（Spencer, R. M.）とウェイズバーグ（Weisberg, R. W.）は，要塞物語を読むフェーズと腫瘍問題を解くフェーズで，①同じ人物が教示を行った場合（同文脈条件）と，②異なる人物が教示を行った場合（異文脈条件）とで，腫瘍問題における模範解答の産出率を比較しました（Spencer & Weisberg, 1986）。その結果，同文脈条件では正の転移がある程度は確認された一方で，異文脈条件では転移が確認されませんでした[6]。

　また，チェンとクラー（Klahr, D.）は，小学生を対象として仮説検証ロジックに関する問題を用いた長期的な転移実験を行い，時間間隔を 24 カ月空けた場合よりも，12 カ月しか空けなかった場合のほうが，正の転移が生じやすかったことを報告しています（Chen & Klahr, 2008）。

　ただし，時間間隔に関しては，一度挑戦しても解けなかった問題が，ある程度時間を空けて再挑戦すると解決できるということがあります。こうした現象は**孵化効果**（incubation effect）と呼ばれますが，問題に対する最初の（不適

---

[6]　具体的には，同文脈条件では模範解答の産出率が 22％であったのに対して，異文脈条件では 0％でした。ただし，これは要塞物語と腫瘍問題のフェーズ間に 6 分間の遅延を設けた場合の結果で，遅延を設けない場合，同文脈条件と異文脈条件の模範解答の産出率はそれぞれ 18％と 14％でした。

切な）アプローチを忘れ，新たなアプローチを発想するためには一定の時間
（孵化期間）が必要であると考えられています（Simon, 1966）。

6.8 おわりに

　私たちは日常生活において，しばしば解決の難しい問題に直面します。本章
を振り返ってみると，どのような要因がその問題の解決を難しくしているのか
について分析することが可能です。まず考えられるのは，直面している問題が
不良定義問題であることです。この場合，利用できるオペレータには何がある
のか，目標状態はどのような状態なのかをあらためて見直し，良定義問題にで
きる限り近づけることで，解決が容易になる可能性があります。

　次に考えられることは，自分の知識や過去経験が解決を妨害している（負の
転移が生じている）場合です。6.6節でみたような，機能的固着や心的構えに
よる解決の妨害が生じていないかどうかをモニタリングすること（**メタ認知**
（meta cognition））が，意外な解決法の発見につながるかもしれません。

　また，6.7.2項でみたように，解決に利用できる過去経験を持っているにも
かかわらず，そのことに気づいていない可能性もあります。正の転移を生じさ
せることが可能な経験を意識的に記憶から想起することも，問題解決において
は重要と考えられます。

　正の転移が生じることによって問題が解決される経験は，学びの意義を見出
す上でも大切です。たとえば，学校で勉強をする意味に疑問を感じた経験のあ
る人は少なくないでしょうが，そのような疑問が生じる主な原因として，学ん
だ内容を実生活に活かす機会がほとんどないと思われることが挙げられます。
教育内容自体をより実用的なものにすべきかどうかは古くからある議論ですが
（第7章の7.9節も参照），学習者の側でも，学びを積極的に活かそうという姿
勢が，正の転移を促進する上でも，学習意欲を高める上でも重要であるといえ
そうです。

　なお，転移は言語心理学の分野でも主要なトピックの一つとして扱われてお
り，本書でも第10章の10.4.2項，第11章の11.4.2項，第12章の12.3.2項）

でそれぞれ触れていますので，相互に参照しながら転移に関する統合的な理解を深めてください。

復 習 問 題

1. 問題解決における洞察の説明として<u>もっとも適当なものを1つ</u>選んでください。

　①ランダムに試行を繰り返すことにより偶然に問題を解決すること。

　②問題の解決に過去の経験や知識を用いること。

　③問題表象の再構築が起こり，解決法が突然に閃くこと。

　④解決できなかった問題が，問題のことをしばらく忘れた後に解決できるようになること。

　⑤下位目標を立てながら問題を目標状態に近づけていくこと。

2. 次のような体験がその例として<u>もっともよく当てはまるものを1つ</u>選んでください。

　　ドライバーの代わりに100円玉を使ってネジを締める方法に気づかず，作業が進められなかった。

　①機能的固着

　②心的構え

　③潜在学習

　④類推的問題解決

　⑤メタ認知

3. 転移に関係する説明として<u>正しいものを1つ</u>選んでください。

　①類推による問題解決に利用可能な知識や経験を持っていれば，転移は必ず生じる。

　②転移の距離を規定する要因は，課題の類似性，文脈の類似性，時間間隔である。

　③過去の経験が後の問題解決や学習に妨害的な影響を与えることを正の転移と呼ぶ。

　④一般に，課題間の時間間隔は長ければ長いほど転移は生じやすい。

　⑤正の転移，負の転移はそれぞれ近い転移，遠い転移とも呼ばれる。

参 考 図 書

カーニー，H. 長町 三生（監修）認知科学研究会（訳）（1989）．問題解決　海文堂
　（中級レベル）

　問題解決への情報処理論的なアプローチと，類推的問題解決について，詳しく解説されています。また，第7章（技能学習）で触れる内容についての章も設けられています。

安西 祐一郎（1985）．問題解決の心理学——人間の時代への発想——　中央公論社（初級レベル）

　一般的な心理学の教科書にはみられない非常に多様な問題の具体例をもとに，問題解決の過程がこと細かに考察されています。専門用語は用いられていないので，心理学の基礎知識を持たなくても読み進めることが可能です。

ランド，N.　若林 茂則・細井 友規子（訳）（2006）．言語と思考　新曜社（中級レベル）

　問題解決については，第6章で扱われています。本章と重複する内容が多いほか，第1～5章では言語について扱われているため，本書の第Ⅱ部（言語心理学）とも関連させながら全体を読み進めることができます。

技　能　学　習

　私たちは，時間をかけて練習をすることにより，さまざまな技能を身につけることができます。たとえば，今こうして本を読むことができるのも，「読み」という技能が身についているからに他なりません。このような技能の獲得もまた，第5章までにみてきた条件づけと同様，経験によって生じる行動の変化ですので，学習心理学において扱われるトピックの一つとなっています。では，私たちはこうした技能をどのようにして身につけていくのでしょうか。また，技能はどのようにすれば効率よく学習することができるのでしょうか。本章では，技能が学習されていく一般的過程や，練習の方法とその効果，技能の転移，熟達などについてみていきます。

 はじめに——技能とは

　人は，さまざまな**技能**（skill）を用いて日常生活を送っています。乗り物を運転する技能，スマートフォンを使いこなす技能，楽器を演奏する技能など，数えだすときりがありません。技能と聞くと，バスケットボールのシュートのような身体運動に関わる（運動の質が重要になる）能力を思い浮かべるかもしれませんが，暗算を行う能力のように身体運動をともなわないものや，将棋やチェスのように，運動の質がほとんど重要でないものも技能に含まれます。一般に，前者（運動の質が重要になる技能）を**運動技能**（motor skill），後者（運動の質はまったく，あるいはほとんど重要にならない技能）を**認知技能**（cognitive skill）と呼んで区別しますが，実際のところ両者の境界はあいまいであり，ほとんどの技能が運動技能・認知技能両方の側面を少なからず持って

います（Schmidt, 1991 調枝監訳 1994）。たとえば，サッカーのゴールキーパーをこなすためには，ボールに素早く手を伸ばしたり，飛びついたりといった運動の質が重要である一方，状況の把握やそれに応じた意思決定といった認知的要素も非常に重要です。

　技能とは，ある特定の目標を達成するための能力であり，その中でも**練習**（または訓練；practice）を通して目標達成の正確さ，あるいは達成のための時間・エネルギー（心的エネルギー[1]も含む）の消費効率が上昇していく種類の能力を指します（Eysenck & Keane, 2010; Schmidt, 1991 調枝監訳 1994）。第6章では，目標達成のために行われる認知的処理を問題解決と呼びましたが，技能は練習によって培われる問題解決能力ともいえます。また，技能は，長年の練習や学習によって非常に高度に発達することがあり，これを**熟達**（development of expertise）と呼びます。たとえば，プロ野球選手（野球の熟達者）は，私たち素人が目で追うことすら難しいスピードのボールを，細いバットに正確に当てることができます。熟達は，技能学習の終着点ともいえるでしょう。

　本章ではまず，技能を広い意味での知識（記憶）の一種とみなし，それらが私たちの心の中にどのように蓄えられているのかについて概観します（7.2節，7.3節）。7.4節，7.5節では，技能がどのような過程を経て習得されるのか，7.6節，7.7節では技能学習の成否や速度に影響する要因についてそれぞれ説明します。また，7.8節，7.9節では技能の保持と転移について，7.10節では技能の熟達についてみていきます。

7.2　長期記憶としての技能

　技能は，私たちの**長期記憶**（long-term memory）に知識の一種として貯蔵されています[2]。長期記憶には**宣言的記憶**（declarative memory）と**非宣言的記**

---

[1] 心的エネルギーは，より心理学的な用語として，認知的な処理資源などと読み替えても差し支えありません。
[2] 私たちの記憶は**短期記憶**（short-term memory）と長期記憶の2つに分けることができるという考え方（Atkinson & Shiffrin, 1968）を，**記憶の二重貯蔵モデル**（dual-

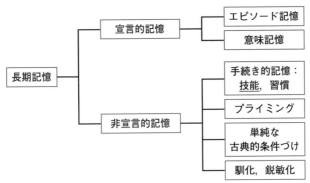

図 7.1　**長期記憶の構造**（Henke, 2010 を参考に作成）

長期記憶は宣言的記憶と非宣言的記憶の2種類に分けられ，技能はそのうちの非宣言的記憶の一種として長期記憶に貯蔵されていると考えられています。

憶（nondeclarative memory）の2種類があります（図7.1）[3]。宣言的記憶とは，ことば（あるいは絵，ジェスチャーなど）で表現することが可能な記憶で，たとえば「昨日の夜は家でカレーを食べた」のように，時間と場所の情報をともなう出来事に関する記憶である**エピソード記憶**（episodic memory）と，「太陽は東から昇る」のような一般的事実に関する記憶である**意味記憶**（semantic memory）に分けることができます。**図7.1** に示されているように，宣言的記憶以外の記憶が非宣言的記憶と呼ばれ，技能はその中の**手続き的記憶**（procedural memory）に含まれます。

　非宣言的記憶の存在は，人々の行動遂行（パフォーマンス）の変化に認められます。タイピングという技能に着目してみると，はじめてキーボードに触れる人は，タイピングは非常にゆっくりとしか行うことができず，ミスも多いで

---

store model of memory）と呼びます。短期記憶では，限られた情報が短い時間（数秒〜数十秒）だけ保持され，忘却されます。一方，長期記憶では，長ければ永久的に情報が保持され，その容量もほぼ無限であると考えられています。

[3] 宣言的記憶・非宣言的記憶は，**陳述記憶・非陳述記憶**と呼ばれることもあります。

しょう。しかし，練習を重ねるにつれて，キーを素早く打つことができるように
になり，ミスも減っていきます。つまり，パフォーマンスが向上していきます。
パフォーマンスが向上したということは，タイピングの技能が長期記憶に蓄積
されたことを示しますが，行為者はタイピングしながら，これを学習した経験
を意識的に思い出すこと（想起）はしません。このように，「学習時のエピソ
ードの意識的な想起をともなわずに利用可能な記憶」（藤田，2013）は**潜在記
憶**（implicit memory）と呼ばれており（Graf & Schacter, 1985），技能を含む
非宣言的記憶はすべてこのタイプの記憶です。また，宣言的記憶として貯蔵さ
れている知識のことを**宣言的知識**（declarative knowledge），非宣言的記憶と
して貯蔵されている知識のことを**手続き的知識**（procedural knowledge）また
は**非宣言的知識**（nondeclarative knowledge）と呼びます。

7.3　手続き的知識の表象

　知識は，長期記憶中にどのような形で貯蔵されているのでしょうか。これま
でさまざまな心理学理論において，心の中での知識の表現形式，すなわち知識
の**表象**（representation）がモデル化されてきました。たとえば，意味記憶に
関するコリンズ（Collins, A. M.）とロフタス（Loftus, E. F.）の**活性化拡散理論**
（spreading activation theory）では，知識は概念どうし（たとえば，「車」と
「道路」）が図7.2（a）のように結合したネットワークとして表象されます
（Collins & Loftus, 1975）[4]。一方，手続き的記憶に関する多くの理論において，
（手続き的）知識の表象は**プロダクション・ルール**（production rule）の集合
とされます（**図7.2（b）**）。プロダクション・ルールとは，IF部分（条件部）

---

[4] 活性化拡散理論におけるもう一つの重要な仮定として，**活性化の拡散**（spreading
activation）があります。これは，たとえば「トラック」という概念に一度アクセスす
ると，「トラック」が活性化される（アクセスがしやすくなる）と同時に，ネットワー
ク上で隣接する「バス」や「消防車」にも活性化が伝わるというものです。知識の
ネットワーク構造と，活性化の拡散を仮定することにより，**意味的プライミング**（se-
mantic priming）効果がなぜ生じるかをうまく説明できるようになります。詳しくは，
邑本（2005）などを参照してください。

図 7.2 活性化拡散理論における意味記憶のモデル（a）（Collins & Loftus, 1975）と，足し算に関するプロダクション・ルールの例（b）（Anderson, 1982 から一部抜粋）

(a)

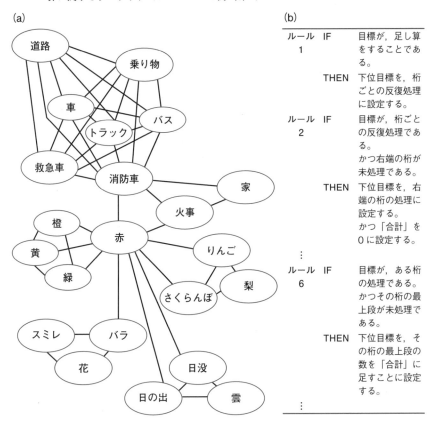

(b)

ルール 1	IF	目標が，足し算をすることである。
	THEN	下位目標を，桁ごとの反復処理に設定する。
ルール 2	IF	目標が，桁ごとの反復処理である。かつ右端の桁が未処理である。
	THEN	下位目標を，右端の桁の処理に設定する。かつ「合計」を0 に設定する。
⋮		
ルール 6	IF	目標が，ある桁の処理である。かつその桁の最上段が未処理である。
	THEN	下位目標を，その桁の最上段の数を「合計」に足すことに設定する。
⋮		

（a）活性化拡散理論では，意味的関連性（semantic relatedness）の高い概念どうしが図のように結合したネットワーク形式での意味記憶の表象を仮定します。（b）プロダクション・ルールは，IF 部分（条件部）と THEN 部分（実行部）からなり，現在の状況があるルールの IF 部分の条件を満たしたとき，そのルールの THEN 部分の処理が実行されます。

と THEN 部分（実行部）からなり，IF 部分に記述されている条件と現在の状況が一致したとき，THEN 部分の処理が実行されるとするものです。以下の問題を例に，**図7.2（b）**の足し算に関するプロダクション・ルールを考えてみてください。

$$
\begin{array}{rccc}
 & 6 & 1 & 4 \\
+ & 4 & 3 & 8 \\
\hline
\end{array}
$$

　このような足し算問題が与えられると，まずルール1が適用され，目標が桁ごとの計算処理に設定されます。次に，ルール2が適用され，目標が右端の桁（4と8）の計算処理に設定されると同時に，「合計」という値が0に設定されます。次に，ルール6が適用され，「合計」に右端の桁の最上段である4が足されます。さらに，**図7.2（b）**には示していない別のルールが適用され，「合計」に（4の下の）8が足されます。ことばにすると難しく感じるかもしれませんが，以上の処理は，筆算を使って足し算をするときの1の位の計算処理に相当します。このようにして，最終的な問題の解決に至るまで，そのときの状況に合致するプロダクション・ルールが順次適用されていきます。それらの作業は，**ワーキングメモリ**（working memory）と，THEN 部分の実行制御を担うインタープリタと呼ばれる機構により行われると考えられており，ワーキングメモリ，インタープリタ，およびプロダクション・ルールからなるシステム全体を**プロダクション・システム**（production system）と呼びます（Newell & Simon, 1972; Anderson, 1982; Bovair et al., 1990 などを参照）。ここでは，足し算という比較的単純な認知技能に関するプロダクション・ルールを例に挙げましたが，複雑な技能になるほどより多くのプロダクション・ルールが必要になります。

　記憶は直接目で見ることはできないため，実際のところ，知識が本当に上記のような形式で心の中に貯蔵され，処理されているかどうかはわかりません。たとえば，プロダクション・システムにおいては，プロダクション・ルールを一つひとつ順番に適用していくような**系列処理**（serial processing）が仮定されますが，人間のニューロン（神経細胞）の情報伝達速度を考えると，系列処

理では情報処理に時間がかかりすぎることから，情報の同時並列的な処理（**並列処理（parallel processing）**）を仮定するモデル（**コネクショニスト・モデル（connectionist model）**）も提案されています。

7.4　技能学習の３段階

アンダーソン（Anderson, J. R.）によれば，技能は一般的に，①認知の段階，②連合の段階，③自動化の段階の３段階を経て獲得されます（Anderson, 1982, 1995, 2000 など。Fitts & Posner, 1967 も参照）。

①認知の段階

認知の段階（cognitive stage）ではまず，技能を宣言的な，すなわち言語で表現可能な形で記憶していきます。タイピングの例でいえば，キーの配置や各種キーの基本機能を，誰かに教えてもらいながら，あるいは教科書を読みながら覚えるステップにあたります。しかし，たとえキーの配置や機能をすべて覚えたとしても，この段階にある人の場合は，実際にタイピングを行う際にはそれらの知識を長期記憶から意識的に検索してくる必要があります。そのため，一つひとつの動作が非常にゆっくりと行われます。

②連合の段階

認知の段階では，たとえば，大文字のアルファベットを打つのに Shift キーと Control キーを間違えてしまうように，やり方を誤って覚えていることがあります。**連合の段階（associative stage）**ではまず，そのような誤りを発見し，徐々に修正していきます。また，動作の要素間のつながりも強くなっていきます。たとえば，「文字を打つ」作業と「漢字に変換する」作業のつながりが強くなり，スムーズに漢字仮名交じり文を打てるようになっていきます。連合の段階においては，知識が宣言的な形から手続き的な形，すなわちプロダクション・ルールへと変化していくことになりますが（知識のコンパイル化（knowledge compilation），または，手続き化（proceduralization）），最終的に宣言的知識がすべて手続き的知識へと置き換わるというわけではなく，それらが併存する場合もあります。たとえば，タイピング技能を獲得した後であっても，

「大文字は Shift を押しながら打つ」という宣言的知識は残ったままです。

③自動化の段階

　自動化の段階（autonomous stage）では，一つひとつの作業が**自動化**（automatize）され，素早くかつ正確になっていきます。ここでいう自動化というのは，より少ない注意資源によって作業を行うことが可能になることを指します。たとえば，自動化が不十分なうちは，タイピングにたくさんの注意資源を費やさなければならないため，同時並列的に他の（認知的）作業を行うことは困難です。しかし，自動化が進んでタイピングに多くの注意資源を費やさなくてもよくなると，その分の資源を他の作業に回せるため，文章内容を考えながらキーボードを打ったり，時には他の人と会話をしながらタイピングができるようになります。また，作業の速度と正確性が上昇するのは，プロダクション・ルールがより精緻なものになることの結果です。

7.5　学習曲線

　図 7.3 は，ブライアン（Bryan, W. L.）とハーター（Harter, N.）が調べた，ある大学生のモールス信号の送受信技能が上達していく過程（Bryan & Harter, 1897, 1899）を図示したものです。横軸には時間（すなわち練習量），縦軸には1分あたりに換算された送信・受信文字数がとられており，練習量に応じて送信・受信の速度が上がっていく様子がみてとれます。このような，練習量に応じたパフォーマンスの変化を示す時系列プロットを**学習曲線**（learning curve）と呼びます。学習曲線は，図 7.3 では縦軸に課題遂行量をとっているので右肩上がりですが，図 7.4（a）のように，縦軸に課題遂行時間（あるいは，課題失敗率など）をとれば右肩下がりになります。また，図 7.3 をみると，パフォーマンスは練習量にしたがって常に上昇を続けるわけではなく，ところどころ伸びが停滞する（場合によっては一時的に下降する）期間があることがわかります。このような期間は，**プラトー**（plateau；高原，台地の意味）と呼ばれています。

　学習曲線は，双曲線やS字型などさまざまな形をとることがありますが

図7.3　ブライアンとハーターが調べた電信技能の上達の過程（神宮，1993）

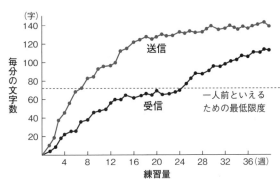

このように，横軸に練習時間や練習量，縦軸に課題遂行のパフォーマンスを示す指標（遂行時間や失敗率など）をとり，練習量とパフォーマンスとの関係を示したグラフを学習曲線と呼びます。

（神宮，1993，図2-6を参照），もっともよくみられるのは，図7.4（a）のようなべき関数（power function）型，すなわち，最初はパフォーマンスが急激に伸び，後にその伸びがゆるやかになるパターンです。縦軸に反応時間をとると，ほとんどの学習曲線がべき関数にしたがうことを**学習のべき乗則**（power law of learning）または**練習のべき乗則**（power law of practice）と呼びます（Newell & Rosenbloom, 1981）。なお，べき関数型の学習曲線は，図7.4（b）のように縦軸・横軸を自然対数変換すると，直線型となります。

7.6　結果の知識

　技能を上達させるためには練習が不可欠ですが，練習ではただ試行を繰り返せばよいというわけではありません。ソーンダイク（Thorndike, E. L.）は，紙片の長さを目で見て推定させる課題を参加者に与え，その推定の正確さが試行（練習）を繰り返すことによってどのように変化するかを調べました

図7.4　ピロリとアンダーソン（Pirolli & Anderson, 1985）の実験結果（Anderson, 2000）

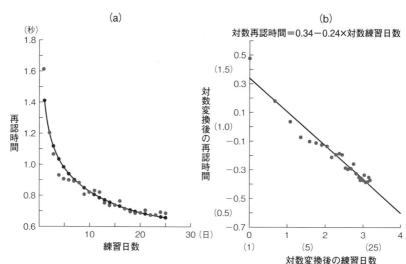

この実験では，文の再認（一度見た文かどうかの判断）にかかる時間（再認時間）が計測されました。(a) は，横軸に練習日数，縦軸に再認時間をとったグラフで，学習曲線を表します。(b) は，再認時間と練習日数に，それぞれ自然対数変換を施した場合のグラフです。

（Thorndike, 1927）。その際，一方の参加者群には，推定が正確だったかそうでなかったかの**フィードバック**（feedback）を試行ごとに与え，他方の参加者群には与えませんでした。その結果，前者の成績は試行を重ねるごとに改善されていったのに対して，後者ではほとんど改善されませんでした（図7.5）。

　この研究結果から，技能学習のための訓練においては，試行の結果がどうであったかについての知識，すなわち**結果の知識**（knowledge of results; KR）を得られるかどうかが決定的に重要であることがわかります。たとえば，ゴルフの練習をするにしても，飛ばしたボールの行方を知ることができなければ，技能はほとんど上達しないでしょう。

図7.5　ソーンダイクの実験の結果（Thorndike, 1927より作成）

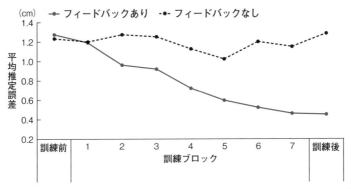

実験参加者は，紙片の長さを目で見て推定しました。紙片の長さは3〜27cmで，参加者は比較用に10cmの紙片（標準刺激）も見せられました。グラフの縦軸は，紙片の実際の長さと，推定された長さとの差を示します。各訓練ブロックでは，参加者は50試行を遂行しました。推定に対してフィードバックが与えられた参加者は，試行を重ねるごとに推定が正確になっていくのに対して，フィードバックが与えられない場合，試行を重ねても推定の正確さはほとんど変化しなかったことがわかります。

　また，トロウブリッジ（Trowbridge, M. H.）とケイソン（Cason, H.）は，フィードバックを与えるにしても，正/誤のような質的なフィードバックよりも，「〜cm長い/短い」のような量的なフィードバックのほうが学習効果が高いことを示しました（Trowbridge & Cason, 1932）。さらに，その後の研究では，フィードバックは試行の直後に与えられるともっとも効果が大きく，フィードバックの遅れ（遅延）は学習効果を低めることが確かめられています（たとえば，Greenspoon & Foreman, 1956; Lorge & Thorndike, 1935）。

　一方で，フィードバックの遅延がむしろ有利にはたらくことを示した研究もあります。スウィネン（Swinnen, S. P.）らは，器具のスライド部分を，決められた軌道で，規定秒数（1秒）ぴったりで目標地点まで移動させる課題を練習する際，フィードバック（実際に移動にかかった秒数）を試行直後に与える場合（直後KR群）と，8秒後に与える場合（遅延KR群）では，後者のほうが

図7.6 スウィネンらの実験課題の概略図（a）（著者が作成）と，実験結果（b）
（Swinnen et al., 1990 を一部改変）

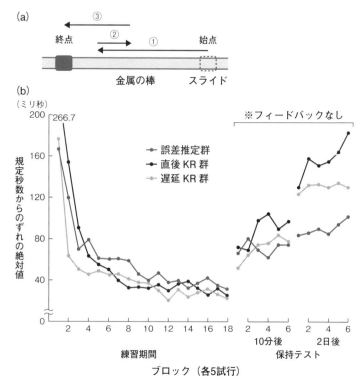

(a) 参加者はスライドを，①（65cm），②（20cm），③（39cm）の軌道で始点から終点
まで移動させます。その際，移動時間がちょうど１秒になるようにします。(b) 練習期
間中，移動時間が何秒であったかが，直後KR群には各試行直後に，遅延KR群には試行
から８秒後に知らされます。誤差推定群も同じく８秒後に知らされますが，それまでに
規定秒数（１秒）からの誤差を推定し報告します。練習期間の10分後，および２日後に
行われる保持テストでは，どの群にもフィードバックは与えられません。グラフに示され
るように，とくに２日後の保持テストにおいて，直後KR群よりも他の２群のパフォーマ
ンスが良い（規定秒数と実際の移動時間との誤差が少ない）ことがわかります。

2日後の課題成績が良いことを示しました（Swinnen et al., 1990；図7.6）。また，同じくフィードバックを8秒遅延させる場合でも，フィードバック前に規定秒数からどのくらいずれたと思うかを報告させた場合（誤差推定群），2日後のパフォーマンスがさらに良くなりました。これらの結果からスウィネンらは，フィードバックがすぐに与えられると，パフォーマンスの誤りをみずから検出する能力の獲得が阻害されると主張しています[5]。フィードバックに過度に依存することなく，誤りをみずからの感覚で把握し修正することもまた，技能学習では重要であるといえるでしょう。

7.7 練習の分散

技能練習のスタイルは個人によって好みもあります。たとえば，同じ回数の練習を行うとして，休憩なしで通して行う人もいれば，一定間隔で休憩を入れながら行う人もいると思われます。技能学習研究では，前者は**集中練習**（massed practice）または**集中学習**（massed learning），後者は**分散練習**（distributed practice）または**分散学習**（distributed learning）と呼ばれ，どちらの学習効果が高いかが検討されてきました。その結果はおおむね，分散練習のほうが集中練習よりも学習効果が高いことを示唆するものでした（水野，1998を参照）。これに関する一つの説明は，ハル（Hull, C. L.）の**反応制止**（reactive inhibition）という考え方によるものです（Hull, 1943）。これによると，生物が何らかの反応を行う際には，心の中ではその反応を抑制する（やめさせる）方向にはたらく力が生じ，その力は反応の回数を重ねるごとに蓄積されるとともに，反応間では時間経過にしたがい減少します。比喩的にいえば，反応を行うごとに疲労のようなものが溜まり，溜まった分だけ技能遂行パフォーマンスが低下するということです。分散練習においては，蓄積された反応制止効

---

[5] **KRのガイダンス仮説**（guidance hypothesis; Salmoni et al., 1984）では，フィードバックは技能学習がうまく進むよう学習者を方向づける（ガイドする）役割を持つ一方，長期的にはスウィネンらの実験にみられるようなネガティブな効果もあわせ持つとされます（篠原，2008なども参照）。

果が休憩中に減少する分，集中練習よりもパフォーマンスが良くなると考えられます。

　一方で，レイノルズ（Reynolds, B.）とアダムズ（Adams, J. A.）は，図7.7
(a) の回転盤追跡課題（rotary pursuit test）を用いて，集中練習を途中で分散
練習に切り替えた場合の学習効果について調べました（Reynolds & Adams,
1953; Adams & Reynolds, 1954）。その結果，集中練習を行っているうちは，は
じめから分散練習を行う統制群に比べて，実験参加者の課題遂行パフォーマン
スは低いものでしたが，分散練習に切り替えるとすぐに，彼らのパフォーマン
スは統制群に追いつきました（図7.7 (b)）。この結果から，練習を分散させ
るかどうかは，練習途中のパフォーマンスには影響するが，最終的な学習成果
には影響しないことが示唆されます（Adams, 1987）。

　なお，図7.7 (b) をみると，集中練習から分散練習に切り替える際，10分
間の休憩を挟むことによって，次の試行のパフォーマンスが向上していること
がわかります。このように，一定時間の休憩期間後に課題成績が良くなる現象
は他の研究においても確かめられており（たとえば，Kimble & Horenstein,
1948），これをレミニッセンス（reminiscence）と呼びます。レミニッセンス
が生じる理由も，ハルの反応制止説によって説明が可能（蓄積された反応制止
効果が，休憩によって減少する）です。

　練習スタイルに関連して，たとえばある楽曲をピアノで弾く練習をするとき
に，曲全体を通して何度も練習する方法と，数小節ごとに分けて練習していく
方法があります。前者のように，課題全体を通して練習する方法を**全習法**
（whole method），後者のように課題を部分に分けて練習する方法を**分習法**
（part method）と呼びます。全習法と分習法はそれぞれ一長一短ですが，両方
の長所を活かせる方法として，**累進的分習法**（progressive part method）とい
うやり方があります。累進的分習法では，たとえば課題を A，B，C, ... という
部分に分けたとしたら，はじめに A と B を練習します。それぞれを十分に学
習したら，次に [A，B] をまとめて練習します。同様に，[A，B，C], [A，B，
C，D], ... のように，累進的に練習するまとまりを大きくしていきます。著者
自身，苦手だったピアノの練習をする際，累進的分習法を取り入れたところ，

図 7.7 **回転盤追跡課題に用いられる装置 (a)**（春木，2001）**とアダムズとレイノルズの実験結果 (b)**（Adams & Reynolds, 1954）

(a)

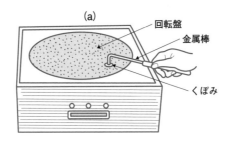

(b)

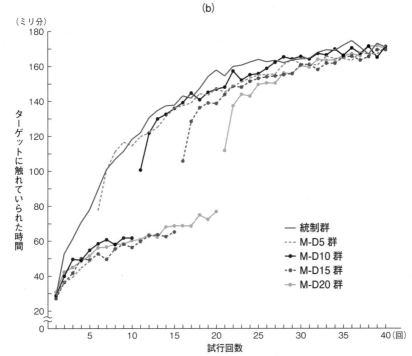

回転盤追跡課題において，実験参加者は，回転する回転盤上にあるターゲット（くぼみ）に，持っている棒ができるだけ長い時間触れていられるようにすることが求められます。回転盤追跡課題を用いたアダムズとレイノルズの実験では，統制群は実験を通して分散練習を行った一方，M-D5〜M-D20群では，それぞれ 5〜20 試行の集中練習の後，10 分の休憩を挟んで分散練習に切り替えられました。

弾けなかった曲がすぐに弾けるようになった経験があります。

7.8 技能の保持

　おそらく多くの人は，昔学校で勉強した知識のほとんどを忘れてしまっている一方で，部活動で習得したスポーツや楽器演奏などの技能は，たとえその後長い間それを使う機会がなかったとしても，いまだに覚えているのではないでしょうか。宣言的記憶にはしばしば長期記憶からの**忘却**（forgetting）が生じ

図7.8　アダムズとダイクストラの実験で使用された装置の模式図（a）（著者が作成）と，
　　　　実験の結果（b）（Adams & Dijkstra, 1966 より作成）

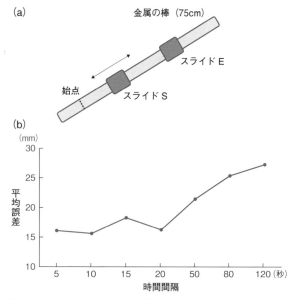

（a）参加者は装置を見ずに，スライドSを始点から決められた距離分（10〜34cm）動かします。スライドEは，記憶セッションで，参加者に動かす距離を覚えさせるため，スライドSを指定距離で止める用途で使われます。（b）課題遂行の正確性は，記憶セッションとの時間間隔が長くなるにしたがい低下します。

る一方で，一度獲得した技能はなかなか失われることはありません。このこと
は実験研究においても繰返し確かめられており，たとえばある研究では，実験
室で学習されたボールをお手玉のようにして扱う技能が，その後2年近く練習
しなくても保持されたことが示されています（Swift, 1905）。

　では，技能の保持をもう少し短期的なスパンでみた場合はどうでしょうか。
言語的情報の保持では短期記憶からの忘却（7.2節，脚注2参照）が起こりま
すが，運動情報の保持でも類似の現象が生じます。アダムズとダイクストラ
（Dijkstra, S.）は，図7.8（a）のような棒についているスライドを決められた
距離分動かす作業の正確性が，動かす距離を（実際にスライドを動かして）覚
えるセッションからの時間間隔が長くなるにつれて（最大120秒）低下してい
くことを示しました（図7.8（b）；Adams & Dijkstra, 1966）。このことから，
（運動）技能についても，単語や数字などと同様に短期記憶で保持が行われて
おり，かつ忘却も同じように生じることが示唆されます。

7.9 　技能の転移

　もしギターを弾ける人であれば，たとえそれまで経験がなかったとしても，
ベースなどの他の似たような楽器や，もしかしたらまったく別のタイプの楽器
でさえ，何の楽器演奏の技能も持たない人に比べて早く上達することができる
でしょう。このように，技能においても異なる課題間で**転移**（第6章の6.7.1
項参照）が生じることが知られています。上記は**正の転移**の例ですが，たとえ
ば外国産の自動車の運転に慣れていると，国産の自動車を運転した際に，方向
指示器とワイパーを間違えてしまうように，技能の要素によっては**負の転移**が
生じる場合もあります。

　チェン（Chen, Z.）とクラー（Klahr, D.）は，小学2〜3年生の子どもでさえ，
ある課題を用いて科学的実験をデザインする技能を練習すると，その技能を用
いて他の課題を適切に解決しやすくなる，すなわち認知技能の正の転移が生じ
ることを確かめています（Chen & Klahr, 1999）。例として，図7.9（a）で，
ボールが転がる距離に影響する要因を調べるのに適切な実験をデザインするこ

図7.9　チェンとクラーが用いた課題の例 (Chen & Klahr, 1999)

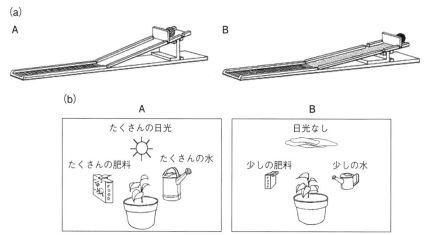

(A と B の比較は)

良いテストか？　悪いテストか？

(a) の課題では，①坂道の傾斜，②坂道の距離，③坂道の表面の材質，④ボールの種類のうちのどの要因（変数）がボールの転がる距離に影響を及ぼすかを調べるにはどうすればよいかを考えます。図中の A と B の状況では，①～④がすべて違っているので，比較しても意味がありません。適切な実験をデザインするには，興味の対象となる変数だけが異なる条件間で比較を行うというアイデアと，得られた結果から適切な推論を行う技能が必要になります。そのような技能を学習すると，(b) が植物の成長を促進する要因を確かめる比較として適切かどうかが判断できるようになります。

図7.10　鏡映描写の様子

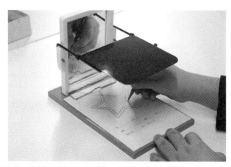

鏡に映った手元（だけ）を見ながら，星型の図形を線からはみ出さないように描写しています。

とができれば，植物の成長に影響を及ぼす要因を調べるための比較として図7.9 (b) が適切かどうかを判断できるようになります。

　認知技能に正の転移がよく生じるという立場に立つと，学校教育で学ぶ数学や古典などは，一見実生活には役立たないようにみえて，実はそこで得られる技能が他分野の学習や実生活での問題解決に転移し，それらを容易にする可能性があるといえます。実際，近代以前のヨーロッパでは，領域一般に通用する思考力や記憶力を高める目的から数学と古典語（ラテン語）の教育が非常に重視されていたそうですが，このような教育的立場を**形式陶冶**（formal discipline）と呼びます。一方，知識や技能を現実場面で直接役立つ形で習得させようとする立場を**実質陶冶**（material discipline）と呼びます。

　また，運動技能に関しては，たとえば右手で学習した技能が，同一技能の左手での学習を促進する現象がみられます。このように，左右一方の側の身体部位から他方の側の部位への転移を**両側性転移**（bilateral transfer）と呼びます。両側性転移が生じる課題としては，鏡に写った自分の手を見ながら特定の図形を描写する**鏡映描写課題**（mirror-drawing test）がよく知られています（図7.10）。さらに，右手から右足のように，同じ側の異なる身体部位間の転移を**同側性転移**（ipsilateral transfer），右手から左足のように，異なる側の異なる部位間の転移を**対側性転移**（contralateral transfer）と呼びます。

7.10　熟　　達

7.10.1　チェスの熟達者

　ある領域の熟達者は，膨大な量の時間と労力を練習に費やした結果として，非常に高度な技能を身につけています。ここでは，熟達研究において取り上げられることの多いチェスに着目し，その熟達者が持つ認知的な特徴についてみてみましょう。

　デグルー（de Groot, A. D.）は，熟練度の異なるチェスプレイヤーを対象に，**プロトコル分析**（protocol analysis；参加者に課題遂行中の自身の思考内容を発話させ，その発話内容をデータとして分析する手法）を用いて，対局局面の

図7.11　**デグルーの実験で用いられたチェスの対局局面の例**（de Groot, 1965）

実験では，図のような対局局面を参加者に短時間提示し，後にその局面を再現させました。実験の結果，熟達度の高いチェスプレイヤーは，熟達度の低いプレイヤーと比べて，局面を正確に再現できることが明らかになりました。

思考の違いを分析しました（de Groot, 1965）。さらに彼らは，チェスプレイヤーに対し，図7.11のような実際のチェスの対局局面を短時間（2〜10秒間）見せた後，空白の盤にその局面を再現させるという実験を行いました。その結果，グランドマスターレベルのプレイヤーはかなり正確に局面を再現できた一方で，普通レベルのプレイヤーはそれほど正確には再現できませんでした。

　この実験結果は，2通りに解釈することができそうです。1つ目は，チェスの熟達者は，そうでないプレイヤーよりも，特別記憶力が優れているという解釈です。もう一つは，チェスの熟達者は，経験に裏打ちされた豊富な知識を活用して盤面の再現を行ったという解釈です。この点に関して，チェイス（Chase, W. G.）とサイモン（Simon, H. A.）は，デグルーと同様の実験状況において，実際の局面でなく，ランダムに駒を配置した盤面を提示した場合，熟達者と初心者の間で再現の正確性に差はみられないことを見出しました（Chase & Simon, 1973a）。つまり，チェスの熟達者にみられる駒配置の記憶パ

フォーマンスの高さは，もともとの記憶能力の高さに由来するものではなく，チェスの経験や知識の豊富さを反映しているものと考えられます。さらに，チェイスとサイモンは，他の実験結果も踏まえて，チェスプレイヤーは盤面をいくつかの**チャンク**（有意味な情報の集まり）に分けて認識しており，熟達者はそのチャンクのサイズが大きく，かつ長期記憶中の保存量も多い（Chase & Simon, 1973b）と述べています（熟達におけるチャンクの重要性については，National Research Council, 2000 森・秋田監訳 2002 を参照）。

　チェス（やその他のゲーム）における熟達者と非熟達者との違いなどが，領域固有（domain-specific）の知識や技能にあることは間違いないと考えられますが，記憶力や知能などの領域一般（domain-general）の認知能力にも両者の間で違いがあるかどうか，つまり，熟達にあたっていわゆる素質のようなものが必要であるかどうかは，まだよくわかっていません。ただし，訓練の初期の段階においては，領域一般の認知的能力がパフォーマンスの高さを予測する要因になるようです（Hambrick et al., 2020）。

7.10.2　適応的熟達者

　料理の熟達者について考えてみましょう。ある料理人は，レシピ通り正確に料理を作ることに優れていて，どんな料理でも毎回同じ見た目・味で再現することができます。また，ある料理人は，お客さんの好みやリクエストに合わせて，レシピのない料理でも柔軟に作ることができます。どちらも長い練習や経験を積んだ熟達者に変わりはありません。さて，どちらのほうがより有能な料理人と感じられるでしょうか。

　波多野と稲垣は，後者のように，新しい状況や不慣れな状況においても高いレベルの技能を発揮できるタイプの熟達者を**適応的熟達者**（adaptive expert）と呼び，単に型通りの作業に習熟した**定型的熟達者**（routine expert）と区別しました（Hatano & Inagaki, 1986）。適応的熟達者は，技能を新しい場面に応用することができる人たちですが，そのためには，その技能の意味を理解していることが重要です（稲垣・波多野，1989）。簡単な例でいえば，図7.12（a）のような平行四辺形の面積の公式の意味（考え方）を理解していれば，（b），

図 7.12　平行四辺形の面積の求め方（a）と，その応用（b, c）
(Bassok & Novick, 2012)

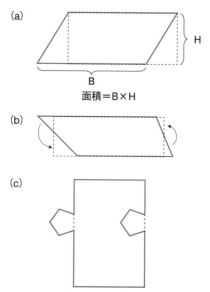

公式「面積＝底辺（B）×高さ（H）」でなぜ平行四辺形の面積が求められるのかを理解していれば，（b）や（c）のような平行四辺形以外の図形の面積も，その応用で求めることができます。しかし，公式を機械的に暗記しているだけだと，（b）や（c）に応用することができません。

（c）の面積はその応用で求められます。しかし，単に公式を暗記しているだけではそれができません。

　適応的熟達のためには，①多様性に富む練習を行える環境に身を置くこと，②ルーティーンから逸脱してもリスクの少ない環境に身を置くこと，③仕事の効率的な処理よりも手続きの深い理解が評価される環境に身を置くこと，が重要であると考えられています（Bohle-Carbonell & Van Merrienboer, 2019; Hatano & Inagaki, 1986）。

7.11　おわりに

　本章では，技能の学習過程と転移，熟達に関してみてきました。ここで，現実社会に目を向けると，科学技術の発展にともない，人々が技能を獲得することの価値は変容しつつあるように思われます。たとえば，車の自動運転技術がさらに発達すれば，人の運転技能の獲得はもはや不要になるかもしれませんし，コンピュータによる翻訳の技術が進歩すれば，英語読解の技能がなくても英文をかなり正確に理解できるようになる可能性もあります。オックスフォード・エコノミクス（Oxford Economics, 2019）の推定によれば，2030年までに世界で2,000万以上の製造業に関わる仕事がロボットにとって代わられるとされており，現実社会においては今後さらにさまざまな技能がその獲得の必要性を失っていくのかもしれません。そのような情勢に鑑みると，今後の技能学習研究においては，定型的な技能の獲得よりは，さまざまな分野における適応的な技能の獲得（適応的熟達；7.10.2項）過程や，その促進要因について明らかにすることが，社会的要請に照らしてますます重要になっていくと考えられます。

復習問題

1. 長期記憶に関連する説明として正しいものを1つ選んでください。
   ①長期記憶は宣言的記憶と非宣言的記憶に分けられ，技能はそのうちの宣言的記憶に含まれる。
   ②「日本の首都は東京である」のような一般的事実に関する記憶は，潜在記憶と呼ばれる。
   ③技能の全容をことばで表現することができなければ，その技能が長期記憶に蓄積されたとはいえない。
   ④手続き的記憶の表象に関するモデルとして，活性化拡散モデルが挙げられる。
   ⑤一般に，手続き的知識はIF-THEN形式のプロダクション・ルールの集合であると考えられている。
2. 技能の練習に関する説明として正しいものを1つ選んでください。
   ①練習量に応じたパフォーマンスの変化を図示したグラフを学習曲線と呼び，その形状はべき関数型となることが多い。

②技能の練習において結果の知識（フィードバック）を得られるかどうかは重要であり，フィードバックは試行から時間を置いて与えられるほど効果が高い。

③技能の誤りは常に結果の知識に基づいて把握するのが効果的で，みずから推定することはしないほうが技能学習に有利である。

④分散練習は集中練習よりも学習効果が高く，集中練習においては学習自体が成立しにくい。

⑤一定間隔で休憩を入れながら練習を行う方法を分習法と呼ぶ。

3. 適応的熟達者と呼べる例としてもっとも適切なものを1つ選んでください。

①タイピングのスピードが速く，会話の音声をリアルタイムで文字に起こすことができる。

②専門の研究分野の知識を活かして，さまざまな領域にまたがる研究を進めることができる。

③複雑な機械を設計図通り正確に，かつ素早く作ることができる。

④バスケットボールのフリースローをほぼ100%の確率で決めることができる。

⑤毎回まったく同じ味と見た目でいくつもの料理を再現することができる。

参 考 図 書

シュミット，R. A. 調枝 孝治（監訳）（1994）．運動学習とパフォーマンス——理論から実践へ——　大修館書店（中級レベル）

　主に運動技能のしくみと学習について，心理学的な知見も踏まえながら丁寧に解説されています。さらに，タイトルの通り，実際の技能指導への応用についての章も設けられています。なお，英語版は，2019年に最新版（第6版）が出版されています。

神宮 英夫（1993）．スキルの認知心理学——行動のプログラムを考える——　川島書店（中級レベル）

　技能の学習や内的なモデルに関する知見が網羅されているほか，随所に本文の話題から派生する心理学一般に関するコラムが多数設けられています。技能というトピックを通した心理学の入門書としても役立ちます。

米国学術研究推進会議（編著）森 敏昭・秋田 喜代美（監訳）（2002）．授業を変える——認知心理学のさらなる挑戦——　北大路書房（入門レベル）

　前半は熟達，転移など本章（および第6章）と関連の深い基礎的な内容，後半は学習心理学の成果を教育にどのように活かすかについての応用的内容です。教育心理学にも興味のある読者に最適です。

社会的学習

　日常における私たちの学習を振り返ってみると，その多くが他者の経験を見たり聞いたりすることによるものであることがわかります。本章では他者の存在を通してはじめて成立するタイプの学習，すなわち社会的学習についてみていきます。言語をはじめ，他者に経験を伝えるための手段を豊富に持つ私たち人間にとって，社会的学習の果たす役割は重要なものであるはずです。だからこそ，私たちが他者の経験からどのように影響を受け，何を学習するのかを知ることは，私たちの行動や心理を現実に即して理解する上で必要不可欠であるといえるでしょう。

8.1　はじめに

　これまでの章では，自分が身をもって経験したこと，すなわち**直接経験**（direct experience）によって，自分の行動や能力が変化する過程を学習として扱ってきました。たとえば，第7章でみたあらゆる技能も，自分自身で練習を行うからこそ身につけることができます。一方で，人は，他者の経験を見たり聞いたりすること，すなわち**代理経験**（vicarious experience）によっても学習をすることが可能です。たとえば，きょうだいが親の手伝いをしてほめられているのを見れば，自分も手伝いをしようとする子もいるでしょうし，授業に遅刻して先生にひどく怒られたという友人の体験談を聞けば，自分は遅刻しないように行動をあらためようと思う人もいるでしょう。また，小さい子どもは大人のまね（模倣）をすることによって多くの行動を学習します。直接経験による学習を自分一人でも可能な個人的学習とみなすならば，代理経験による学習や，

まねをすることによる学習は，他人（あるいは，他の個体）の存在があっては
じめて成立する社会の場での学習という意味で，**社会的学習**（social learning）
と呼ぶことができます。

　本章では以降，主に**模倣**（imitation）と**観察学習**（observational learning）
に焦点を当ててみていきますが，これらの用語が指す概念は互いに似通ってお
り，さらに他にも類似の用語として，モデリング（modeling），同一化（同一
視：identification），社会的促進（social facilitation），模写（copying）などが
あります（Bandura, 1971a 原野・福島訳 1975; 春木・都筑，1970）。8.2 節では
まず，あるモデルを観察した結果，そのモデルと同一の行動をとる現象，つま
り「まねをすること」として一般に定義される模倣についての研究知見を概観
します。8.3 節では，観察によって生じる古典的条件づけについて説明し，8.4
節では，主に，社会的学習の研究分野において影響力の強いバンデューラ
（Bandura, A.）の実験や理論を概観しながら，観察学習についてみていきます。
8.5 節，8.6 節では，社会的学習のポジティブな側面とネガティブな側面につい
て，それぞれ考えていきます。

8.2　模　倣　行　動

　小さい子どもが大人の行動を模倣する（まねする）様子は，誰しも一度は目
にしたことがあるでしょう。また，模倣行動は人間だけでなく動物においても
みられます。たとえば，フォス（Foss, B. M.）は，キュウカンチョウに異なる
2 つのパターンの笛の音（パターン X，パターン Y とします）を聞かせ，それ
ぞれの音をキュウカンチョウがどのくらい模倣するかを調べる実験を行ってい
ます（Foss, 1964）。この実験においては，一方の笛の音に対しては強化（餌）
が与えられ，もう一方の笛の音に対して強化は与えられませんでした（表 8.1
(a)）。実験の結果，キュウカンチョウは強化が与えられた笛の音とほぼ同じ
くらい，強化が与えられなかった笛の音も模倣して発声することがわかりまし
た（表 8.1 (b)）。

　この結果は，模倣による学習が，報酬などの強化をともなわなくとも成立す

表 8.1　**フォスの実験における条件と結果**
(Bandura, 1971a 原野・福島訳 1975 をもとに作成)

(a) 訓練スケジュール

鳥	笛	
	パターン X	パターン Y
A 群	強化なし	強化あり
B 群	強化あり	強化なし

→

(b) 各笛が模倣された回数

鳥	強化ありの笛	強化なしの笛
A 群	21	26
B 群	13	11

ることを示しているようにみえます。人間の場合を考えても，自分自身がごほうびをもらったり，ほめられたりすることがなくとも，単に人のまねをするということはあるでしょう。模倣行動が報酬の獲得（あるいは罰の回避）に動機づけられて生じるものでないとすれば，なぜ私たちは模倣を行うのでしょうか。

　動物や，人間でも生まれたての乳児にも模倣行動がみられる（たとえば，Meltzoff & Moore, 1977）という事実から，生物には生得的に模倣を行う性質が備わっていると考えることもできます。初期の心理学者たち（McDougall, 1908; Morgan, 1896）は，模倣を本能的行動であると考えていましたが，模倣も条件づけ，すなわち学習の結果として生じる行動であるとの主張もなされてきました。ここでは，後者について，ミラー（Miller, N. E.）とドラード（Dollard, J.）の研究をみていきます（Miller & Dollard, 1941 山内ら訳 1956）。

8.2.1　条件づけとしての模倣

　ミラーとドラードは，人間および動物を対象とした模倣行動に関する一連の研究の中で，次のような実験を行っています。小学 1 年生 20 人が模倣群，もう 20 人が非模倣群に割り当てられ，どちらにも 1 人の「リーダー」が用意されました。実験が行われた部屋には 2 つの箱があり，片方の箱にのみキャンディ（報酬）が入れられていました。両群の参加者は，どちらかの箱を開けてキャンディを見つけるよう教示されるのですが，その際，まずリーダーがどちら

かの箱を選ぶのを見せられました。ただし，リーダーが選んだ箱にキャンディ
が入っているかどうかは，参加者は知ることができません。模倣群のリーダー
が選ぶ箱には常にキャンディが入っていますが，非模倣群のリーダーが選ぶ箱
には入っていません。つまり，模倣群はリーダーと同じ箱を選べば，非模倣群
はリーダーと別の箱を選べばそれぞれ報酬（キャンディ）がもらえるという状
況が設定されました。以上を 1 試行として，参加者が 2 試行連続で報酬の入っ
た箱を選ぶまで試行が繰り返され（訓練試行），その後さらにもう 1 試行が行
われました（テスト試行）。

　実験の結果，最初の試行をみると，両群とも，リーダーと同じ箱を選んだ
（リーダーの模倣をした）参加者の割合は 20％ 程度でした（図 8.1）。しかしな
がらその後，両群共に 3 試行程度の訓練試行を経て，テスト試行では模倣群は
全員がリーダーと同じ箱を選び，非模倣群は全員がリーダーと違う箱を選びま
した。このように，子どもたちは，リーダーを模倣しても報酬がもらえない状
況では模倣を行おうとはしなくなったことから，「模倣をする」あるいは「模

図 8.1　ミラーとドラードの実験の結果
(Miller & Dollard, 1941 山内ら訳 1956 をもとに作成)

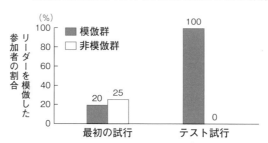

リーダーの行動を模倣しても報酬がもらえるかどうかわからない試行では，どちらの群で
も約 8 割の子どもがリーダーとは別の箱を選びました（最初の試行）。しかし，彼らはリ
ーダーが選んだ箱を選べば報酬がもらえる（模倣群）ことがわかればリーダーを模倣し，
リーダーとは別の箱を選ぶと報酬がもらえる（非模倣群）ことがわかればリーダーを模倣
しなくなりました（テスト試行）。

倣をしない」という行動も強化によって学習されるものであるといえます。

　さて，この実験で参加者は，リーダーの行動を手がかりとして後の行動を決定していたと判断してよさそうですが，考えてみると，参加者が行動を決定するための手がかりは，必ずしも「リーダーの行動」でなくてもよいはずです。たとえば，リーダーの代わりに箱に電球を取りつけ，リーダーが選ぶべき箱の電球を光らせたとしても，おそらく同様の結果が得られたでしょう。そのように考えるならば，この実験でみられた学習は，第5章でみた**オペラント条件づ**けによる学習と本質的に違いはなく，したがって模倣行動の学習はオペラント条件づけの一種とみなすことができるとも考えられます[1]。

　しかしながら実際は，模倣行動の学習をオペラント条件づけの一種と考えるには，いくつかの疑問があります。その一つは，強化が与えられない場合に生じる模倣行動です。ミラーとドラードの実験では，強化が与えられていない最初の試行において模倣行動はそれほど生じませんでしたが，先述のフォスによるキュウカンチョウの実験では，強化の有無と無関係に模倣が生じていました。また，「他人が選んだ箱を選ぶ」といったような比較的単純な行動であれば偶然生じるということもあるでしょうが，偶然的に行われるとは考えにくいもっと複雑な模倣行動が，強化が与えられていない状態（ミラーとドラードの実験でいうならば「最初の試行」の段階）でなぜ生じるかについては説明できません。

8.2.2　般化模倣

　強化が与えられていない場合に模倣が生じることについては，般化模倣によって説明が可能です。たとえば，小さい子どもが，読書をするお父さんのまね

---

[1] つまり，ミラーとドラードの実験における模倣群では，「リーダーと同じ箱を選ぶ」というオペラント行動に対してキャンディ（強化子）が与えられた結果，オペラント行動の生起頻度が増加したと解釈できるということです。これは，ラットのレバー引きというオペラント行動に対して餌（強化子）を与えると，レバー引き行動の生起頻度が増加するという典型的なオペラント条件づけによる学習（第5章の5.4節参照）とほとんど違いがないことがわかります。

図 8.2　般化模倣の例

強化
（例：「えらいね」とほめる）

ある行動（読書）に対する模倣行動に対して強化を与えた場合に，直接強化は与えられていない別の行動（水やり）に対しても模倣が生じることを般化模倣といいます。

をして絵本を読んでいたとします。それを見たお母さんが「お父さんのまねをして，えらいね」と子どもをほめる（強化）と，子どもは次にお父さんが本を読んでいるところを目にした際にも模倣を行うと考えられますが，同時に，読書以外の他の行動についてもお父さんのまねをするようになるかもしれません（図 8.2）。この場合，読書以外の行動については直接的な強化は与えられていないにもかかわらず，子どもはその行動の模倣を学習したことになります。

　このように，過去の模倣行動が強化されたことにより，直接的な強化は受けていない他の新奇な模倣行動が生起しやすくなることを**般化模倣**（generalized imitation）と呼び，これは実験的研究においても確かめられています（たとえば，Baer & Sherman, 1964; Baer et al., 1967; Brigham & Sherman, 1968）。もしも強化が与えられていない場合の模倣行動を般化模倣と考えるならば，模倣行動の学習をオペラント条件づけとみなすことは可能なように思われます。

8.3　代理的古典条件づけ

　たとえば，ホラー映画で，登場人物がシャワーを浴びているときに幽霊が現れて恐怖する場面を見た後に，自分もシャワーを浴びるのが怖くなったという経験はないでしょうか。シャワーという刺激は，本来恐怖反応を引き起こさないものなので，もしもシャワーによって恐怖反応が引き起こされるようになったとしたら，それは第4章でみた**古典的条件づけ**が成立した状態であるといえます。しかしながらこの場合，シャワー（中立刺激→条件刺激（CS））と幽霊（無条件刺激（US））の対提示を経験したのは映画の登場人物であって，自分ではありません。このように，他者に対する古典的条件づけの手続きを観察した人にも条件づけが生じることを，**代理的古典条件**づけ（vicarious classical conditioning）と呼びます。

　代理的古典条件づけが成立することを示した実験的研究として，たとえばバーガー（Berger, S. M.）の研究があります（Berger, 1962）。この実験の参加者は，別の参加者（実際は，実験者側の研究協力者で，いわゆるサクラの参加者；以下，演者）が，腕をけいれんしたように動かす様子を観察します。参加者は2群（ショックあり群・ショックなし群）に分けられ，ショックあり群の参加者は，演者には電気ショックが与えられると教示されました（実際は与えられません）。電気ショックはブザーと共に与えられると教示され，演者はそれに合わせて腕を動かしました。一方，ショックなし群では電気ショックについての教示は与えられず，参加者は演者がブザーに合わせて腕を動かす様子だけを観察しました。

　以上を訓練試行とし，これが10試行行われた後，両群共にブザーのみが提示されるテスト試行を3試行経験します。実験中の参加者の情動的変化はGSR（galvanic skin response；ガルヴァニック皮膚反応）[2]によって計測されました。GSRが生起した場合，参加者に何らかの情動変化が起こったとみなさ

---

[2]　GSRは，現在では主として皮膚電気反応（electrodermal response; EDR）と呼ばれています。

図8.3　バーガーの実験の結果（Berger, 1962 を一部改変）

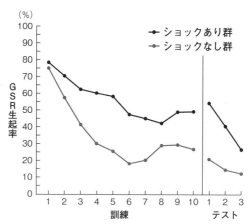

演者に電気ショックが与えられる，と教示された上で演者を観察したショックあり群の参加者は，電気ショックについての教示は与えられずに演者を観察したショックなし群と比べて，テスト試行における GSR（皮膚電気反応）の生起率が高いことがわかります。

れますが，これを試行ごとに示したグラフが図8.3です。この図からわかるように，テスト試行の GSR 生起率は，ショックなし群よりもショックあり群で有意に高くなっていました。つまり，ショックあり群の参加者は，自分が電気ショックを経験したわけではないにもかかわらず，他の人に対してブザーと電気ショックの対提示が行われるのを繰返し見ただけで，ブザーに対して情動反応が生じるようになりました。このとき，ブザーを条件刺激（CS），情動反応を条件反応（CR）とする代理的古典条件づけが成立したといえます。

8.4　観察学習

8.2 節でみた模倣行動の学習は，ミラーとドラードの実験でいえば，実験参加者がリーダーと同じ行動を実際に行い，報酬として自分自身がキャンディを

もらうといったように，観察者（モデルを模倣する側）自身の反応に対して直接的に強化あるいは罰が与えられる場合についてのものでした。一方で，本章の冒頭で挙げた「きょうだいがお手伝いをしてほめられているのを見た」という例を考えてみると，この場合，観察者自身は何も反応を行っておらず，かつ強化もモデルに与えられている（**代理強化（vicarious reinforcement）**）だけで，観察者自身には与えられていません。このように，他者の行動とそれによる結果を観察するだけで，自分自身は反応することも強化/罰を受けることなしに（とくに新しい行動の）学習が成立する場合，これを**観察学習**と呼びます。このような学習形態を積極的に扱った研究としては，バンデューラ（Bandura, 1965, 1969, 1971b 原野・福島訳 1974 原野監訳 1979 など）の実験および理論がよく知られています。

8.4.1　バンデューラの実験

　バンデューラは，3〜5歳の幼児66人を参加者として，次のような実験を行いました（Bandura, 1965）[3]。参加者は3つの群に分けられた上で，個別にある映像を見せられました。映像中では，成人のモデル役が，「ボボ」と名づけられた起き上がりこぼしのような人形に対して，「じっとしていなさい」「飛んでいってしまいなさい」などのことばを発しながら，手や木づちで殴る，ボールを投げつけるなどの攻撃行動を繰り返しました（**図8.4 (a)**）。映像は，ここまでは全群共通ですが，最後の部分だけが群によって異なっていました。第1

---

[3] 現在は，心理学の研究を行おうとした場合，その研究の倫理的妥当性が厳しく審査されます。幼児の攻撃行動を促進・定着させてしまう可能性のある手続きを含むこの実験は，仮に現在行おうとすれば，倫理的逸脱を指摘される可能性が非常に高いでしょう。心理学における**研究倫理（research ethics）**の意識は，時にそこから逸脱した研究が行われながらも，時間をかけて育まれてきた経緯があります。日本心理学会が発行している『公益社団法人日本心理学会倫理規程』（日本心理学会倫理委員会，2011）には，研究者のみならず，広く心理学に関連する職務に従事する者が参考にすべき倫理的指針が示されていますので，公認心理師を目指す方は一読しておくことをおすすめします。また，研究倫理については，本ライブラリ第3巻『心理学研究法』第11章でも扱っています。

図 8.4　**成人のモデル（a）と，実験参加者の幼児（b）がボボ人形に攻撃を加える様子**
（Bandura et al., 1963；渡辺，2019）

(a)

(b)

バンデューラの実験では，参加者の幼児は，（a）のように成人が人形（ボボ人形）に攻撃を加える場面を含む映像を見た後，実際のボボ人形が置かれた部屋で自由に遊ぶことができました。すると，そこでは参加者に（b）のような成人のモデルを模倣した攻撃行動がみられました。

の群（報酬群）の映像では，モデルとは別の大人が現れ，モデルの攻撃行動に対して称賛を与えた上で，モデルにお菓子やジュースを差し出します。第2の群（罰群）の映像では，やはりもう一人の大人が現れ，モデルを叱りつけた上で，軽い体罰を加えます。第3の群（無強化群）では，もう一人の大人は現れず，映像はそこで終わっていました。

その後，参加者は別室に移動するのですが，そこには実物のボボ人形と共に，

図 8.5 バンデューラの実験の結果 （Bandura, 1971a 原野・福島訳 2020 を一部改変）

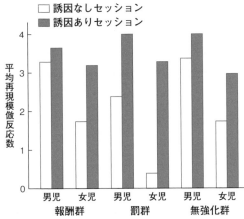

報酬群はモデルが攻撃行動に対して報酬が与えられる映像を，罰群はモデルが攻撃行動に対する罰を受ける映像をそれぞれ視聴します。無強化群の視聴する映像ではそのどちらも与えられません。映像中でモデルに罰が与えられる罰群では，他の 2 群よりも誘因なしセッション（模倣反応に対するごほうびなし）での模倣反応が少ないですが，誘因ありセッション（模倣反応に対するごほうびあり）では，群による模倣反応数の差はなくなっていることがわかります。

ボールや木づちなどが用意されており，参加者はそれらを使って自由に遊ぶことができました。実験者はその様子をマジックミラー越しに観察し，その間参加者がどのくらい映像中のモデルを模倣した行動・発言を行ったかが記録されました。

　ここまでを「誘因なしセッション」とし，参加者が模倣反応を行った平均回数を示したものが図 8.5 です。このグラフから，まず，誘因なしセッションにおいて，男女差はあるものの，どの群でもそれなりに模倣行動が生起していることがわかりますが，この結果は般化模倣としても説明ができそうです。着目すべきは罰群の結果であり，この群では，無強化群よりも明らかに模倣反応が少なくなっています。つまり，参加者は自分が罰を受けたわけではないのに，モデルが罰を受けているのを観察した（**代理罰**（vicarious punishment））だけ

で模倣行動を抑制したと考えられます。

　バンデューラは，このように観察によって行動の抑制が強まる効果のことを
制止効果（inhibition effect）と呼んでいます。逆に，観察によって行動の抑制
が弱まる効果は**脱制止効果**（disinhibition effect）と呼ばれます。たとえば無
強化群が，モデルの攻撃行動に罰が与えられない様子を観察した結果として，
本来抑制されていたはずの攻撃行動の模倣を出現させていたとしたら，それは
脱制止効果によるものといえます。また，モデルへの報酬によって脱制止効果
が強まることは，他の複数の実験的研究によっても確かめられています（たと
えば，Puelo, 1978; Rosekrans & Hartup, 1967）[4]。

　以上は誘因なしセッションの結果ですが，実験では誘因なしセッションの後
に「誘因ありセッション」が続いており，そこでは，参加者にはモデルの模倣
をするごとにごほうび（貼り絵とジュース）が与えられました。すると，図
8.5の誘因ありセッションの結果をみてわかるように，どの群でも模倣行動が
誘因なしの場合よりも多くなり，かつ3群の平均値間に有意な差はなくなりま
した。つまり，参加者の子どもたちは，誘因（ごほうび）によって促されれば
表出され得る模倣行動のいくらかを，誘因なしセッションにおいては表出させ
なかったものと考えられます。言い換えれば，参加者は代理強化/代理罰の有
無によらず観察を通して模倣行動を習得していた（モデルのような攻撃行動を，
遂行しようと思えばできる状態になっていた）一方で，習得された行動を実際
に遂行するかどうかは別問題である，ということになります。

　バンデューラは，観察学習を考えるにあたって，このように**習得**（learn-
ing）と**遂行**（performance）を区別することの重要性を指摘しており，少なく
とも上記の実験結果からは，代理罰は模倣行動の習得には影響を及ぼしていな
いようにみえます。一方で，誘因ありセッションにおいても実験参加者の子ど

---

[4] バンデューラ（Bandura, 1965）と同様に3〜5歳児を対象とし，ボボ人形を用いた
ローズクランズとハータップ（Rosekrans & Hartup, 1967）の研究では，モデルが提
示されない群や，攻撃行動に対して報酬が与えられたり罰が与えられたりするモデル
を観察する群と比較して，攻撃行動に対して一貫して報酬が与えられるモデルを観察
した群では，その後に攻撃行動が生起しやすかったことが報告されています。

もたちがモデルの行動すべてを再現できたわけでなかったことから，バンデュ
ーラは，単に観察するだけでモデルの行動のすべてを習得できるわけではない
とも指摘しています。

　では，観察学習において行動の習得（および遂行）はどのように行われ，ま
た，どのような要因がその過程に影響を及ぼすのでしょうか。次項では，バン
デューラの提唱する社会的学習理論に基づいて，この点について考えていきま
す。

8.4.2　社会的学習理論

　社会的学習理論（social learning theory）によれば，観察学習には①注意過
程，②保持過程，③運動再生過程，④動機づけ過程の4つの下位過程があると
されており（図8.6），このうち注意過程と保持過程は習得のプロセスを，運
動再生過程と動機づけ過程は遂行のプロセスを分析したものであるといえます

図8.6　**社会的学習理論における観察学習の過程**（Bandura, 1977 原野監訳 1979）

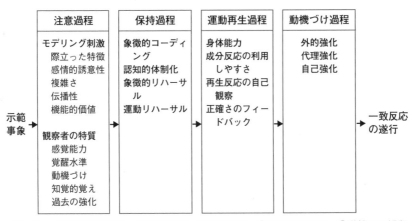

バンデューラは観察学習を，①注意過程，②保持過程，③運動再生過程，④動機づけ過程
の4つの過程に分けて分析し，それぞれの過程に影響を与える要因を指摘しています。

（玉瀬，1977）。

1. 注意過程（attention processes）

　私たちは基本的に，**注意**を向けた情報以外は処理せずに無視すると考えられるので，観察学習を行うためには，モデルとその行動に注意を向けることからはじめなければなりません[5]。その際，どのモデルの，どのような行動に，どれくらい注意が向けられるかは，モデル側・観察者側双方のさまざまな要因の影響を受けます。たとえば，モデルが自分にとって魅力的な人物だと，関心をひかない人物よりも注意が向けられやすいでしょう。ただ単にモデルが提示されても，その一連の行動のうちの学習すべき部分を見分けて注意が向けられることがなければ，習得は行われないものと考えられます。

2. 保持過程（retention processes）

　観察学習においては，観察された行動がある程度時間を置いてから遂行されることがあります。たとえば，きょうだいがお手伝いをしてほめられているのを見た子どもが，翌日や翌週に自分もお手伝いをするということがあります。その場合，注意過程において得た情報が遂行時まで**保持**（覚えておくこと）されていなければなりません。

　社会的学習理論では，観察された情報は，イメージまたは言語として心の中に表象され，保持されると仮定しています。たとえば，陸上のハードル走の観察学習を考えてみましょう。モデルが走る様子は，視覚的なイメージとしても保持が可能ですが，「スタートから○歩走って，1つ目のハードルを跳んで……」のように言語として保持することも可能です。多くの場合，言語的な表象はイメージとしての表象よりも保持に有利です。それは，「最初のハードルまで○歩，ハードル間は○歩」のように，必要な情報を抽象化して記号的に覚えることが可能なためです。

　また，ハードルを跳び越えるときの手の動きを「扉を開けるような動き」と覚えるように，表象に自分にとってわかりやすいラベルをつけることも保持を

---

[5] 他者への注意は，子どもの言語獲得過程においても重要な要因となります。本書では，第 9 章の 9.2.2 項，第 11 章の 11.4.1 項，および第 13 章の 13.4 節で関連する話題に触れています。

促進します。ガースト（Gerst, M. S.）の研究では，モデルが行う手話を観察した後，①先の例のように自分にとってわかりやすく要約してラベルづけする群（概要ラベル群），②イメージとして心内で視覚化する群（イメージ・コーディング群），③詳細に言語化する群（言語記述群），④無関係の計算を行う群（統制群）では，15分後にモデルの手話を再生させた場合，①の概要ラベル群の再生成績がもっとも良くなることが報告されています（Gerst, 1971）。

　さらに，モデルの行動を心の中で実際にやってみること（メンタルリハーサル；mental rehearsal）も，保持を促進します。

3. 運動再生過程（motor production processes）

　この過程は，名前が表す通り，保持した表象を実際の運動や行動として再生（遂行）する過程ですが，そこにはいくつかの制約があります。第1に，モデルの行動を再生するには，その行動を構成する部分要素それぞれがすでに実行可能である必要があります。たとえば，夕食後のお手伝いをするためには食器の洗い方がわからなければならないので，その前に食器の洗い方を習得する必要があります。第2の制約は，身体的限界です。たとえば，食器を棚にしまう行動自体は容易に習得可能であっても，もしも棚が手の届かないほど高いような場合は遂行できません。第3の制約は，人は自分自身の行動を見ることができないことです。それゆえ，とくに技能（第7章7.1節を参照）的行動を観察学習によって正確に習得するためには，他者からのフィードバックと，それに基づく行動の修正が必要となります。技能学習におけるフィードバックの重要性は第7章でも述べた通りですが，それは観察学習においても同様です。

4. 動機づけ過程（motivational processes）

　十分な注意が向けられたモデルの行動が，心内表象として保持された後，正しく再生できる状態になったとしたら，その行動はいつでも遂行に移すことが可能です。しかし，8.4.1項でみたバンデューラの実験結果からもわかるように，習得された行動は必ずしも遂行されるとは限りません。遂行の有無に影響を及ぼす要因としては，まず，同実験の誘因が遂行を促したことから示唆されるように，自分自身への報酬（あるいは罰）の期待が挙げられます。また，モデルへの罰が模倣行動の抑制を促したように，代理罰（あるいは代理強化）も

遂行がなされるかどうかを左右します。さらに，社会的学習理論では，自分が
みずからに与える強化（**自己強化**（self-reinforcement））も，行動の遂行に影
響を与えるとしています（強化/罰については，第5章5.4節を参照）。

　以上が，社会的学習理論が想定する観察学習の過程ですが，行動の習得に影
響を及ぼす要因には，モデルとその行動への注意，および観察によって得た情
報が保持されるかどうかが含まれることがわかります。一方，遂行に影響を及
ぼす要因には，先にみた強化の有無や種類に加え，身体的な制約等も含まれま
す。また，社会的学習理論の特徴として，**強化の予期**の役割を強調している点
が挙げられます。たとえば，お手伝いをすることによりごほうび（強化）が得
られることがあらかじめわかっていれば，子どもはお手伝いをするきょうだい
（モデル）の行動により注意を払うでしょうし，そこで見た行動をしっかりと
覚えておこうとするはずです。つまり，強化を予期することが，注意過程や保
持過程への影響を介して，観察学習に促進的な効果を与えると考えます。同時
に，たとえばモデルが自分にとって非常に魅力的であれば，強化の予期がなく
てもモデルに注意な十分が向けられるでしょう。このように，社会的学習理論
では，強化は観察学習の促進条件の一つではありますが，必須の条件というわ
けではないと考えられています。

8.5　社会的学習のポジティブな側面

　日常生活を振り返ってみると，そこで行われる学習の多くが，直接経験でな
く代理経験によるものであることに気づくでしょう。そうした代理経験の中に
は，直接経験した場合には大きなリスクや危険がともなうものや，そもそも実
際に経験することが現実的に難しいものもあります。たとえば，もし医学生が
外科手術の技能を直接経験のみによって習得しようとすれば，ほとんど技能を
持たない状態で手術を行うという，無謀ともいえる危険な状況が作り出される
ことになります。そのため，医学生や研修医は，熟達した医師をモデルとした
観察学習を何度も繰り返しながら，外科手術の技能を獲得していきます。その
際，「百聞は一見にしかず」のことわざのように，教科書や講義で勉強するよ

りも，観察を通したほうが，はるかに効率的に学習が進むタイプの技能も少な
くないでしょう。このように，社会的学習にはそのポジティブな側面として，
直接経験にともなう危険やリスク，あるいは無用な試行錯誤を回避しつつ習得
を進めることを可能にする機能があるといえます。

　また，バンデューラらは，ある対象に対する恐怖心を払拭する方法として，
観察学習の可能性を示しています（Bandura et al., 1967; Bandura & Menlove,
1968）。彼らの実験的研究では，イヌに対して回避行動をとる幼児に対して，
モデルがイヌと仲良くする様子を見せることで回避行動が消去されるかどうか
が検討されました。

　バンデューラらの実験（Bandura et al., 1967）では，参加者（3〜5歳の幼
児）が4群に分けられました。第1の群（モデリング―陽性状況群）には，楽
しいパーティ（陽性状況）に参加してもらい，その途中で，4歳の男の子（モ
デル）がイヌと触れ合う様子を見せました。実験は4日間に分けて行われ，そ
の間，モデルのイヌとの接触行動は，モデルがイヌに声をかける・少し触れる
程度のものから，ハグをしたり，餌やミルクをあげたりといった積極的な行動
へと段階的に移行していきました。第2群（モデリング―中性状況群）の参加
者は，第1群と同様の流れでモデルがイヌと触れ合う様子を見せられましたが，
第1群の場合と異なり，パーティは催されず，参加者はただ座っているだけで
した。第3群（イヌ―陽性状況群）の参加者は，第1群と同様，パーティに参
加し，イヌも見せられましたが，イヌと触れ合うモデルは登場しませんでした。
第4群（陽性状況のみ群）はパーティに参加するのみで，そこにはイヌもモデ
ルも現れませんでした。

　以上の4日間のセッションの前後，および約1カ月後に，各参加者は，イヌ
に触る，ビスケットをあげるなどの一連の接近課題によって，イヌに対する回
避行動の程度が検査されました。実験の結果，図8.7に示すように，モデルが
提示された2つの群（モデリング―陽性状況群，モデリング―中性状況群）は，
モデルが提示されない他の2群と比較して，セッション直後および1カ月後の
検査において，高い課題遂行成績を示しました。つまり，イヌと触れ合うモデ
ルの観察を通して，回避行動の消去が促進されたといえます。

図 8.7　**バンデューラらの実験の結果**（Bandura et al., 1967）

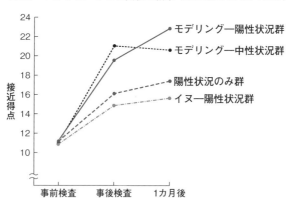

縦軸の接触得点は，値が大きいほど参加者が（ためらいなく）イヌに接近・接触できたことを示します。「モデリング」はモデルがイヌと触れ合う場面を見ること，「陽性状況」はパーティ（に参加すること）を指します。

　他にも，観察を通して，注意散漫な行動を改善させたり，ソーシャルスキルを向上させたりできる可能性が実証的研究によって示されており（Mazur, 2006 磯ら訳 2008 を参照），社会的学習に関する知見は**行動療法**（behavior therapy）においても積極的に利用されています。

8.6　社会的学習のネガティブな側面

　多くの子どもたちは，暴力的な行動や非道徳的な行為を描いた映画やテレビ番組の視聴を親から禁じられた経験を持っています。親の心境としては，「そのような行為をまねするようになるのではないか」という心配があるのでしょうが，それが杞憂とはいえないことは，これまでみてきた社会的学習に関する研究知見から推察できます。

　たとえば，**図 8.5** に示したバンデューラの実験結果（Bandura, 1965）を振り返ってみましょう。この実験では，誘因なしセッションにおける模倣反応数

が報酬群と無強化群でほとんど変わりませんでした。また，男児に限っていえ
ば，無強化群の誘因なしセッションと誘因ありセッションの間に統計的に有意
な模倣反応数の差はみられていません。このことは，強化がまったく与えられ
ない状況でも，攻撃行動の模倣がある程度（少なくとも代理強化・直接強化が
与えられる場合と同じくらい）は生じることを示しており，他にも観察のみで
攻撃行動の模倣が生じることを報告する研究は多くあります（たとえば，
Hicks, 1965; Lövaas, 1961; Mussen & Rutherford, 1961）。また，皮肉なことに，
親がしつけのために体罰を用いると，子どもはその行動をモデルとして，他人
の行動をコントロールするために攻撃的な態度をとりやすくなります
（Bandura & Walters, 1963; Hoffman, 1960）。以上のように，模倣や観察による
学習は，望ましくない行動をも，時に養育者が意図せずに促進させてしまうと
いうネガティブな側面も持っているといえます。

　では，（実験室でなく）現実世界において，ネガティブな行動が模倣される
ことは実際にあるのでしょうか。以下では，自殺に関連する少々ショッキング
な研究を紹介しますので，心の準備をして読んでください。

　フィリップス（Phillips, D. P.）は，自殺率に影響を及ぼす他の要因（たとえ
ば，曜日や季節）を厳密に統制した上で，テレビドラマで登場人物が自殺をす
るストーリーが放送された後の数日間で，自殺あるいは自動車事故[6]が増加し
たかどうかを調査しました（Phillips, 1982）。その結果，自殺件数，自動車事
故（死亡事故/非死亡事故）共に，自殺のストーリーが放映された直後の期間
で，予測されるよりも有意に件数が多かったことがわかりました。また，一般
にドラマを熱心に見る女性のほうが男性よりも放映後の自殺数の増加が顕著で
あるという結果も得られました。同様にフィリップスは，フィクションでなく
現実の自殺についての記事が新聞に掲載された直後にも，自動車事故による死
者が増加することを示しています（Phillips, 1979）。フィリップスは以上の結
果から，テレビドラマや現実の自殺がその模倣的行為を引き起こすことを主張

---

[6] 自殺件数だけでなく自動車事故の件数についても調べられたのは，それらに自殺行
為の結果として起こったものが含まれていることが想定されたためです。

していますが，仮にそれが事実であれば，人間はどんなに恐ろしい行動であっても，模倣によって学習してしまう可能性を持っているといえます。

8.7 おわりに

バンデューラは，1977 年の著書の中で，次のように述べています。

> コミュニケーションの技術が更に進めば，人々は，いながらにして，見たい時いつでも，コンピューターと連結した TV で，見たい活動を観察することができるようになるだろう。こうして象徴的モデリングを用いることが多くなるにつれて，両親や教師など，社会的学習における伝統的な役割モデルの影響力は相対的に低下していくことも考えられる。
>
> （Bandura, 1977 原野監訳 1979, p.44）

情報通信技術が高度に発展した現在，「いながらにして，見たい時いつでも，見たい活動を観察」できることはもはや当たり前となりました。そのことは，社会的学習の機会と多様性がますます増加していることを意味し，人々は知識，技術，能力を高める機会を，つい40〜50年前とは比べ物にならないくらい多く手にするようになったといえます。その反面，社会的に望ましくないモデルの行動を（意図せずに）観察する機会もまた，確実に多くなっていることも事実でしょう。そのような時代において，人が観察を通して何をどのように学習するのか，とくに，今後さらに情報の媒体として主流になっていくであろうインターネットを介した社会的学習の様相を明らかにすることは，学習心理学のトピックとしてますます重要になっていくのではないかと考えられます。

復 習 問 題

1. 模倣に関する説明としてもっとも適切なものを 1 つ選んでください。

①模倣は人間に特有の行動であり，人間以外の動物に模倣行動はみられない。

②模倣行動が生起するためには，代理強化が必要である。

③初期の研究では模倣が本能とみなされた一方で，模倣を条件づけとして説明しようとする研究も展開されてきた。

④般化模倣とは，ある模倣行動が強化を受けたことにより，次にそれと同一の行動が生起しやすくなることを指す。

⑤「授業中の私語を注意された人を見て，自分は私語をしないようにする」ことは，般化模倣の例といえる。

2. バンデューラの社会的学習理論に基づく観察学習の説明として，もっとも適切なものを 1 つ選んでください。

①観察学習は (1) 記銘，(2) 保持，(3) 想起の 3 つの下位過程からなる。

②観察学習における保持過程では，観察によって得られた情報は視覚的イメージの形式でのみ保持される。

③観察学習において習得された行動は必ずしも遂行されるわけではないため，習得と遂行を区別することは重要である。

④モデルの行動に自分にとってわかりやすいラベルをつけることは観察学習の成立を促進するが，これを脱制止効果と呼ぶ。

⑤観察学習における模倣行動の遂行は，代理強化によって促進されることはあるが，代理罰によって抑制されることはない。

3. 代理的古典条件づけの例として，もっとも適切なものを 1 つ選んでください。

①テレビ番組の出演者が行った暴力行為を見て，同じような暴力行為を自分も行った。

②図表を用いて作成したレポートを提出したところ評価が良かったため，レポートには積極的に図表を用いるようになった。

③いつも昼食の時間に流れる音楽を聞いただけで，唾液が出るようになった。

④他人がイヌにかまれて泣いている様子を何度か見た子どもが，イヌを見ると泣き出すようになった。

⑤姉のまねをしてお手伝いをしたところ親にほめられた妹が，姉が宿題をしているときに自分も宿題をするようになった。

参 考 図 書

バンデューラ, A.（編）原野 広太郎・福島 脩美（訳）（2020）．モデリングの心理

　　学——観察学習の理論と方法——　新装版　金子書房（中級レベル）

　模倣・観察学習（モデリング）に関する理論の概観の他，関連する研究論文の日本語訳が 9 編収録されており，社会的学習の基礎的知見を具体的な研究事例の詳細と共に学ぶことができます。

祐宗 省三・原野 広太郎・柏木 惠子・春木 豊（編）（2019）．社会的学習理論の新展
　　開　新装版　金子書房（上級レベル）

　8.4.2 項で触れた社会的学習理論に関する解説書です。本書には理論の提唱者であるバンデューラも著者に名を連ねており，社会的学習理論を本格的に学びたい読者に適しています。

第 **II** 部

言語心理学

言語機能の発達の心理学

　人間の精神活動を支えることばを操る力は，他の動物にはない人間に特有の認知機能です。人間以外の動物も，ことばを使ってコミュニケーションをしているという観察もありますが，人間の使うことばは，動物にはない固有の複雑な特徴を持っています。言語心理学（psychology of language）または心理言語学（psycholinguistics）[1]は，その名の通り言語学と心理学が融合した学際的研究領域で，比較的若い分野です。言語学（linguistics）におけるすべての視点と射程範囲を包摂し，心理学（psychology）でとられるあらゆる科学的アプローチを利用して研究されます。本章は第Ⅱ部の導入として，人間がどのように言語を発達させるかという観点から，これまでの言語心理学/心理言語学で蓄積されてきた理論と実証研究を援用しながらこの領域の概要をつかみます。

9.1　はじめに

　ことば/言語（language）[2]によって，私たちは思考を深めて外に向かって表現し他者と伝え合うことができます。自身の内なる思考を外にいる他者に伝えるためには，情報を貯蔵する手段が必要となりますが，言語機能はそのために

---

[1]　日本語の語構成上は，後ろに置かれる語/形態素が主要な要素になりますので，「言語心理学」といえば言語を扱うけれどもあくまでも「心理学」であることを標榜し，「心理言語学」といえば人間の心理に焦点を置きながらもあくまで「言語学」であることを標榜します。実際には，これらは研究者のバックグラウンドによって使い分けられることが多く，研究の内容に必ずしも実質的な違いがあるわけではありません。
[2]　本書では随時漢語の「言語」と和語の「ことば」を用いていますが，いずれも以上述べてきた意味で両者とも同様に language を指します。

導入されたと考えられます（入來，2008）。

　私たちがいつも使っている言語とは，いったい何でしょうか。人間以外の動物も，とくに脊椎動物は，それぞれの種に応じたやり方で，攻撃や求愛などのために音声を使ったコミュニケーションを行っています。そうした動物の音声コミュニケーションと人間の言語とでは，いくつかの点で質的に大きな違いがあります。

　1つ目は，人間の言語には**語彙**（vocabulary）があり，具体，抽象両方の意味を表すという象徴機能を持っています。たとえば，あなたが今苦境に立ってモヤモヤとした感情を経験しているとします。ちょうどそのときにある名著を読み，その中に「試練」ということばに接したら，今の自分の状態がまさにそれであると気づかされ，自分の状態をあらためて「試練」と呼ぶかもしれません。そのように，言語の象徴機能は，今接している情報を別の文脈の他の何かと同一視させることだといえます。人間は，それ以外の動物の外界の情報に即座に反応して動く刹那的な行動とは異なり，ことばを使って情報を保持し事象を過去から未来にわたって概念化し，記録して伝えることができます。これに対して動物は，人間のことばに近いものとして有名なサバンナモンキーの警戒音声であっても，文脈に応じて誰が誰を警戒するといったことを特定したり，現在の事象を時間を越えて別の事象と比較したり同定したりすることはできません（岡ノ谷，2008）。

　2つ目は，そのような語彙は，秩序なく勝手気ままに並べていいのではなく，それらを連ねるために共有された規則，すなわち**文法**（grammar）があるということです。文法があることで，要素間の関係を示すことができ，それを原理的には無限に重ね，複雑な意味体系を新たに構築していくことが可能となります。その事象の概念化が複雑で創造的なものとなり得るのは，言語が**階層**（hierarchy）を持つ体系であるからであり（Friederici et al., 2011 など），人間がそうした体系を構築し処理できるほどに知的であるからです。

　本章では，まず基本的な言語の機能について押さえた上で（9.2節），言語を対象とする心理学研究がどのように発展してきたのか，その経緯を把握したいと思います（9.3節）。

9.2 言語機能の成り立ち

9.2.1 言語の階層

　人間の言語によるコミュニケーションの媒体は，音声，文字，ジェスチャー[3]の3つが挙げられます。このうち音声がもっとも原始的かつ主要な媒体です。どの媒体であれ，最小の単位からより大きなレベルの単位へと入れ子のような構造をなすという重層性を持っています。そうした言語の単位は，概念レベルのコードの観点と，それを実現する際のスピーチ（speech）という観点に応じた呼び方があります（図9.1）。

　図9.1のように，母音（vowel）や子音（consonant）という単音/語音（segment）または音素（phoneme）が組み合わさって音節/シラブル（syllable）[4]をなし，それが組み合わさって単語/語（word）となります。単語の中には，意味上の最小の単位である形態素（morpheme）が1つ以上含まれます。図9.1の例でいえば，psychology という語は，9つの単音または音素，4つの音節，2つの形態素からなります（語や形態素については，第11章の11.2節で詳述します）。形態素には2種類があり，それ1つで単語となれる自由形態素と，自由形態素に付随しなければ語になれない拘束形態素があります。psycho は自由形態素，logy は拘束形態素（接辞）です[5]。日本語の「心理学」という語も同様に，「心理」は自由形態素で「学」は拘束形態素です。これらの語を文法規則にしたがってつなげると文（sentence）[6]になります。文を相手に向かっ

---

[3] ジェスチャーは，手話（sign language）の媒体となります。手話は単なる身ぶり（gesture）とは異なり，言語としての階層性を持っています。

[4] 音節（シラブル）と類似した単位として，日本語にはモーラ（mora）/拍があります。これは，語の構成要素を考えるためではなく，音の長さを測る（カウントする）ための単位です。俳句や和歌などで「五七五」を数えていく方法が，まさにモーラに基づくものです。おおむね仮名1字が1モーラを呈します（「きゃ」などの拗音は例外で，2字で1モーラとなります）。

[5] 「学」の場合は，「心理学」「言語学」など語の後ろにつきますので，このタイプの接辞（affix）をとくに接尾辞（suffix）といいます。他に，語の前につけば接頭辞（prefix），間に挿入されれば接中辞（infix）といいます。

図 9.1 **言語の単位**

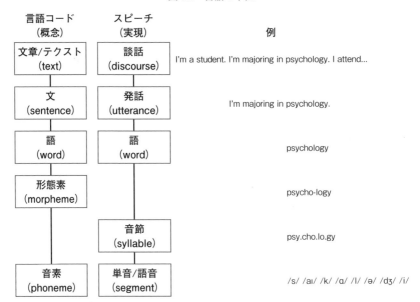

言語学では，共有されるべき言語のコードと，それが実現される（コミュニケーションに供される）際のスピーチという観点から，言語の各階層の呼び方が規定されています。音素記号はアメリカ英語に基づいて記しています。

て発すること，すなわちコミュニケーション機能を持つ文を，**発話**（utterance）と呼びます。また，複数の文が連なってまとまったものを，**文章/テクスト**（text）ないし**談話**（discourse）と呼びます。

　言語の研究は，図 9.2 のように，大きく分けて言語音の研究，言語の構造の研究，そして言語の意味の研究の 3 つに分けられます。**言語音**（speech sound）については連続的な現象として音を客観的に分析する**音声学**（phonetics）およびそれを各言語の体系に即して分類的に構造を整理する**音韻論**（phonol-

---

6　語が文をなすまでには，句（phrase）や節（clause）という単位も介在しますが，ここでは簡略化のため示しません。詳しくは第 12 章で扱います。

図 9.2　言語研究の 3 つの側面

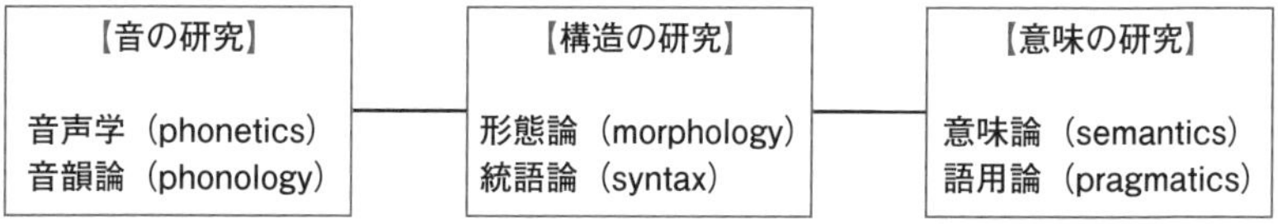

【音の研究】	【構造の研究】	【意味の研究】
音声学（phonetics） 音韻論（phonology）	形態論（morphology） 統語論（syntax）	意味論（semantics） 語用論（pragmatics）

音の研究は，客観的現象として検討する「音声学」と当該言語の話者の理解に基づく「音韻論」に大別されます。構造の研究は，語レベルの形態論と文レベルの統語論があります。意味の研究は，文脈から独立した意味論と，文脈に照らし合わせる語用論があります。

ogy）があります[7]。言語の構造（形）について研究する分野として，語のレベルでは形態論（morphology），文のレベルでは統語論（syntax）があります。さらに，それがどのような意味を持つかについて，文脈から独立したことばそのものの意味作用を研究する意味論（semantics），そしてそれらが実際の文脈や人間関係との相互作用によってどのように伝わるかを研究する語用論（pragmatics）へと広がります。言語心理学/心理言語学は，これらすべての領域の言語現象について，それを使う人間の心理過程に注目して科学的な方法論によって実証しようとする研究を指します。

9.2.2　人間はどのように言語機能を培っていくか

はじめに言語学者チョムスキー（Chomsky, A. N.）が提案し，その後多くの研究者たちが発展させた生成文法（generative grammar）という言語理論では，人間は障害のない限り生得的に言語獲得装置（language acquisition device;

---

[7]「音」は，本来連続的な現象です。それを，私たちが個々の単音 / 語音を理解する際には，個々の言語のルールにしたがって弁別して（意味上の違いを持たせて）理解しているわけです。たとえば，日本語と英語でも音の区切り方は違いますが，英語では複数の母音として弁別されている /a/ と /ʌ/ は，日本語では弁別せず，いずれも 1 つの母音（あ）と理解されます。音声の産出と知覚の現象をより客観的に連続的にとらえるのが音声学であるのに対して，同じ現象をその言語の話者が区切っている原理を離散的に分類して整理しようとするのが音韻論です（第 10 章で詳しく説明します）。

LAD）を備えており，個々の環境にある言語の一定の刺激によって**母語**（**第 1 言語**（first language））[8] が自動的に一様に獲得できると想定されてきました（Chomsky, 1957 など）[9]。子どもは周りの大人がしないような，つまりその環境で入力されていない誤りを犯しながらも，最終的には大人と同じような文法を操ることができるようになります。たとえば，英語を母語とする子どもは典型的に，言語獲得途上で go の過去形として goed という時期があるそうですが，これは他の動詞の過去形の作り方を参考にして，**過剰般化/過般化**（overgeneralization）をしているわけです。こうした現象を踏まえると，子どもは必ずしも周囲の言語入力の単なるまねをしているのではなく，みずから規則を考えて試行錯誤しながら当該言語の文法体系を獲得していくと考えられます。生成文法では，このようにして 1 つの言語の体系を理解していくための，人間にあらかじめ備わっている固有な心的メカニズムを想定し，それを**普遍文法**（universal grammar; UG）と呼びます（杉崎，2016 など）。

　その一方で，人間が言語を含む高次の認知機能を発達させる環境がいかに安心できるものでなければならないかを考えると，また実際に子どもがどれほど周囲の愛情深いはたらきかけによってことばを使いこなせるようになるか（ならないか）をつぶさに観察しようとすれば，一人ひとりの母語獲得の過程は必ずしも「自動的」でも「一様」でもありません。私たちは成人してからは，自分自身がかつて子どもの頃にことばを獲得してきた苦闘の過程を覚えてはいませんが，その過程で入力された言語刺激は，安心して認知機能を発達させられる家族や社会の中で，信頼できる養育者から与えられたものであったはずです。そうであればこそ，そのことばが指し示す対象に注意を向けるよう動機づけら

---

[8] 人間が生まれてから最初に獲得する言語を，第 1 言語または母語（native language）といいます。言語の使用範囲は必ずしも国という政治的な境界と一致しているわけではありませんので，一般的に通用している「母国語」という言い方は，専門的には使いません。

[9] 言語研究の領域では，自然に無意識に言語を使えるようになることを「獲得（acquisition）」といい，意識的に知識を学んで使えるようになることを「習得（learning）」と呼び分ける場合があります。

れ，自分のものとして使えるまでに獲得することができたのでしょう（針生，2019）。

　その意味で，言語の獲得も，相応の**動機**（motivation）に突き動かされ，思考や行動を変容させるという学習一般の文脈の中で理解することができます。発達心理学者のブルーナー（Bruner, J. S.）は，**重要な他者**（significant other）との信頼関係の上で，事象に対する共同注意が成立したときに新しくことばが獲得されていくと想定しました。その考えは，彼の理論，**言語獲得支援システム**（language acquisition support system; LASS; Bruner, 1985 など）に集約されています。

　また，カーミロフ（Karmiloff, K.）とカーミロフ=スミス（Karmiloff-Smith, A.）は，子どもが母語を使えるようになる前，ことばを話すようになるずっと前の胎児期や乳児期に，言語獲得に必要なさまざまな学習をしていることを重視しています（Karmiloff & Karmiloff-Smith, 2002）。赤ちゃんは，おおむね1歳から2歳までの間に初語を産出しますが，そのためには前言語期に相応の認知能力を発達させている必要があり，そのような諸機能との統合によって言語能力が発達していくといいます。発達障害の神経科学的研究の知見に基づいて彼らが結論づけたところによれば，言語能力は，人間に生得的に備わっているのではなく，それぞれの環境下で関連した認知能力との領域相互間の連絡による神経発達の結果，領域固有な能力として発達していくということです。

9.2.3　言語機能を支える知情意

　人間の心理過程が知性・感情・意志といういわゆる「知情意」からなっていると考えるなら，言語機能も同様にそのしくみと共に実現するということができます。19世紀にてんかんや麻痺の研究で知られた神経学者のジャクソン（Jackson, H.）は，失語症患者を診察して，言語には**知的言語**（intellectual language；たとえば「もし道路が濡れているなら，雨が降った後である。」のような客観的な命題記述のための言語）と**感情的言語**（emotional language；たとえば「ああ，うれしい！」のような感情を表すためのことばや，そこに付随する音声的特徴など）の2つの種類があることに気づきました（Jackson, 1866）。

それぞれ，人間の思考過程の**二重過程理論**（dual process theory; Wason & Evans, 1975）におけるタイプ2とタイプ1[10]に相当し，後者はより無意識に自動的に実現される心的過程であるのに対し，前者はより進化・発達した意識的な推論と想定されます。言語機能も同様に，母語における感情的言語は，人間にとって原始的なものであり，たとえ重度の失語であっても残るといいます。それに対して知的言語は，より進化した意識的・意図的な処理であり，失語症で障害されるのは主にこちらの機能だといいます（山鳥，2001）。

知的言語は，言語の論理的な**命題**（proposition）を生成する機能です。その客観的な命題を自身で整えて他者と共有する過程で，その命題に対する感情的反応が多かれ少なかれ生じ，言語の上に表現されます。そのような感情的言語は，典型的には**韻律**（prosody）として表れます[11]。とくに，個々の語で規定されるアクセント以外に任意に音の高さを変える**抑揚**（intonation）に，話し手の感情の状態が反映されます。もちろん，音声的な面のみならず，さまざまな感情的反応を意味する語彙によっても伝えられます。たとえば，「うれしい」というのは人間の感情反応をことばで表現したものですが，その反応をより良く伝えるために感情的な抑揚を付加することもできます。

さらには，日本語を含むアジアの諸言語では，実質的な命題を持たず，すでに表現した別の命題に対する話し手の**気持ち**を相手に伝える専用の語彙標識も用意されています[12]。たとえば，「うれしいね」などのように終助詞「ね」をつけることによって，単に「うれしい」と命題のみを言うときに比べ，話し手が聞き手と共感したい気持ちが表れているのではないでしょうか。これらの標

---

[10] 二重過程理論は，心理学の多くの領域で想定され検証される仮説です（Evans, 2007などで概観）。

[11] このような言語で規定されていない，自発的な言語に付随する情報を「周辺言語情報」といいます。もちろん，顔の表情や身ぶりといった非言語情報も感情的言語に付随して強く感情を伝えますが，本章は「言語」に関する章ですので扱いません。

[12] 言語学の専門用語では，これをとくに（対人的）「モダリティ（modality）」または「ムード（mood）」といいます。言語学における「モダリティ」は，命題に対する話し手の評価を表す言語標識を指します（視覚や聴覚といった感覚器官の種別を指す場合などとは異なる意味で用いられます）。

識の表現や理解にも抑揚は関係します（この点については，第13章の13.3節で詳述します）。

9.2.4　知的言語および感情的言語の個人差

　言語能力に個人差があることは明らかです。知的言語の機能は，**知能**（intelligence）の程度に依存します。言語の理解力を問う**結晶性知能**（crystalized intelligence）はもちろんのこと，それを適切に処理するのに必要な，処理速度，類推，記憶力等が求められる**流動性知能**（fluid intelligence）も大いに関わります。赤ちゃんは，ことばを発するようになる以前からそれに必要な認知能力（事物操作，手段と目的の対応づけ，分類能力など）を学習しており，それがその後の言語能力と相関します（小椋，2001）。一方，感情的言語は，必ずしも知能に依存するわけではありません。個人の共感能力，自閉傾向，失感情傾向などに応じて，感情的言語の表出の仕方やそれに対する理解の度合いは変わってきます（言語能力の個人差については，第14章において言語の障害の文脈の中であらためて考えます）。

　第2言語（外国語）の処理過程は，知的言語と感情的言語ともに母語のようになることはほとんどありません。音韻，語彙，統語の顕在的・潜在的知識が不十分であれば知的言語の処理が思うようにならないのは当然ですが，たとえ基本的な言語能力（知的言語）がその言語の母語話者並みに習得できている場合であっても，感情的言語の実現は母語話者のようではないといいます。たとえば，快または不快の**感情価**（emotional valence）を持つ語彙に対する神経反応を感情的に中立な語彙と比べた**脳波**（electroencephalography; EEG）の**事象関連電位**（event-related potential; ERP）による実験研究（Opitz & Degner, 2012）では，感情的な刺激に対する反応として知られる早期の ERP 成分[13]が，母語に比べて第2言語では遅れることを報告しています。母語における感情的言語の発動は原始的で障害されにくいと述べましたが，第2言語の感情的言語

---

[13] この研究では，刺激提示後早期に大脳の後頭部にみられる陰性成分（early posterior negativity）に注目して母語と第2言語を比較しています。

の処理過程は母語のように俊敏で自動的なものではないことがうかがえます。道徳判断においても，母語ではより感情的であるのに比べ第 2 言語ではより合理的な思考に基づいて行われる傾向があることが知られています（Costa et al., 2014）。

　知的言語であれ感情的言語であれ，また母語であれ第 2 言語であれ，言語能力を発達させる成否を決める主要な要因は，言語以外のすべての行動の学習と同様動機づけ（motivation）です。つまり，その個人にとってどれだけその言語を使う重要性が高いか，それを使ってものを考えたり他者とコミュニケーションをしたいかという意欲に応じて言語能力が培われます。

9.2.5　ことばの芸術——人間の知恵の結晶

　そのような知情意が十分発達することで，知恵（wisdom）——認知，感情，内省面の豊かな能力——が獲得され，充実した言語活動が可能となると考えられます。知恵の結晶の一例として，ことばの芸術である文芸（詩や小説など）を挙げることができます。たとえば世界最短の定型詩である日本の俳句では，それを成立させるために季語や切れ字といった様式をまず習得する必要があります。「古池や蛙飛び込む水の音」という松尾芭蕉の句も，そこで描出されている内容の背景知識がなければ，句の意義を十分理解することはできません。詩で表される情報は日常生活上どうしても伝えなければならないものではないはずなのに，なぜ芭蕉は苦心してその情景を 17 モーラの短い型におさめ残したのでしょうか。そして後世の詩心ある読み手は，芭蕉という人物を直接知らないのに，なぜその作品に感動することができるのでしょうか。詩を作ったり味わったりすることは，その文化において洗練されてきた文芸の型をなすために必要な知識が必要で，それを利用してみずからの情をことばの上に託し，また他者の作品に表現された情緒的な美を感じとることが求められます。そのような作品を練るための作業は，時間のかかるきわめて難しいものですから，それを成し遂げようとするだけの強い意欲が必要です。

　詩の創作活動には，大脳の内側前頭前野の強いはたらきが求められます（Liu et al., 2015 など多数）。内側前頭前野は，相手の心的状態を推察しようとする態

度である心の理論（theory of mind）を支える社会的認知の責任領域として知られています[14]。また，詩の理解に関わる脳活動を調べた研究（Wassiliwizky et al., 2017）では，すぐれた詩に接して抱く強烈な快感情（鳥肌感（chill））を経験するときには，中脳辺縁側坐核を中心とした報酬系といわれる諸領野の活動が活性化するといいます。詩を享受するには，人間や人生に対する透徹した洞察力や豊かな感情経験が基盤となっているようです。

9.3　言語心理学/心理言語学の広がりと発展

　言語心理学/心理言語学は，もともとは，失語症（いったん言語機能を正常に獲得した後，さまざまな疾病や外傷による脳損傷のためにそれが障害されること）や，語レベルの処理メカニズムを実験的に検証するようなタイプの研究が主流でしたが，その後，他のさまざまな側面をカバーする心理学的な研究（者）が増えてきました。その視点も多岐にわたり，音韻，統語，意味，語用論のレベルの機能について，子どもの母語獲得，成人の多言語併用や第2言語の学習過程へと広まっています。またその個人差や障害を持つ人々の検証まで，あらゆる範囲の実験が行われるようになってきています。今や言語心理学/心理言語学は，心理学において学習，認知心理学，感情，発達，臨床など，心理学のあらゆる下位領域との接点を持っています。

9.3.1　言語と脳

　近年の言語心理学/心理言語学の大きな特徴は，心理学の他の領域とともに，脳機能研究の手法にアクセスしやすい学際性・利便性が高まってきたことです。初期には，脳の一部を損傷した患者を対象とした研究（lesion studies）を通して，特定の言語機能の低下がみられればその損傷した脳領域に起因するものと考えるという神経心理学の考え方から，言語処理の神経基盤の検討が試みられ

---

[14] 心の理論（認知的共感，メンタライジングとも）については，第11章の11.4.3項，第13章の13.4節や第14章の14.2節でも触れます。

ました[15]。ところが，脳損傷は通常広い範囲に及ぶので，実際にはどの領域の損傷がどの機能低下と関係するのかを特定することは難しい場合が多いのです。

たとえば，脳卒中などにともなう脳の一部領域の損傷による**失語症**（aphasia）の主要なタイプとして，その損傷した部分に由来して，ブローカ野やウェルニッケ野と呼ばれる大脳皮質の領域があります（もとはその領域の損傷による失語症例を報告した医師の名前がその領域の名前となり，失語症のタイプの名前となりました）。**ブローカ失語**（Broca's aphasia）は，聴覚的理解は比較的保たれているのに発話が非流暢で複雑な文が作れない症状を持ち，**ウェルニッケ失語**（Wernicke's aphasia）は，発話は流暢であるにもかかわらず意味不明であったり，理解面でも障害があるタイプを指します。そのような脳損傷領域失語症の言語障害の内容に照らして，ブローカ野（左半球の下前頭回の弁蓋部と三角部）は言語の統語的処理の責任領域であり，ウェルニッケ野（左半球の上側頭回後方）は言語の聴覚処理や意味理解を支えると考えられています（石合，2003；失語症については第14章の14.5節を参照）。

ただし，左のブローカ野のみで統語処理を実現しているという機能局在論は現在では支持されておらず，上記のような領域を含む広範囲の複数の領域の神経連絡により言語を含む高次認知処理が実現すると考えられます。また，音韻，統語，意味など言語の諸機能の各レベルの処理が1つの領域の活動と独立して対応しているという考えや，言語機能は他の認知機能と比べて特別な脳領域のはたらきで実現しているというような「言語モジュール[16]」観も，以前は主流でしたが現在では想定されていません。狭義の「言語野」と呼ばれる脳領域は大脳の左半球に位置する[17]と考えられていますが，実際の言語処理の実現には右半球の諸領域も含めた適切な神経連絡が必要です。実際，右半球損傷により

---

[15] 日本神経心理学会と日本高次脳機能障害学会により臨床神経心理士の制度も制定されています。

[16] ここでいう「モジュール（module, modularity）」は，「分業」とか「特化されたもの」という意味です。

[17] 言語中枢が左半球にあるというのは，右利き手の人，および左利き手の一部の人に通用することです。左利きの人のおおむね40%ほどは（その正確な数字ははっきりしていませんが），言語中枢が右にあるということです。

失語症を生じることもあり，近年注目されています。

　現在では，種々の脳機能イメージング法の広まりによって，上述のような脳損傷の箇所に基づく言語機能の推定ではなく，損傷を受けていない健康な実験参加者を対象として設定した課題に応じて言語処理の神経基盤を検証できるようになっています。心理学の他の諸分野と同様に，言語心理学/心理言語学の研究においても，上述した脳波や，**磁気共鳴画像法**（magnetic resonance imaging; MRI），**脳磁図**（magnetoencephalography; MEG）等の技術が援用されています。さらには，磁気の刺激によって一時的に安全に一定の領域の機能を停止させることが可能な，**経頭蓋磁気刺激法**（transcranial magnetic stimulation; TMS）も取り入れられつつあります[18]。

9.3.2　世界の言語

　現在の言語心理学/心理言語学の研究は急速な発展を遂げているものの，その対象とされる言語はごく一部の主要な言語に限られています（Norcliffe et al., 2015）。ある報告（Anand et al., 2011）によれば，言語心理学/心理言語学の実験研究の30％以上が英語を対象としており，その他ドイツ語を対象とするものが10％余り，次いで日本語，フランス語，オランダ語，スペイン語，中国語を対象とするものがそれぞれ10％弱であるといいます（**図 9.3**）。現在の言語心理学/心理言語学で想定されている理論・モデルは，産業化された社会で使われるわずか10言語の実験から得られた結果に即したものにすぎないのです。人間の高次認知処理の普遍的なしくみを知るためには，世界に約7,000[19]ともそれ以上あるともいわれる言語をより広く偏りなく検証していく

---

[18]　刺激を取り去ればすぐに機能は回復し，後遺症はありません。

[19]　世界に存在する言語の数を確定させることは，事実上不可能です。なぜなら，何を言語と認めるか，それとも 1 つの言語の中の変種（方言）であると考えるべきなのかの区別はたいへん難しいからです。また，ごく少数の話者にしか使われていないために，その言語が世界に知られていないこともあります。さらに，そのような少数民族語（indigenous languages）は，話者の高齢化やより勢力の強い言語の影響により消滅しつつあります。そうした情勢の詳細は，日本言語学会の「危機言語のページ」

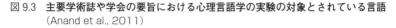

図 9.3　**主要学術誌や学会の要旨における心理言語学の実験の対象とされている言語**
(Anand et al., 2011)

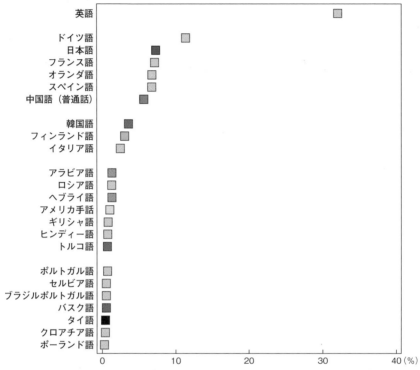

産業化された社会におけるわずか 10 言語が，これまでの心理言語学の実験研究全体の
85％を占めます。

必要があることは言うまでもありません。最近では，実験環境の整備されてい
ない環境で話者の少ない非ヨーロッパ言語を対象とした言語心理学/心理言語
学の研究も増えてきてはいますが（Wagers & Chung, 2022），例外的です。

（http://www.fl.reitaku-u.ac.jp/CEL/onEL_ja.html（2021 年 1 月 28 日閲覧））で紹介さ
れています。

　とくに，少数言語ないし消滅の危機に瀕した言語（危機言語；endangered languages）[20] の話者たちは，主要言語の話者たちのような恵まれた環境にはいません。その多くは，たとえ家庭で危機言語を母語として獲得したとしても，文字を持たない，ないし正書法が十分に確立されていないことが普通なので，学校教育や職業上では使えないことが多いのです。さらには国や地域の政治的闘争や政策による影響を受けることも多いため，より勢力の強い主要な言語と併用せざるを得ません。もっと悪い場合には，母語を使うことが禁じられ，使えば罰せられることさえあります[21]。それによって危機言語の話者は，成人後に母語を忘れてしまうといったこともしばしば生じます。したがって，そうした言語を研究しようとしても，純粋なモノリンガルの言語処理やその発達過程を検討することにはならず，多言語併用や言語政策による話者のアイデンティティのあり方をも考慮する必要があります[22]。

9.3.3　人間の一生涯における言語機能の発達過程

　前述のように対象となる言語に偏りはあるものの，言語心理学/心理言語学の研究により，言語の獲得過程の検証が積み重ねられつつあります。その一つとして，言語獲得には長らく**臨界期**（critical/sensitive period）があると想定されてきました（Purves et al., 2001）。ある言語を母語として獲得するために

---

[20] 上記の日本言語学会の「危機言語のページ」によれば，世界に約 7,000 あるとされる言語の半数は話者数が 6,000 人以下であり，また今世紀末にも存続している言語は 400 から 600 にすぎないだろうと考えられています。

[21] たとえばアメリカ合衆国では，1860 年代から 1978 年に「インディアン児童福祉法（Indian Child Welfare Act）」が制定されるまで，先住民たちに英語同化政策が徹底されました。子どもたちは寄宿学校等で家族と離れ英語による生活を強いられ，先住民言語を使うと体罰が加えられたりしました。政策が解かれた現在でも，子ども時代にその政策下にあった壮年層の話者たちの中には，母語の先住民言語を聞いて理解はできるものの，みずから発話しようとすると往時の恐怖体験がよみがえって口がこわばりことばが出ない，などといったこともあるといいます。

[22] 言語心理学/言語心理学の研究とは直接関わらないにしても，そのように政策によって奪われてしまった先住民語の保護も，人間の多様性の尊重という観点に照らして重要な課題です。

は，人生の早期に然るべき言語経験を持つ必要があるということが，成人の外国語学習のデータからも，また不幸にしてさまざまな事由で十分な言語の入力を受けずに育った子どもの観察事例からも支持されています。

　従来その臨界期は，おおむね 12～13 歳頃までであると考えられていました。確かに，乳幼児が言語の獲得において有利であるということは，とりわけ音韻の側面において顕著です。生後間もない乳児は，言語獲得以前には，どの言語のどの言語音も聞き分けられる感受性を持っているといいます。それが生後 1 年ほどすると，おそらくは脳の神経連絡の発達にともない，その環境で話されている言語の音韻体系に則った聞き分けをするようになります。こうしたことから，外国語学習もできるだけ早期からはじめなければならないという説が導かれ，そのせいで教育熱心な養育者は子どもをバイリンガルにするために熱心に外国語の教室に通わせているのかもしれません。

　しかし，臨界期仮説も今やかつてとは大きく変わっています。いわゆる「臨界期」は存在するものの，従来考えられてきたほど早いものではなく，より長く続くゆるやかなものと考えられるようになっています。約 70 万人の英語話者を対象とした最近の研究（Hartshorne et al., 2018）では，第 2 言語学習で母語話者同様の統語能力を獲得するための学習開始時期を 17～18 歳頃までと報告しています。そうした知見の傍証として，言語獲得を支える大脳皮質の諸領域の機能は，いったん発達した後も環境の要請や動機づけに応じて再編成することが可能であることが，さまざまな神経科学研究によって明らかになってきています（Hübener & Bonhoeffer, 2014）。脳は，成人後の流暢な言語機能の習得を許すほどに可塑的（plastic）であるといえるでしょう。

　人間の生涯全体から見渡した言語機能は，子どもが母語を一通り獲得してそれで終わるものではなく，その後も変容します。成人後も，壮年から老年期にかけても，新たに語彙を加えたり，必要に応じて外国語を習得したりするなどして学習は続きます。生涯で経験するさまざまな心身の状態の変化に応じて，言語機能の変容も余儀なくされることもあります。このような人間の言語使用の変化の全貌は明らかにされているとはいえず，まだまだ研究すべきことは多く残されています。

9.4　おわりに

　本章は，この後に続く各論に備え，高次認知機能としての言語の基本的なしくみや，その広さと深さについて認識を新たにしてもらうために用意しました。言語のそれぞれの単位の詳細については，音素や音節レベルの問題は第10章，語レベルの問題は第11章，文レベルの問題は第12章，そして談話レベルの問題は第13章において扱います。最後に，言語に関わるさまざまな障害について，第14章で概観します。

復習問題

1. 人間言語の説明として，もっとも適切なものを1つ選んでください。
　①言語の重層性を示す複数の単位のうち，語は形態素より小さい単位である。
　②人間以外にも言語を持つ動物があり，情報を保持したり事象を概念化し，保存することができる。
　③環境に応じて種の保存のために他の個体とコミュニケーションを行うことができるのは，人間の言語のみである。
　④人間の言語は，語彙による象徴機能と，文法による階層を持つ体系である。
　⑤人間の音声言語は，すべての言語や話者に共通した音の区切り方を持つ。

2. 定型発達者における言語の臨界期に関わる説明として，正しくないものを1つ選んでください。
　①一般に，統語処理能力より音韻処理能力のほうが臨界期は短い。
　②学習開始時期が早いほど，第2言語の高度な運用能力を獲得しやすい。
　③目標言語の十全な運用能力を獲得できるための臨界期は，12〜13歳頃までである。
　④脳の可塑性が，臨界期にかかわらず生涯を通じて言語能力の学習を促している。
　⑤臨界期に適切な言語入力を受け他者と関わる意欲が育まれないと，母語能力を獲得できない。

3. 言語処理を支える脳機能の説明として，もっとも適切なものを1つ選んでください。
　①言語は，社会的認知や感情反応に関与する脳領域の活動をも活性化させることがある。

②言語の統語処理は，もっぱら左下前頭回（ブローカ野）が担っている。

③感情的言語に対する脳反応は，母語話者であっても非母語話者であっても，十分な運用能力が備わっていればおおむね同様に表れる。

④左利きの人における言語中枢は，大脳の右半球に存在する。

⑤人間の言語処理は，大脳皮質の中にある言語固有の領域のはたらきによって実現する。

参 考 図 書

窪薗 晴夫（編著）（2019）．よくわかる言語学　ミネルヴァ書房（初級レベル）

　本書は，その名の通り「言語学」の入門書ですが，言語研究の全体像を一通り把握するために最新の知見を要領よくわかりやすく説明しています。

甘利 俊一（監修）入來 篤史（編）（2008）．言語と思考を生む脳　東京大学出版会（中級レベル）

　広く高次認知機能の一つとして言語機能を理解するために有用です。とくに，他の動物と比較して人間の知性について考える機会を提供しています。

今泉 寛・銅谷 賢治・二見 亮弘・田邉 敬貴・小椋 たみ子・齊藤 智・山鳥 重・大津 由紀雄（2001）．運動と言語　岩波書店（中級レベル）

　人間が言語を操ることのできる生理学的基盤や，その発達過程について確実に理解を深めようとするために有用です。

言語発達（1）
——音声・音韻

10

　ことばによって他の人とコミュニケーションをするための基本的な媒体は，音声です。書きことばや手話などの媒体もありますが，もっとも原初的な媒体が音声であることは確かです。話し手が伝えようとするメッセージを音声（言語音（speech sound））を通して発信し，聞き手がそれを知覚して意味を正しく解読できることによってコミュニケーションが成立します。普段は意識せずに行っているこのような言語活動は，具体的にどのような過程を経ているのでしょうか。本章では，音声言語を使って意思伝達を行う過程で必要不可欠な音声・音韻のしくみとその発達について概説します。

10.1　はじめに

　大人になってから外国語を学習するときには，発音の仕方にかなりの意識を払い，念入りに練習することでしょう。一方，母語で話すときはどうでしょうか。自分が母語の一つひとつの音をどのように出しているか，相手が出した音をどのように知覚しているかを熟考したことはあまりないかもしれません。話しことばによるコミュニケーションでは，話し手による**言語音産出**（speech production）と聞き手による**言語音知覚**（speech perception）が必要です。話し手はまず伝えたい内容にふさわしい語を選び，文法にしたがってそれらを並べて文を作り，言語音として産出します。この音声が空気の振動となって聞き手の耳に達します。聞き手は，耳から受け取った音声の流れから文や単語を切り分け，話し手が伝えたい内容を理解しようとします。つまり，コミュニケーションを成立させるには，話し手が自分の思考をことばに変換するエンコーデ

ィング（encoding）と，聞き手がそれを解読するデコーディング（decoding）の両方のプロセスが欠かせません。

　本章では，まず人間の言語音産出のしくみについて説明します（10.2 節）。次に，音声・音韻に関わる基礎概念を把握し（10.3 節），その上で子どもの音韻獲得と成人の音韻習得について概説します（10.4 節）。最後に，音声・音韻の知覚に観察される諸現象を考えます（10.5 節）。

10.2　音声産出のしくみ

　私たちはことばを話すときには，**図 10.1** のような喉，口，舌，鼻などの**音声器官**（speech organs）を巧みに操ること，すなわち**調音/構音**（speech articulation）によってさまざまな言語音を実現することができます。言語音には大きく分けて**母音**（vowel）と**子音**（consonant）があることは，日本語の五十音表の段（母音）と行（子音）の構成によってもわかるでしょう。これらのしくみについてあまり専門的に立ち入ることはしませんが，音声器官の概略を理解することは，自分の母語や外国語の発音を再確認したり周囲の人の発音のあり方を理解したりするためにも有用ですので，一通りみていきましょう。

　赤ちゃんは，生後 2〜3 カ月頃，ことばを話しはじめる前に，「あー」や「うー」などのことばとして意味を持たない**声**（voice）を出しはじめます。これらの声は，[a] や [u] と表される母音です。母音を発音することは，声を出すことです。声は，**図 10.1** の喉頭内の声帯（ちょうど喉仏のところです）を震わせることによって出ます。試しに，自分で喉仏に指を押し当てながら「あー」と発声してみると，振動が指に伝わってくることがわかります。

　赤ちゃんは，1 歳の誕生日を迎える頃からことばらしいものを発するようになります。はじめてのことばは「ママ」とか「まんま」であることが多いようです。この「ま」という音は，五十音表でいえばマ行のア段に位置するもので，ローマ字で書けば m と a で構成されます。 [m] を発音するときは，一度上唇と下唇を閉じて鼻から声を出します。つまり，唇によって呼気が通るのが遮られます。このように，音声器官のどこかで，何らかのやり方で呼気の妨げをと

図10.1　**音声器官**（斎藤ら，2015）

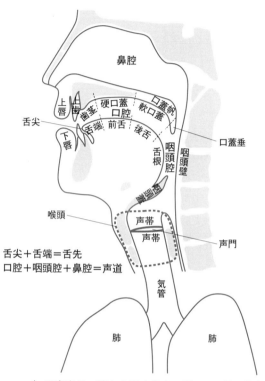

言語音（speech sound）の産出は，肺から出す息を，喉，口，舌，鼻などの音声器官（speech organs）を使って適切に調音/構音（speech articulation）することで実現します。

もなう音を子音といいます。これに対して母音には，そのような妨げはありません。

　子音にもいろいろな種類があり，各言語でいくつかの観点から特徴づけがなされます。一般的には，呼気がどこで妨害されるかという**調音点**（place of articulation），どのように妨害されるかという**調音法**（manner of articulation），そして，声帯振動をともなうか否かという**有声**（voiced）/**無声**（voiceless）の3つの観点から特徴を整理することができます。母音はすべて有声音ですが，

子音には有声音と無声音があります。日本語では清濁のことで，有声音は濁音，無声音は清音に相当します（ガ行とカ行の対立（/g/, /k/），ザ行とサ行の対立（/z/, /s/）などが相当します）。ただし，さまざまな言語の中には，有声無声の区別をしないものもあります。

母音では，呼気の妨げはないものの，口の開け方によって音が変わります。たとえば，舌の前方を上げて口角を横に引き，にっこり笑いながら声を出せば母音の [i] になりますし，口を大きく開いた状態で（舌が自然と下がります）声を出すのが [a] で，これはもっとも素直に声を出す母音らしい母音といえます。[a] に比べて，[i] を発音する際に作られた共鳴の空間が狭いことがわかるでしょう。

ここまで読んでくると，どこまで口を大きく開ければ [a] で，どのくらい横に引っぱれば [i] になるのか，その境界はどこにあるのかと疑問を抱く方もいるのではないでしょうか。本来，音響特性は連続的な指標です。人間のさまざまな音声器官の機能を駆使して産出される言語音も同じです。したがって，種々の母音や子音の区分に絶対的な境界はなく，言語や個人に応じて相対的に理解されるものです。その連続的な特徴の中で，母音や子音をいくつに分類するかは，言語ごとに異なります。

また，母音や子音それぞれの中で音の種類の分類が相対的なものであると同時に，母音と子音の区分も，相対的なものです。上では，母音と子音の違いは気流が妨げられるか否かだといいましたが，妨げといえるかどうかも，実は明確な境界はありません。子音と母音の中間的な性質を持つ半母音ないし半子音（日本語のワ行やヤ行の子音など）といった音もあります。本書では，言語学（音韻論・音声学）の詳細には立ち入りませんが，さらに専門的に学習したい人は，章末の参考図書を参照してください。

10.3 言語音の知覚

10.3.1 音声学と音韻論

すでに述べたように，人間は，連続的な物理量である音声を利用して，言語

音を産出・知覚して他者とのコミュニケーションを行っています。私たちが言語音を理解する際の仕方は，客観的事実としての音の特性とは大きな乖離があります。たとえば [a] と [æ] は，口を開ける度合いの異なる別個の言語音ですが，日本語母語話者にとってはどちらも「あ」と聞こえるでしょう。言語や方言に応じて，連続的な指標の中でどのように言語音を切り分ける（分類する）かは異なります。言語音の認知の際に母語に応じたバイアスがあるということは，今の例のように日本語母語話者が [a] と [æ] などの母音の区別や [b] と [v] などの子音の区別がなかなかできないとか，韓国語母語話者が [f] と [p] の区別が難しいなどのように，外国語を発音したり理解したりするときの困難を思い出してみれば納得できるでしょう。そこで，第9章の9.2.1 項でも述べたように，言語学として言語音の研究をするときには，物理現象としての言語音を客観的に分析する**音声学**（phonetics）[1] と，ある言語の話者の頭の中にある言語音の切り分けの仕方（音韻体系といいます）に応じて研究する**音韻論**（phonology）という2つの観点が区別されます。すなわち，音声学では言語音を連続的にとらえ，音韻論では言語音を離散的にとらえます。

　なぜ連続的な現象である音声を区切って離散的にとらえるかというと，言語機能としてごく当たり前のことながら，意味を区別（弁別）するためです。音韻論では，意味を弁別するための基本単位を**音素**（phoneme）[2] といいます。たとえば，「か（蚊）」（/ka/）と「が（蛾）」（/ga/）とでは，子音の違いによって意味が変わりますので，子音 [k] と子音 [g] は別々の音素となります[3]。あ

---

[1] 音声学の観点から世界のあらゆる言語の音声を分類し表記する方法として，国際音声記号（International Phonetic Alphabet; IPA）があります。音声学的に言語音を示すときは，[ ] を使います。

[2] 音素を示すときは，/ / を使います。言語学（音声学）上は，最小の単位として素性（feature）を想定していますが，発音記号に対応するのは音素です。

[3] これに対し，たとえば韓国語では語頭の子音が有声であるか無声であるかは，意味的弁別のためにはたらきません。韓国の俳優チャン・グンソク（장 근석）さんは，日本語のカタカナでは姓の語頭を「チ」という無声子音，名の語頭を「グ」という有声子音（濁音）で表記していますが，英語では Jang Keun-Suk というように，日本語とは逆に姓の語頭を有声子音のJ，名の語頭を無声子音のKで表記しています。韓国

る音がその言語の音素であるかどうかは，このようにその音の違いによって意味が変わるかというミニマルペア（最小対）の有無に基づいて判断します。他方，日本語の標準的な発音や一部の方言では，ガ行音 [g] は，語頭以外ないし文節の中に置かれると鼻にかけて発音する鼻濁音（鼻音）[ŋ] となります。これらは音としては調音法の異なる別々のものですが，日本語の音韻体系上は音素として扱われません[4]。なぜなら，[g] は必ず語頭ないし文節の頭に現れる（「がっこう（学校）」の「が」の子音など）のに対して，[ŋ] は語頭や文節の頭以外（「りんご」の「ご」の子音や，「私が食べる」の助詞の「が」の子音など）で現れ，同じ環境でミニマルペアをなさないからです（「りんご」の「ご」を [ŋ] ではなく [g] で発音しても，同じように意味が伝達されます）。このように，音素はなさない，つまり意味弁別のためにははたらかないものの出現する環境によって変化する音を，**異音**（allophone）と呼びます。現代日本語では，ガ行鼻濁音 [ŋ] は，ガ行音 [g] の異音とみなされます。

　なお，日本語標準語の音韻体系は，音素の数が比較的少ないという点で，通言語的にみても相対的に単純な部類に入ります。そのため，日本語を母語としない学習者からすれば，日本語は，文法や語彙の面ではともかく音韻的には習得が容易な言語であるといえるかもしれません[5]。これに対して英語などは，母音の音素も子音の音素も日本語よりずっと多いので，日本語の母語話者が英語を学習する場合には，文法や語彙（さらには文化的慣習）に加え，音韻面でもたいへんな苦労を強いられるわけです。たとえば英語では，/r/ と /l/ はそれぞれ別の音素とみなされますが，日本語では，right も light も「ライト」と表

語母語話者にとってこれらは異音であって音素ではないので，外国語で表記するときにもどちらでも構わないのでしょう。ハングルをアルファベットや日本語のカタカナで表記する方法は，いくつか指針はあるものの，混乱が残されているのが現状です。

[4] 東京方言でも，近年の若年層はもはや鼻濁音を使わなくなってきています。それでも，アナウンサーなど標準的な日本語の発音をすることが期待される職業では，鼻濁音の発音が求められます。

[5] これはおおざっぱにいった場合のことです。撥音（「ん」）や促音（「っ」）や長音（「ー」）といった「特殊拍」（後述）と呼ばれるものは，日本語の非母語話者にとっては産出も理解も難しいようです。

記されいずれも1つの音素としてしか認識されないので，日本語母語話者にとっては聞き分けることが難しいのです。

10.3.2　音を数える単位——音節（シラブル）とモーラ（拍）

　言語によって情報や思考をまとめ伝えるためには，複数の音が所定の方法で組み合わさって使われる必要があります。第9章図9.1でみたように，母音や子音などの一つひとつの単音/語音（segment）が結合すると**音節/シラブル**（syllable）という単位が構成されます。この syllable という語は，もともと「音を束ねる」というギリシャ語から派生していますが，単なる語音の寄せ集めではなく，それをもって音を数えるための有機的な単位です。音節は，1つの母音を中心として，前後に子音がつきます。たとえば英語では，cat は1音節で1語をなしていますし，London という語は，lon-don のように母音が2つですから2音節の語です。いずれも，核（nucleus）である母音の前後に子音をしたがえています。音節の内部構造は，図10.2の通り，母音の前の子音（群）であるオンセット（onset）と，母音以降の連鎖であるライム（rhyme）

図 10.2　シラブル（音節）の基本的な内部構造

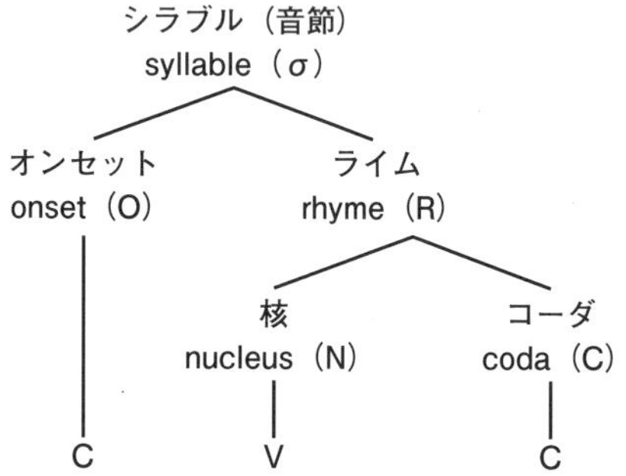

1音節は，母音（vowel; V）を核として，前後に子音（consonant; C）がつきます。母音の前につく子音（群）をオンセット，後につく子音（群）をコーダといいます。子音がつくかどうかは単語ないし言語によって異なりますが，核は必須の要素です。

とにまず分かれ，ライムはさらに核と母音の後の子音（群）のコーダ（coda）に分かれます。

　核というくらいですから，母音は音節の必須要素ですが，オンセットとコーダは必須ではありません。上に挙げた cat は，オンセットがなければ at という別の語になります。一方，核がない ct という文字列では，音節として成り立ちません[6]。また英語では，オンセットとコーダの子音は1つとは限らず，2つ以上連なることもあります。たとえば glimpse は，核である母音 /i/ の前後に，オンセットの子音が2つ（/gl/），コーダの子音が3つ（/mps/）連なっています。このような子音の連なりの発音は，日本語母語話者には難しいところです。それは，日本語の音韻体系が「開音節（open syllable）」といって典型的に母音で終わるようにできているからです[7]。それに対して英語の子音で終わる（コーダを持つ）音節は，「閉音節（closed syllable）」といいます。これは日本語にはない音節構造なので，日本語母語話者が英語の子音で終わる閉音節を上手に発音することが難しいのです。いわゆる「カタカナ発音」を脱却して英語らしい発音を目指すなら，英語の閉音節の存在を意識して，連続する子音の間やコーダの後に母音（声）が入らないように気をつけるとよいでしょう。

　このようにいうと，日本語の「仮名」という存在は，今述べてきた音節の基本構造とは異質であるように思えるかもしれません。そのように日本語特有の「仮名」に基づいた音の数え方を，モーラ（mora；拍）といいます。基本的に仮名1文字が1モーラを示します[8]。先の London は，音節で考えれば2つです

---

[6]　sh /ʃ/（沈黙を命じるときに「シーっ！」）や pst /pst/（人の注意をひくときの掛け声）のように子音しか持たない例外もありますが，いずれも話者の感情や呼びかけを表す間投詞（interjection）に過ぎません。

[7]　例外的な特殊拍の撥音「ん」がありますが，これを子音と考える研究者と母音と扱う研究者に分かれます。「ん」も母音と考えるなら，日本語の音節は例外なく開音節であるといえます。

[8]　俳句や和歌などの「五七五（七七）」という音の数え方がモーラの数え方に相当します。なお，日本語では，小さい「ゃ」などの拗音は例外的に1モーラでカウントされませんが，促音や長音は1モーラでカウントされます。したがって，「キャベツ」「カッパ」「チーズ」はいずれも3モーラです。

が，カタカナで「ロンドン」と表記してモーラで数えれば 4 つと，英語の数え
方の倍になるわけです。このような日本語と英語の音の数え方の違いが，両言
語を聴いたときの音の印象の違いにもなりますし，歌で音符に歌詞を乗せてい
くときのやり方などにも反映します。

10.3.3　アクセント——音の高低・強弱

　音節を連ねることで，さまざまな単語/語が出来上がります。単語のレベル
では，どこが際立っているか，また，どのように際立っているかによって，単
語の意味や文法的な役割が変わることがあります。この「部分的な際立ち」を
アクセント（accent）といいます。アクセントのつけ方は，言語によって異な
ります。日本語は，音の高低によって単語の意味を弁別するので，高低アクセ
ント（pitch accent：ピッチアクセント）を用いる言語[9]です。それに対して英
語は，高さのみではなく強弱で際立ちを示します。たとえば import という単
語は，最初の音節のところで強く発音されると名詞の「輸入」となり，2 つ目
の音節で強く発音されると動詞の「輸入する」になります。このように，英語
は強勢アクセント（stress accent：ストレスアクセント）を使う言語です。前
節で述べた音節かモーラかという音の数え方の面でも，母語と異なるパターン
を持つ外国語を習得する際の困難の要因ですが，このアクセントパターンも，
外国語の発音習得の障壁となります[10]。

　アクセントと似た概念として，声調（トーン；tone）といわれる音声特徴が
あります。やはり声調も音の高低の問題ですが，日本語の高低アクセントとは
異なります。日本語の場合は単語レベルで別々の母音（モーラ）の間で高さを
変化させますが，中国語やタイ語にあるような声調は 1 つの母音の中で高さを
変化させます。たとえば中国語の北京官話では，音の高低の動きが一声（高），
二声（上昇），三声（下降＋上昇）と四声（下降）の 4 つのパターンに定まっ

---

[9]　ただし日本語では，方言によってアクセントのパターンは大きく異なります。

[10]　一般に，音の強弱と高低には相関があり，強い音は高くなる傾向にあることが知ら
れていますが，高いからといって必ずしも強くなるとも限りません。両者は本質的に
異なる特性として扱われます。

ており，この違いによってそれぞれ意味の異なる語を形成します。中国語を勉強したことのある読者の方は，この声調の習得には悩まされたのではないでしょうか。

　このように，ある言語（口頭言語）で個々の単語を学習する際には，辞書や単語帳でその意味や変化の仕方を覚えるだけでなく，アクセントやトーンといった音声的な情報も把握する必要があります。アクセントやトーンは，意味を弁別する音声情報の一つですが，単語として定義されない任意のレベルでも，音声的な情報は文脈に応じてさまざまなことを伝達するためにはたらいています。

10.3.4　プロソディ（韻律）

　単語レベルで辞書的に定義されていない音声的特徴を総称して，**韻律**ないし**プロソディ**（prosody）といいます。具体的には，単語より上位の句や文レベルのストレス（強勢），イントネーション（抑揚），リズムなどがあります。これらの特徴は，その言語に応じて典型的に認められるものと，個別の文脈や話し手の特性に応じて自由に表現されるものがあります。音声言語では，音の強弱，高低，さらには間（ポーズ）などによって意味伝達をより確かなものにしています。プロソディの操作が上手な人のスピーチはわかりやすいものです。ここでは，それぞれの典型的な表れ方について簡単にみてみましょう。

1．ストレス（強勢）

　前項で英語のアクセントは**ストレス**（強勢）によると述べましたが，英語のストレスは，単語レベルだけでなく，複数の語からなる句レベルないし文レベルでもつけられます。それにより，句や文の中のどこが重要なポイントとして注目すべきなのか，どこで句や節 [11] を区切るべきかがはっきりします。たとえば，英語の white house という語句について，アメリカ大統領の住んでいる建物を言うときには WHITE house と前の単語にストレスを置きます。単に「白い家」という意味で言うなら，white HOUSE と後の単語を強くします。文レ

---

[11] 文の中での句や節の認定の問題については，第 12 章を参照してください。

ベルのストレス[12]の例としては，「毎日牛乳を飲んでいます」という日本語の文を言おうとするとき，もしその前に「毎日豆乳と牛乳のどちらを飲みますか？」と質問されてそれに答えるのであれば，「牛乳」が強調されますし，もし，「どのくらいの頻度で乳製品をとっているのですか？」などの質問に対する答えであれば，「毎日」にストレスが置かれるでしょう。特定の文脈上の要請がなければ，文レベルのストレスは名詞や動詞などより意味的情報量の多い単語[13]に置かれるのが普通です。

2. イントネーション（抑揚）

まったく同じ単語で同じ構造によって作られた発話文であっても，その音の高さの変化によって意味の違いが生まれる場合があります。たとえば，「食べます」の末尾を上昇させることは，「食べますか」などの疑問の標識をつけなくても疑問文として機能することが可能です。また，音の高低は，文の構造に影響を与えることもあります。たとえば，「先週テレビに出ていた店に行った。」という文は，先週という時の副詞が「テレビに出ていた」にかかるのか「店に行った」にかかるのか構造上あいまいですが，音声言語では音の高さなどによって表し分けることができます（斎藤, 2015）。このように，句や文レベルにおける音の高さの変化，いわゆる抑揚を，イントネーション（intonation）といい，単語レベルで規定される高低アクセントとは区別されます。イントネーションは，意味だけでなく，文の命題内容に対する話し手の確信度などの態度や，話し手の喜び，怒り，驚きなどの感情を伝える手段にもなります。

3. リ ズ ム

人間を含むあらゆる動物は，生活上あらゆる面でリズム（rhythm）と関わっています。普段は毎日早寝早起きをして規則性のある生活パターンを保っていたとしても，試験やレポートの準備や，急な仕事で徹夜したり食事の時間が

---

[12] プロソディとしての強勢について，「句アクセント」，「文アクセント」ということもありますが，これらは辞書的に一律に定義されるものではありません。

[13] 文の中では，「牛乳」のような明確な指示対象を持つ単語（内容語（content word））と「を」のように文法的な役割を担う単語（機能語（function word））があります（詳細は第11章の11.2節を参照してください）。

確保できなかったりして生活のリズムが乱れることは，誰しも多少なりとも経験するでしょう。生活のリズムの乱れが許容範囲を超えると，心身の健康に問題が起こります。

　音声言語においても，やはりリズムがあり，そのパターンにしたがって発話されていればコミュニケーションを容易にしますし，許容範囲を超えた乱れは支障をきたします。たとえば，モーラの繰返しによって規則的なリズムを作る日本語では，3モーラの「ビール」は2モーラの「ビル」よりも長いです。しかし，音節で数えればいずれも同じ2音節です。音節をリズム単位とする母語を持つ外国人の日本語学習者は，日本語のリズムにしたがって発音しないと，建物を指しているのか飲み物を指しているのか伝わらなくなります。このようにリズムの特徴は，音の数え方がモーラを基盤とするのか音節を基盤とするのか，アクセントが高低（ピッチ）なのか強勢（ストレス）によるのかなどによって，その言語らしい特有のリズムが形成されます。

10.4　音韻の発達

10.4.1　子どもの母語における音韻獲得

1. 乳児による音声産出の最初期

　個々の子音や母音を正しく発音するには，精巧な音声器官を巧みに制御すること，すなわち適切な調音が求められます。生まれたばかりの子どもは音声器官がまだ十分に発達していないため，言語音らしい音を調音することはできません。赤ちゃんは，典型的には生後2〜3カ月頃になると，気持ちの良いときに喉の奥から「アー」「ウー」のような**クーイング**（cooing）をはじめます。4カ月頃からは，いろいろな高さや長さを持つ音を発するようになります。赤ちゃんは，こうした音遊びによって自分の音声器官を認識し，口や喉を制御する練習をしているようです。6カ月頃になると，baやdaなど子音と母音を組み合わせた**喃語**（バブリング；babbling）がみられるようになります。最初はbababaのように同じものが繰り返されますが，だんだんbabudaやdabaduなど異なる要素を組み合わせたものも発音されるようになります。

2. 音素の聞き分け

　すでに述べたように，個々の言語は独自の音韻体系を持っています。成人した母語話者は，母語で使われない音素をなかなか聞きとることができませんが，赤ちゃんのうちは容易に聞き分けられます。クールら（Kuhl et al., 2006）は，**条件づけ振り向き法**（conditioned head turn）を用いて，日本とアメリカにいる生後 6〜8 カ月と 10〜12 カ月の赤ちゃんを対象に英語の /r/ と /l/ の聞き分けを調べる実験を行いました。日本語では，/r/ と /l/ のいずれもラ行子音のバリエーション（異音）でしかありませんが，英語ではそれぞれ別の音素としてはたらきますので，日本の赤ちゃんがいつまで両者を聞き分けることができるかを確かめようとしたわけです。

　クールらの条件づけ振り向き法の実験は，条件づけと音素聞き分けの 2 段階で行われました（図 10.3）。まず条件づけの段階として，実験者が右側でおもちゃを用いて赤ちゃんの注意をひきます。その後，はじめはスピーカーから一定の言語音が背景音として繰り返されますが，しばらくすると突然別の言語音

図 10.3　条件づけ振り向き法による実験の様子（Kuhl, 2004）

（1）条件づけの段階：実験者がおもちゃで赤ちゃんの注意をひき，スピーカーから一定の言語音を背景音として流します。しばらくするとその言語音が別の言語音に切り替わり，音量も大きくなります。ほどなくして横の黒いボックスが点灯し，その中のおもちゃが動きだします。これにより，赤ちゃんは音が変わると，おもちゃが動きだしていなくてもその方向を向くようになります。（2）音素聞き分けの段階：音量を一定にして /ra/ と /la/ を切り替えて提示します。音が変わった瞬間，ボックス点灯前におもちゃのほうを向けば，/ra/ と /la/ を聞き分けられているとわかります。

に切り替わり，音量も大きくなります。音が切り替わるとほどなくして横にある黒いボックスが点灯し，その中のおもちゃが動きだします。練習を繰り返すと，赤ちゃんは音が変わったとたん，おもちゃが動きだす前にその方向を向くようになります。次に音素聞き分けの段階では，音量を一定にして /ra/ と /la/ の切り替えにともなう赤ちゃんの反応を記録しました。音が変わった瞬間におもちゃのほうを向けば，/ra/ と /la/ を聞き分けていると考えます。しかし，音が変わった後，ボックスが点灯しておもちゃが動きだしてからでないと振り向かない場合は，聞き分けられていないとわかります。

　実験の結果，生後6～8カ月時点では，日本児もアメリカ児も同様に /ra/ と /la/ を聞き分けていました。ところが生後10～12カ月時点になると差が生じ，アメリカ児の成績は生後6～8カ月時点より高くなったのに対し，日本児の成績は低くなったということです。子どもは，周囲の環境にある言語音に多くさらされることによって母語の音韻体系を構築していき，母語の音素に対する弁別力を高めますが，その代わりに母語にない音素を弁別する能力は失っていくといえます。

　なお，クールらの別の研究（Kuhl et al., 2008）では，生後7カ月半の時点で母語の子音に敏感に聞き分けできる赤ちゃんは，2歳時点での単語発話や文の複雑性などの成績が高かったことを報告しています。子どもは母語の言語音を選択的に聞き分けることにより，母語の能力を効率よく獲得していくことがうかがえます。

10.4.2　成人の外国語における音韻習得

　すでに母語の音韻体系を獲得した成人が新たに外国語の音韻体系を習得するには，ご承知のように相当の努力が必要です。当然，学習しようとしている目標言語が母語の音韻体系とどの程度類似しているかが，外国語の音韻習得の難易度を左右します。母語に目標言語と類似した音素があればそれを利用できますが，目標言語にあって母語にない音素の習得は困難です。たとえば，英語と日本語には共に /d/ という子音がありますので，日本語母語話者はとくに意識的に学習しなくても英語でもそれを発音することは一応できます。一方，英

語の /θ/（th と綴られる音）の子音は，それを母語として持たない日本語母語話者にとっては発音するのがたいへん難しいでしょう（英語母語話者の子どもでも獲得の遅い，調音困難な子音です）。代替の方法として，日本語母語話者はよくサ行音を利用して英語の /θ/ を発音しようとしますが，その結果，英語母語話者には sink（沈む）なのか think（考える）なのか区別できないといったことになるかもしれません（文脈によって意図を理解してもらえることもありますが）。

　このように，母語という既知の言語知識を外国語という別の状況に持ち込んで利用することを，**言語転移**（language transfer）といいます。/d/ のように，母語の音素が目標言語にもありそのまま使っても意味伝達に支障がない場合は正の転移（positive transfer）といいます。反対に，/θ/ のように母語と目標言語で異なる音素に使う場合は，負の転移（negative transfer）となり，意味伝達に支障をきたす可能性が出てきます。これは音韻レベルの言語転移の例ですが，言語転移は，他にも語彙，統語，語用のあらゆるレベルで生じます[14]。

　外国語を流暢に発話する上では，音素だけが適切に産出できていればよいというわけではなく，リズムもたいへん重要です。たとえば，あなたはファストフードの McDonald's をどのように発音するでしょうか（「マック」や「マクド」などと省略せずすべて発音する場合です）。日本支社の公式名としては，カタカナ 6 字で「マクドナルド」と表記されています。つまり，日本で通用している外来語としては，/ma.ku.do.na.ru.do/ という 6 モーラとみなされてい

---

[14] 語彙レベルの言語転移の例としては，母語の慣用表現をそのまま外国語に当てはめ，「夢を見る」を 'see a dream' のように誤る（正しくは 'have a dream'）負の転移があります（第 11 章 11.5 節を参照）。統語レベルでは，日本語母語話者が英語の複数形の -s より所有格の -'s の習得のほうが容易なのは，日本語では複数形の区別は義務ではないが，所有格は「の」という標識があり，正の転移を利用できるからといったことがあります（第 12 章 12.3.2 項を参照）。さらに，語用レベルの言語転移として，日本語母語話者は謝罪する際に理由の説明をあまりしない傾向がありますが，それを英語の場面に持ち込むと相手に違和感を持たれる（理由を説明したほうが印象が良い）といったことがあります（負の転移の例）。転移の詳細については，第 6 章の 6.7 節も参照してください。

ます。

　一方，原語の McDonald's は，英語ですからモーラではなく音節でカウント
します。10.3.2 項でみたように，英語では母音を核として音節を構成していく
ということがわかっていれば，これが何音節であるか数えられます。ただし，
これは固有名詞なので少し不規則で，はじめの Mc の間に表記上現れない母音
があります。それを踏まえて，この語は，/mək.dɒ.nəlz/ というように，各母
音の周辺に子音をしたがえた 3 音節で構成された単語です。音の数としては，
日本語は英語の倍に数えられることになります。「マクドナルド」とカタカナ
発音をしても，日本語の音韻の特徴になじみのない英語話者にはなかなか理解
されないことでしょう。/mək.dɒ.nəldz/ のように英語の閉音節（核である母
音の後にコーダの子音が付随するもの）を含む単語の理解は，日本語母語話者
にとって非常に難しいものです[15]。10.4.1 項で説明した音素同様，音の数え方，
つまりリズムの面でも，いったん母語のパターンを身につけると，外国語の別
のパターンを習得することは困難になります。ただし，繰返し練習することで
その言語のリズム感覚を身につけることは不可能ではありません（Erickson,
2013）。

　それぞれの言語を母語として獲得した話者が，いかに当該言語のリズムに強
く支配されながら言語音を認知しているかを示す証拠として，大竹らの興味深
い実験があります（Otake et al., 1993）。彼らの実験では，日本語母語話者，フ
ランス語母語話者，および英語母語話者に，/tanshi/ と /tanishi/ の発音を聞
かせ，その中に /ta/ および /tan/ が含まれているかどうかを判断させました。
モーラに基づく日本語では，/ta.n.shi/ と /ta.ni.shi/ はいずれも 3 モーラです
が，音節に基づくなら，核のない（母音ではない）/n/ は独立した音節を構成

---

[15] 日本マクドナルド社の創設者である藤田 田氏は，こうした音韻論の知識を持って
おり，日本での表記を決めるにあたってその一家言が発揮されたという逸話が残って
います。閉音節を含む英語の原語をそのまま忠実に日本語で表そうとしても，日本人
にとって親しむことはできないと主張し，表記を決める際に本社と意見が対立したそ
うです。最終的に，たとえ原音からかけ離れていても，日本人が発音しやすいものと
して，現在通用しているこのカタカナ表記が選ばれたといいます。藤田氏には，発音
できないものが売れるわけはないという信念があったようです。

しませんので，/tan.shi/ が 2 音節で /ta.ni.shi/ は 3 音節と異なる数え方になります。モーラで考えれば，冒頭の音はいずれも /ta/ で同じであるのに対し，音節で考えれば，冒頭の音は /tan/ と /ta/ というように異なるものとして理解されます。

　実験の結果，日本語母語話者は，いずれの単語でもモーラの /ta/ を検出しやすく，音節の /tan/ は検出しにくかったということです。一方，フランス語母語話者では，/tanshi/ の場合は /tan/，/tanishi/ では /ta/ と検出する傾向がみられました。日本語母語話者はモーラを基盤としたリズム，フランス語母語話者は音節を基盤としたリズムに支配されているといえます。他方，英語母語話者は，そのいずれでもなかったといいます。英語はフランス語と同じように音節に基づく数え方をとりますから，英語母語話者も音節のリズムに支配されていると思われるかもしれませんが，むしろ音のストレス（強勢）によるリズムに依存しているようです。たとえば，"We needed to call them at ten.（私たちは彼らを 10 時に呼ぶ必要がある。）" という文を英語母語話者が読むと，下線部が強く発音され，強勢と強勢が一定の間隔で繰り返されます。

　このような言語のリズムの知覚のあり方は，発達過程のかなり早期に獲得され，一定の年齢を超えると母語話者のようにはなりにくいといいます。これは，第 9 章の 9.3 節で述べた言語獲得の**臨界期**（critical/sensitive period）に関わる問題です。そこで述べたように臨界期仮説の論争は続いていますが，少なくとも言語における語彙，統語，語用などの他の側面に比べ，音声面の獲得が年齢にとりわけ強い影響を受けることは確かです。そのため，母語の音の区切りやリズムに強く支配され，たとえ母語と異なるリズムを持つ外国語を聞いても，自分の母語のリズムパターンに応じて聞いてしまう傾向があるようです。

10.5　音声知覚における諸現象

　最後に本節では，実際の音声知覚が強く文脈に支配され，聴覚以外の要因の影響も受けながら複雑に実現されている例を紹介します。

10.5.1 文脈の役割

　人間が情報処理を行うためのアプローチとして，低次レベルの要素から逐次的に認知する**ボトムアップ処理**（bottom-up process）と，高次の要素を踏まえて理解する**トップダウン処理**（top-down process）があります。言語音の知覚においてもやはりこの2つのアプローチがとられます。

　個別の音の聞き分け（[v] や [b] など）のようなボトムアップ処理を検討する研究は，防音室で行われるのが一般的です。しかし実際の日常生活では，車の音や鳥の鳴き声など常に多様なノイズであふれているので，相手が話している音が必ずしもすべてはっきり聞こえるわけではありません。にもかかわらず，私たちは実際に聞こえていない音素が存在しているかのように聞くことができます。

　ウォーレン（Warren, R. M.）は，"The state governors met with their respective legislatures convening in the capital city.（州知事たちは，首都で招集している各々の議会と会談した。）" という文における legislatures（議会）の下線部の /s/ の部分を咳払いで置き換えた音声を実験参加者に聞かせた後，どの音が削除されたかを参加者に尋ねました（Warren, 1970）。その結果，ほとんどの参加者は，どこが欠けているのか答えられなかったということです。つまり，文脈を利用したトップダウン処理のアプローチによって，欠落している音素 /s/ を補って文を理解していたといえます。このようなトップダウン処理による言語音知覚のあり方を，**音韻修復**（phonemic restoration）といいます。

　言語音知覚におけるトップダウン処理にどの程度依存するかは，年齢差や個人差も大きいことが知られています（Başkent et al., 2016 など）。年齢に関しては，若年層よりも高齢者のほうが文脈に依存する傾向が強いといいます（Rogers et al., 2012 など）。トップダウン処理は，耳の聞こえの低下を補うことができるという点では有効な方略ではありますが，ともすれば思い込みによる聞き違いの原因にもなります。また，外国語の発話を理解するためにも，トップダウン処理は活躍します。ただし，文脈ばかりに頼っていても音韻知覚そのものの訓練にはなりません（山田，2004）。外国語を学習するときには，まず個々の音素の特徴を意識的に把握して練習を重ね，いざ実際の運用場面にお

いては多様な手がかりを活用するようにするとよいでしょう。

10.5.2　視聴覚情報の統合

　多くの人にとって，電話で話すのは，直接会って話すより相手の話を聞きとりにくいと感じるものではないでしょうか。私たちが発話を聞きとるときには，音声情報の他に，相手の表情や口元の動きなどの非言語情報を無意識に手がかりとして使っています。音声知覚においては，聴覚と視覚から入力された情報の両方が影響します。言語音知覚における視聴覚の統合的処理を示すもっとも代表的な現象として，**マガーク効果**（McGurk effect）が有名です。マガーク（McGurk, H.）とマクドナルド（MacDonald, J.）は，実験参加者にある音を繰返し聞かせながら，別の音を発音する無声の映像を見せると，まったく異なる音が聞こえてしまうことを報告しました（McGurk & MacDonald, 1976）。たとえば，[ba] という音をスピーカーから流しながら，画面に [ga] と発音する人の映像を提示します。すると，実験参加者は耳から入力された [ba] でもなく，目から入力された [ga] でもなく，その中間的な特徴を持つ [da] と聞こえたといいます。参加者が画面から目をそらせば，発音の通り [ba] と知覚するようになります。

　こうした視聴覚情報の統合によるマガーク効果は，早くも生後 5 カ月頃の赤ちゃんにみられます（Kushnerenko et al., 2008）。ただしマガーク効果は，どんな人にも一様に起こるわけではなく，個人の社会的コミュニケーション能力，認知特性，文化圏によって異なります（氏家，2018）。たとえば，英語圏話者では強いマガーク効果がみられますが，日本語話者では英語圏話者ほど強くないことが報告されています。その理由の一つとして，文化圏によって目元と口元のどちらをよりよく注視するかの選好性が異なることが考えられます。英語母語話者は，発話を知覚するときに視線が話者の口元に集中し，視聴覚の情報が共に音声知覚を促進するのに対して，日本語話者の視線は分散しており，視覚的情報が入力されると逆に音声の知覚に干渉するといいます（Hisanaga et al., 2016）。口元を見なければマガーク効果も生じるはずはありませんので，口元に注意が向きやすい英語圏話者がよりマガーク効果が強くなるのも当然と考

えられます。文化差以外にも，自閉スペクトラム症（autism spectrum disorder; ASD，第 14 章参照）者は定型発達者に比べてマガーク効果の生起が少ないといった傾向も報告されています（氏家，2018）。

10.6　おわりに

　本章では，音声言語による意思伝達の道具である音声・音韻のしくみの概略を示しました。本章の内容を十分のみ込むには少し骨が折れるかもしれませんが，公認心理師として人間の発達の全容を深く理解するためにも，音声・音韻面の発達の過程を把握することは重要です。またそれだけでなく，自分自身が日常生活で行っている発話や，子どもやお年寄り，外国人，発達障害を持つ方々などの発話について理解するためにも，基本的な音声・音韻の知識を持っておくことはたいへん有用だと思います。さらに詳細な知識については，ぜひ章末の参考図書などを使って理解を深めてください。

復 習 問 題

1. 子どもの母語の音韻獲得について誤った記述を 1 つ選んでください。
　①喃語は，子どもが生まれてはじめて発話することばである。
　②乳幼児は，母語にない音素でも聞き分けられる。
　③特定の言語音に対する乳幼児の振り向き反応を測定する条件づけ振り向き法は，乳児が音素を聞き分けられているかを調べる有効な手法の一つである。
　④新生児がことばらしい音を発話できないのは，音声器官がまだ十分に発達していないからである。
　⑤子どもの音声知覚は，発達にともない母語の音韻体系を構築していく。

2. 音節（シラブル）とモーラ（拍）について誤った記述を 1 つ選んでください。
　①音節は，母音を中心とした音のまとまりである。
　②音節とモーラは，いずれも音を数える単位である。
　③日本語では，基本的に仮名 1 字が 1 モーラを呈している。
　④英語の単語には子音で終わるものがあるが，日本語の単語は原則として母音で終わる。

⑤「パソコン」という日本語の単語（外来語）は，4 音節である。

3. 音声言語の知覚についてもっとも適切な記述を 1 つ選んでください。

①騒音のある環境の中では，単独の音素の識別が困難になるが，文の中に含まれた言語音は，より識別しやすい。

②外国語を発話する際は，その言語が持つリズムに即していれば自然で流暢な印象を聞き手に与えるが，リズムを無視しても意思疎通に支障をきたすことはない。

③母語の知識をそのまま外国語に転用するという言語転移は，母語と外国語の音韻体系が異なる場合にのみ起こる音声知覚に特有の現象である。

④言語音の知覚は視覚と聴覚を通して統合的になされるが，そのような視聴覚統合処理は，1 つの言語を母語とするすべての話者に同様に起こる。

⑤文脈など高次の要素を踏まえたトップダウンの情報処理は，コミュニケーション上の支障を招かない。

参 考 図 書

窪薗 晴夫（1998）．音声学・音韻論　くろしお出版（初級レベル）

　日本語と英語の共通性と相違点を比較しながら，音声学・音韻論の基礎について平易に解説した入門書です。

ライアルズ，J．今富 摂子・荒井 隆行・菅原 勉（監訳）（2003）．音声知覚の基礎　海文堂出版（中級レベル）

　音響音声学の基礎から音声知覚の発達や障害まで，音声知覚を理解するために必要なあらゆる面をカバーする概説書です。

廣谷 定男（編著）（2017）．聞くと話すの脳科学　コロナ社（中級レベル）

　コミュニケーションに欠かせない「話す」と「聞く」の両方に注目し，音声の産出と知覚のしくみ，そしてその処理過程における脳の役割について解説しています。脳科学の進展に応じた音声研究の発達を把握できる一冊です。

言語発達（2）
——語彙

　日本語母語話者は，平均的に，18歳頃までに約4万5,000語の語彙を身に
つけるといわれます。母語を順調に獲得できれば，日常会話ではほとんど意識
せずにいろいろな単語/語（word）を記憶から引き出し，産出（話す・書く）
や理解（聞く・読む）に使うことができます。単語がわかるには，単にその意
味を知っているだけではなく，語形の変化の仕方，どのような環境（文脈）で
使えるか，音声言語であればどのように発音するか，書記言語であればどのよ
うに表記するか，といったことまでわかっていなければなりません。本章では，
単語の成り立ちや，単語に関わる知識の獲得および運用について考えます。

11.1　はじめに

　私たちは，生まれてから周囲の言語入力によって，あるときにはゆるやかに，
またあるときには急速に個々の単語ないし語（word）を学習し，それらを蓄
積して語の集合体としての語彙（vocabulary）[1]を構築します。それによって思
考を深め，他者とのコミュニケーションに利用できるようになります。

　言語心理学/心理言語学では，話者の脳内に単語を運用するために必要なさ

---

[1] 文章を読んだり会話を聞いたりして理解できるものは理解/受容語彙（receptive vo-
cabulary），みずから正しく産出できるものは産出（表出）/発表語彙（productive/ex-
pressive vocabulary）といいます。なお，語彙は，語の知識の総体を指すものですの
で，単語のように数えるものではなく，サイズが大きいまたは小さいというように考
えます。

まざまなレベルの情報が貯蔵されている**心内/心的辞書** (mental lexicon)[2] の存在を想定しています。この心内辞書から伝えたい内容にふさわしい意味概念を持つ単語を取り出して産出したり，またはそこに貯蔵している情報に基づいて，聞いたり読んだりした単語の意味概念を理解します。

　本章では，まず単語とは何かについて考え（11.2 節），脳内に想定されている心内辞書はどのような存在なのか（11.3 節）について概説します。そして，語彙を貯蔵する心内辞書がどのように構築され運用されるかを，母語（11.4 節）および外国語/第 2 言語（11.5 節）のそれぞれにおいてみていきます。

11.2　単語の成り立ち

　私たちは普段からよく「単語/語」ということばを使うと思いますが，あらためてその定義は何かと考えてみると，なかなかやっかいであることがわかります。たとえば，英語の "She is my teacher." という文は 4 語で構成されているということに誰も異論はないでしょう。英語は分かち書きをしているので，単語を数えるのはそれほど難しくありませんが[3]，日本語や中国語のように分かち書きをしない言語における単語の認定は，英語よりずっと困難です。

　たとえば，「カップ麺を食べた。」という文は何語で構成されているか考えてみてください。最初の「カップ麺」はどうでしょうか。すでに「カップ」や「麺」それぞれで単語を形成しているといえるので，「カップ麺」となっていれば 2 語と考えられるかもしれません。しかし，たとえば「カップの麺」などのように 2 つの名詞をつなげる助詞もありませんので，「カップ」と「麺」はつながっていると考えれば，1 語と言いたくなるかもしれません。「食べた」と

---

[2]　心内辞書は，語彙記憶とも呼ばれます。

[3]　分かち書きをする英語であっても語の認定が難しい場合もあります。たとえば，bread and butter（バター付きパン）では，and の前後に空白があるので，3 つの単語が含まれていると思われるかもしれませんが，bread と butter の順番を入れ替えたり，bread and some butter のように間に他の単語を入れたりすることができず，bread-and-butter のようにつなげて表記する場合もあるように，これで 1 語であるとも考えられます（佐久間ら，2004）。

いう述語はどうでしょうか。これを辞書で引くなら「食べる」という基本形を使いますので，最後の「た」は「食べ」と切り離された要素ともいえます[4]。真ん中の「を」はどうでしょうか。「カップ麺」や「食べ（る）」のように実質的な意味はありませんが，これを語として認めるべきでしょうか。「を」を単語として認めるなら，最後の「た」も語と認めるべきでしょうか。このように，単語を区切ることは，とくに日本語のような実質的な意味を持つことばの周りにいろいろな要素がまとわりつくような言語[5]では，たいへんな難題です。

　これまで言語学者，心理学者，哲学者たちは，この単語とは何かという難問に挑んできました。単語は，各言語の定義の仕方に応じて，抽象具象の**指示対象**（referent）を**意味**（meaning）と**形式**（form）という観点から一定のまとまりを持って表す抽象的な単位です（**図11.1**）。意味だけでも単語を認定する

図11.1　**意味の三角形**（the semiotic triangle）

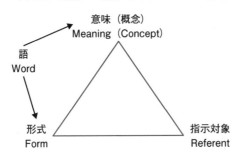

単語は，指示対象に対する一定の形式と意味によって成立する単位です。

---

[4] 文法学者によって，「食べた」を1語と考えるか2語と考えるかは説が分かれています。

[5] 実質的な意味を持つ語（自立語）の周辺に助詞や助動詞が膠（にかわ）のように付着するというところから，日本語のような言語を膠着語（agglutinating language）といいます。これに対して助詞のない中国語は孤立語（isolating language），語形が文の中で変形するフランス語やイタリア語は屈折語（inflecting language）と呼ばれます。

ことはできませんし（意味上の最小単位は，第 9 章の 9.2 節で述べた形態素です），形式で考えるにしても，さまざまな品詞を通じて統一的に規定することはできません。また，単語として認められるかどうかは時代によっても変化していくことです。それでも，その言語の同時代の母語話者たちの間では，単語という単位に対する一定の共通認識が認められます。本書は言語学の専門書ではありませんので，あまりこの難問に深入りはしませんが，今少し実際の用例をみながら，単語をどのように認定するか，またその認定の仕方がどのように変わっていくかについて考えてみましょう。

　先ほどの「カップ麺」は，「カップ」と「麺」に分割でき，それぞれが独立した語として使われることもあります。しかし，単独で発音されたときと，両者がつながって発音されたときのアクセント[6]を比べてみてください。標準語のアクセントでは，「カップ」は，アクセントの下がり目が最初のモーラ（拍）の「カ」の直後にあります（頭高型）が，「カップ麺」とつなげて発音した場合には，「カ」の直後の下がり目は消えて，次の「麺」の「め」の直後になります。「カップ」と「麺」の 2 つがつながってはじめてアクセントの下がり目を指摘することができるという点で，「カップ麺」は 1 つのものとしてまとまっています。

　また，その指示対象が何であるかを考えてみましょう。「カップ」と「麺」が単体で使われたときの指示対象と，「カップ麺」とつなげていったときの指示対象は異なります。「カップ麺」は，普通中に麺が入っている発泡スチロールの容器で，お湯を注いで数分待って食べるインスタントの麺という特別な指示対象を表します。「カップの麺」のように間に別の要素を入れたり，順番を変えて「麺カップ」と言ったりすると，指示する対象が変わります。このように考えれば，発音の面からも，意味の面からも，「カップ麺」を 1 語として認めたほうがよさそうです。

　さて，上述したように，単語は，意味上の最小単位である形態素の上のレベルの単位です。形態素 1 つで構成される単語もあれば，複数の形態素からなる

---

[6] アクセントの認定に関する詳細は，第 10 章の 10.3 節を参照してください。

単語もあります。たとえば,「りんご」という語をさらに分割しようとすると,意味をなさないただの音素や音節になってしまいます。したがって,「りんご」は1つの形態素からなる単語であると考えます。これに対して,「山桜」などは,「山」と「桜」という意味のある2つの要素に分けられますので,2つの形態素によって構成される単語です。これらの形態素は,すべてそのまま単独で別の環境で語として使えます。このような形態素のことを**自由形態素**（free morpheme）といいます。一方,単独では使えず,必ず他の自由形態素につけて使う形態素もあります。これを**拘束形態素**（bound morpheme）といいます。たとえば,先ほどの「食べた」は,動詞の語幹の「食べ」という形態素があり,過去を表す形態素「た」が続いています。「食べ」と「た」のいずれも単独では使えないため,拘束形態素と分類されます[7]。

　広く知られているように,単語は,その意味的・文法的な役割に応じてさまざまな**品詞**（parts of speech）に分類できます。「カップ麺を食べた」の例では,「カップ麺」は指示対象を持つ**名詞**（noun）,「食べる」はそれをかんで飲み込むという動作を表す**動詞**（verb）です。ほとんどの言語でほぼ必ず認められる品詞には,人や事物を表す名詞,動作や状態を表す動詞,そして名詞の特性を描写する**形容詞**（adjective）などがあります。一方,限られた言語にしかみられない品詞もあります。たとえば,英語のa/an/theのような**冠詞**（article）は日本語にはないものですし,「を」のような**助詞**（particle）は英語にはありません。

　また,品詞の上位に位置する単語の大別法として,**内容語**（content word）と**機能語**（function word）という分類の仕方も語彙の理解において有用です。内容語は,名詞,動詞,形容詞など,語彙的な意味を持つ語です。これに対して機能語は,助詞や冠詞のように,文中で単独で現れることなく,必ず他の内容語に付属して使われ,語と語のさまざまな関係を示す機能を持つ語です。

---

[7] 　自由形態素と拘束形態素は形の面で形態素を二分する方法ですが,意味の観点による「内容形態素」と「機能形態素」という分類がなされることもあります。その場合,動詞の語幹は,「食べ」だけでも動作の意味がありますから,「内容形態素」であり,「た」は実質的意味がなく文法的機能を表すだけなので「機能形態素」です。

　ここまで読み進めてくれば，単語が認定されるには時間がかかることがわかると思います。「カップ麺」は，ある日本の製粉会社が 1971 年に発売したものが最初だといわれています。当時は，存在しない「カップ麺」が 1 語であると認められていたはずはありません。はじめに誰かが造語して，それが（コミュニケーションの道具である以上当然のことながら）多くの他者と共有されてはじめて単語として定着し，その後あるものは廃れ，あるものは生き残ります。短命に終わる単語もあれば長寿を保つ単語もあります。ある単語が使われるうちには，意味や用法，形も変わっていきます。ことばは人間や道具とまったく同じで，使われるうちにすり切れ衰えていく宿命を負っています。単語として認定されるか，ある品詞として成立するか，内容語であるか機能語であるか[8]という違いに至るまで，使われるうちに変化していくものです。そのことは，同じ日本語でも意識的に学習しなければ古語がわからないということからも歴然としています。よく取り沙汰される「日本語の乱れ」も，「誤用」というよりはそうしたことばの宿命的な変化途上にある現象と考えるべきかもしれません[9]。

　単語の変化は，このような 1 言語の中での内的な動きのみならず，外的な影響によって起こることもあります。他の言語と接触の機会のある言語であれば，その言語から新たに語彙を借りるという**借用語**（loanword）が頻繁にみられ

---

[8]　単語の意味はすり切れます。もともと内容語として使われていた語の意味がすり切れることで，実質的な意味を持たず文法的な役割のみを持つ機能語に変化していく流れが通言語的にみられます。このように，内容語がすり切れて機能語になっていくことを「文法化（grammaticalization）」といいます。たとえば，英語の will や can などは，もともと動詞として使われていた willan（＝to want）や cunnan（to know）がそれぞれ文法化して助動詞として機能するようになったものです。一方で，機能語が内容語になるという反対の変化はまずみられません。

[9]　たとえば，「お読みになられる」は，「お読みになる」と「読まれる」という 2 種類の敬語を重ねて使っていて誤りである（二重敬語）と指摘されたりします。しかしこれも，敬語が 1 種類では不十分である，つまり「敬意」の意味のすり切れ現象と考えて，そのすり切れた分を補うための必要な重複であるととらえるなら，必ずしも「誤用」と断罪することはできないかもしれません。他にも，「誤用」と呼ばれる現象には，それなりの合理的な理由を指摘することができる場合が多いものです。

ます。日本語の借用語としては，古く中国から輸入した漢語[10]と，中国以外の言語から輸入した外来語とに大別されます。たとえば，「食べる」は日本固有の和語（ないし大和ことば）に対して，「カップ麺」は外来語と漢語の混種語です。

　このような語彙にまつわるさまざまな知識は，脳の心内辞書に蓄えられていると言語心理学では考えます。次節から，私たち人間の脳内にあると想定される心内辞書について詳しくみていきましょう。

11.3　心内辞書の存在

　言いたいことばが喉まで出かかっているのにどうしても思い出せないということは，誰もが経験したことがあると思います。このように，ことばを思い出しそうで思い出せない現象を**舌先現象**（tip of the tongue；**TOT 現象**）[11]といいます。なぜこのような現象が起きるかというと，ことばの内容を理解するための意味概念の情報と，それを聞いたり言ったりするための音韻の情報は，心内辞書の中で別々に登録されているからだと考えられます。本章の最初に述べたように，ある単語がわかって使えるためには，意味を知っていることに加え，発音の仕方，表記の仕方（書記法/正書法[12]（orthography）），さらには他の単

---

[10] 漢語には「火事」や「科学」など，日本発祥の「和製漢語」もあります。

[11] 舌先現象は，加齢にともなって増える傾向があり（Burke et al., 1991 など），また単一言語使用者（モノリンガル；monolingual）に比べて 2 言語併用者（バイリンガル；bilingual）のほうがこの現象をより多く経験するといわれています（Gollan et al., 2004 など）。

[12] 書記法/正書法（orthography）とは，ことばを文字で表記する規範です。一般的には国の政府などによって規定されます。たとえば，psychology という語のアルファベットを spychology などと文字を入れ替えたりしたら誤りになります。それは英語の書記法に違反するからです。同じ英語であっても，国によって書記法は違います。たとえば，「色」を意味する「カラー」は，アメリカ英語では color と書きますが，イギリス英語では colour と書きます。一方，日本語は漢字仮名交じり体で，書記法は英語ほど厳格ではなく，「ことば」でも「言葉」でもどちらも正しい表記と認められます。

語とどう組み合わせて使えるかという文法的な役割までを知っている必要があります。心内辞書は，単語の発音と表記形を保存するレクシーム（lexeme；フォーム），意味と文法的役割を保有するレンマ（lemma）という 2 つの下位部門からなると想定されています（Levelt, 1989 など）。たとえば，「枝」という語は，木偏に「支」と書き，「えだ」や「し」と発音されます。このような情報は，レクシームに保存されます。そして，「枝」は「植物の主たる幹から分かれた茎」という意味を持ち，文の中では「枝を折る」や「落花は枝に還らず」などと，名詞として使われますが，こうした情報はレンマとして蓄えられます。

　単語を発する過程には，心内辞書に貯蔵されている意味概念に対応する音韻情報を検索する段階が含まれていることが想定されます。ところが，知らない単語（心内辞書に登録されていない単語）であってもその文字列を見て発音できる場合があります。たとえば，trisk は英語には存在しない無意味語[13] ですが，英語の知識をある程度身につけていればそれを /trɪsk/（アメリカ英語）と発音するでしょう。そうした推測がうまくいかない場合もあります。たとえば int は，アメリカ英語では mint の中では /ɪnt/ と発音されますが，pint の中では /aɪnt/ と発音されます。pint をまだ学習していなければ，その綴りから推測して /pɪnt/ と誤って発音してしまうかもしれませんが（正しくは /paɪnt/），その語をすでに知っていれば（心内辞書にあれば）正しく発音することができます。

　視覚的に提示された単語を音読するには 2 つの経路があると考えられます。一つは語彙経路で，もう一つは非語彙経路です（Coltheart et al., 1993 など）。図 11.2 に示すように，pint や yacht のような綴りと発音が逐一対応していないものは，学習して心内辞書に記憶されていれば語彙経路に沿って正しく発音されます。学習していなかったり，または脳損傷などでこの経路にダメージを負ったりしてしまうと，不規則な単語の読みが難しくなります（表層失読

---

[13] ただし，trisk は，通常の語彙には存在しないということで，意図的に企業名や製品名などの固有名詞に使われることがあります。

図 11.2　単語を読み上げるのに想定される 2 つの経路の簡略図（福田, 2012 を改変）

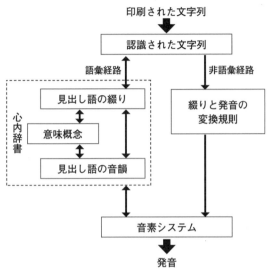

単語を音読するには語彙経路と非語彙経路という 2 つの経路が想定されます。語彙経路では，綴りと発音が対応していない不規則的な語でも，学習して音韻情報が心内辞書に貯蔵されていれば発音できます。一方，非語彙経路は綴りのみに頼る経路です。語彙情報を持たない文字列や未習の実在語でも，変換規則にしたがって発音することができます。

（surface dyslexia））。一方で，綴りと発音が規則的に対応していれば，trisk のような語彙情報を持っていない文字列であっても，非語彙経路にしたがってその綴りを音韻情報に変換して発音できます。この経路が正常にはたらかなくなると，非単語の音読ができなくなるといいます（音韻失読（phonological dyslexia））。

　私たちの心内辞書に登録されている個々の語は，辞書のように五十音順やアルファベット順で並んでいるのではなく，単語どうしが形態的に（音韻・表記形）どれほど類似しているか，意味的につながりがあるかなど，さまざまな関連性に応じて配置されると考えられています。何かを言おうとするとき，心内辞書の中では，意図する単語と共に，その単語と何らかの点で関連のある数多

くの語が自動的に想起されると考えられます。その中から適切な語の情報のみ
を際立たせ，それ以外の語の情報を適切に抑制することで，意図する単語を正
しく産出することができます。聞いたり読んだりした語を理解する際にも，同
じことがいえます。

　私たちの心内辞書に掲載されている単語の意味は，クモの巣状のネットワー
クの形で相互につながっていると考えられています。言語心理学/心理言語学
の研究者たちは，図 11.3 のような単語どうしの意味的ネットワークを想定し
ますが，この図において線が短い単語どうしは，意味的関連性が強いことを示
します。1 つの語が活性化すると，それにともなってネットワークの近くにあ
る意味的関連性の高い語も自動的に活性化されます（意味表象の記憶について
は第 7 章図 7.2 の活性化拡散理論でも触れています）。

　意味のネットワークの中である単語（ターゲット）と距離の近い単語が連動
して活性化することは，**プライミング効果**（priming effect）による語彙処理
の実験でたびたび確認されています（Neely et al., 1989 など多数）。プライミ
ング効果とは，時間的に先行して与えられるプライム刺激が後に提示される刺
激の処理に影響を与える現象をいいます。たとえば，「トラック」という単語
を処理するとき，それに先立って意味的関連性の強い「バス」をほんの数十ミ
リ秒視覚提示（プライミング）するだけで，関連性の薄い「サクラ」を提示し
たときより迅速に反応できます。

　また，意味的関連性には，さまざまな種類や程度があります。これまでに蓄
積されてきた実験研究[14]の成果によれば，意味的関連のうちもっとも重要と考
えられる関係は，等位語，共起語，上位語[15]，および同義語です（Aitchison,

---

[14] 語と語がどのような関係性によって結びついているのかを調べるためには，参加者
にあることばを聞いて最初に思いついたことばを報告してもらうという単語連想課題
（word association task）がよく用いられます。

[15] 単語は意味概念の包含関係に基づいて，上位カテゴリー，基本レベル（basic level）
と下位カテゴリーの 3 つに分けられます。ロッシュ（Rosch, E.）らは，日常会話のデ
フォルトレベルとして基本レベルを提案しました（Rosch et al., 1976）。たとえば「イ
ヌ」だったら，その上位カテゴリーとして「動物」や「哺乳動物」など，下位には
「プードル」や「チワワ」などがあります。他の動物と区別できる十分な情報量を保

図 11.3 意味のネットワーク（図 7.2（a）を再掲）

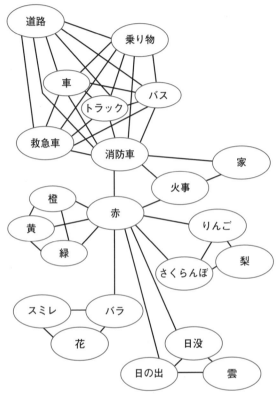

心内辞書に登録されている単語どうしは，クモの巣のようにつながってネットワークをなすと考えられます。線が短いほど意味的関連性が強いことを示します。たとえば「赤」という語を想起すると，ネットワークの近くにある「消防車」や「火事」など，意味的に関連の深い語も自動的に活性化します。

2003 宮谷・酒井監訳 2010）。たとえば，「赤」が提示されたら，等位語である「青」や「黒」などと共に，その上位語である「色」なども想起されるでしょ

ちつつ（一般性），多くの場面で使える（経済性）という両方のバランスがとれているのは，基本レベルの「イヌ」です（Harley, 2014）。子どもが初期に獲得することばのほとんどは，基本レベルの単語です。

う。また，「キラキラ」と聞いたら，「輝く」のような共起語が簡単に思いつくのではないでしょうか[16]。

　このような意味的関連性のあり方に応じて活性化されたことばは，**図11.3**のような意味のネットワークにフィードバックを与えることになります。そのフィードバックの蓄積の結果，単語どうしのリンクはより近く強くなったり，より遠く弱くなったりと変わっていきます（相互活性化モデル；Dell, 1988など）。このネットワークを適切に制御すると，意図した単語がもっとも強く活性化され，正しく発音されます。もし意図した単語に複数の同義語がある場合は，複数の語の情報が混乱して言い誤りを起こすこともあります[17]。

11.4　母語における心内辞書の構築

11.4.1　養育者の語りかけ

　赤ちゃんは，まず意味のない言語音の発声，つまりクーイング（第10章の10.4.1項参照）をはじめます。その後意味のあることばを話すまでにはさらに時間がかかりますが，養育者との日常的なやりとりの中で，身の回りでよく使われることばを理解していきます。子どもの語彙獲得を促す養育者の話しかけ方には，通言語的に認められる韻律上の特徴があります。赤ちゃんや子どもに話しかけるときに，知らず知らずのうちに声が高くなり，大きな抑揚（イントネーション）をつけて明確に口を動かしてはっきり話しているというようなことはないでしょうか。このような特徴的な話し方を，**マザリーズ**（motherese; Newport et al., 1977など）[18] または**対乳児発話**（infant-directed speech）といい

---

[16] ある単語の共起頻度を調べたければ，国立国語研究所が一般公開している種々のコーパスを利用できます。

[17] たとえば，「ネコ」については「ねこ」「にゃんこ」といえますが，うっかりして「ねんこ」のような言い誤りを起こします。なお，言い誤りには多様な種類があり，その原因についてはこれまで多くの説が提案されています。日本語の言い誤りについては，寺尾（2002）が詳しく論じています。

[18] 大人は子どもに合わせて自分の言い方を調節し，マザリーズを使う現象はアメリカや日本など多くの文化圏にみられますが，それをあまり使わない文化圏もあるようで

ます。

　マザリーズの韻律上の特徴は，子どもによる音声知覚を容易にしたり，単語や構造を割り出したりするために役に立つものです。それに加え，マザリーズは通常の大人に向ける発話よりも感情豊かで意図を理解するための多様な情報が付随しているので，子どもの注意をひきつけ，養育者が指す対象物に共に視線を向け，伝達意図を受容しやすくする効果もあります。したがって，マザリーズの使用はことばの認識（たとえば Singh et al., 2009）や情動の発達（Fernald, 1993 など）を促進し，早くも 1 歳半の時点で，マザリーズを多く使用する家庭で育った子どもはそうでない子どもに比べて 2 倍ほども語彙サイズが大きいという報告もあります（Ramírez et al., 2020）。

　マザリーズは，養育者から子どもへのはたらきかけにおいて有用であるばかりではありません。子どもがマザリーズによって養育者にほほえんだり積極的に関わろうとする姿勢を見せたりすることは，養育者にとってもマザリーズをもっと使おうという動機づけになるといわれています（Saint-Georges et al., 2013 など）。さらに子どものほうでも，自分のほほえみや積極的な態度によって養育者のマザリーズが多くなったと気づけば，ますますその態度が強化されるでしょう。このように，子どもは養育者の発話をただ受動的に聞いているだけでなく，積極的に交流に参加しています。

　スキナー（Skinner, B. F.）は，言語獲得の過程をオペラント条件づけ（第 5 章の 5.1 節参照）の例と想定し（Skinner, 1957），それに対して生成文法を提唱したチョムスキー（Chomsky, A. N.）は，言語獲得（とくに統語構造の獲得）過程をそのモデルで説明することに異を唱えました（Chomsky, 1959）。その論争はいまだに続いていますが[19]，マザリーズの使用が語彙獲得やその前提となる言語的関わりへの積極性に寄与するという実験研究（Pelaez et al., 2011 など）に鑑みれば，少なくともマザリーズは言語学習の正の強化子（第 5 章の 5.4.1 項参照）としてはたらいているといえるでしょう。

す。

[19] この論争の最新の議論については，エヴァンス（Evans, V.）が概観しています（Evans, 2014 辻ら訳 2021）。

11.4.2　初期の語彙獲得

　赤ちゃんは，個人差は大きいながらも，おおむね 1 歳の誕生日を迎える頃には最初のことば，初語（first words）を発するようになります。初語とはどのようなものでしょうか。フェンソン（Fenson, L.）らは，「マッカーサー乳幼児言語発達質問紙（MacArthur-Bates Communicative Development Inventories）」[20] を用いて乳児の初語を調べました（Fenson et al., 1994）。表 11.1（左列）の通り，生後 12 カ月から 18 カ月の米国児が産出する最初の 50 語のうち，半分以上が dog や ball のような普通名詞で，hi や bye などの社会的な語（会話，挨拶，日課に関する表現）も目立ちます。

表 11.1　米国児と日本児が最初に獲得した表出語彙 10 語

米国児		日本児	
最初の 10 語	月齢	最初の 10 語	月齢
daddy	12	マンマ	15
mommy	12	（イナイイナイ）バー	15
bye	13	ワンワン	15
hi	14	アーアッ	15
uh oh	14	バイバイ	16
dog	14	はい	17
no	15	ブーブー（車）	17
ball	15	アイタ（いたい）	17
baby	15	ネンネ	17
book	16	ニャンニャン（猫）	17

注：月齢は，ある語を産出した子どもの数が調査対象者全体の 50％を超えた時点の平均月齢を示す。米国児と日本児のデータは，それぞれフェンソンら（Fenson et al., 1994）と小椋（2007）から抽出した。

---

[20] この検査は，親の報告に基づいて乳幼児のコミュニケーション能力や言語能力を評価するものです。現在，多言語バージョンが公開されています（http://mb-cdi.stanford.edu/adaptations.html を参照）。日本語の特性に合わせたマッカーサー質問紙（JCDIs）も出版されています（小椋ら，2016）。

　同様の方法で日本の乳児が獲得したことばを調査すると（小椋，2007），米国児と同様に日常生活に密接に関わっているものばかりが観察されます。**表11.1**（右列）のように，日本語を母語とする子どもは，「イヌ」の代わりに「ワンワン」，「車」の代わりに「ブーブー」，またネコを「ニャンニャン」と言ったりします[21]。これらは幼児語と呼ばれますが，幼児語は最初期に産出する50語のうち40％を占めています。これらの語の実際の運用状況をみると，語の本来の意味とはずれている場合が多々あります。たとえば，「ワンワン」は本来「イヌ」を意味する幼児語ですが，子どもによっては，イヌだけでなくすべての動物を「ワンワン」と呼んだり，母親，兄，おばあさんなど家族全員を「ママ」または「パパ」と呼んだりするなどのことがあります。このように，語の本来の意味範囲より広く使われる現象を，**過大般用**（over-extension）といいます。

　この調査は，一定人数の子どもの平均的な傾向をまとめたものですが，それぞれの子どもが獲得することばの順序は，当然ながら異なります。子どもの言語発達の過程を縦断的に研究したネルソン（Nelson, K.）は，英語を母語とする1歳から2歳までの子どもの初期の語彙を精査しました（Nelson, 1973）。その結果，大きく分けると，子どもが最初期に発することばの選び方には**指示型**（referential type）と**表明型**（expressive type）の2つのタイプがあることを見出しました。指示型というのは，最初期に発する50語のことばの中で名詞が多いタイプです。それに対して表明型は，社会語（挨拶語）や接続表現などが多いタイプです。つまり，指示型は現実の事象を表そうとする傾向を持つ子どもで，表明型は人や物の間の関係性を示そうとする傾向を持つ子どもとい

---

[21] 「ワンワン」や「ニャンニャン」はいずれも，オノマトペ（onomatopoeia），または音象徴と呼ばれる語種に属します。本来，言語における音と意味の関係は恣意的です。たとえば，ある果物が日本語では「りんご」，英語では apple と表現されますが，その指示対象を表す音は，言語に応じて恣意的に割り当てられています。ところがオノマトペは，指示対象と音の関係が恣意的でない，つまりその音が指示対象の様子を反映していると考えられる類の語彙です。日本語では，擬音語（「壁をドンドン叩く」など）や擬態語（「どんどん進む」など）等に分けられます。幼児語には，このようなオノマトペが多くみられます。

うことになります。

　こうした乳幼児の語彙獲得の観察研究から，人間が外界の多様な刺激の中の何に注目し，他者に何を伝えたり受け取ったりするかについては，ごく早い時期からの個人の認知スタイルに影響されるようであることがうかがえます。また，指示型に属する名詞を多く産出する子どもは，その親が物の名前を意識して教えていたとの報告もみられることから，このような言語獲得過程の差は，子どもの素質に加え，養育者のはたらきかけ方によるところもあるでしょう。

　赤ちゃんが語彙を獲得するペースは，必ずしも一定ではありません。はじめは 1 日 1 語か 2 語程度でゆっくりとしたペースで積み上げていきますが，生後 1 歳半頃から，物に名前があることが腑に落ちるようになる（**命名の洞察**（naming insight））と，語彙を増加させるスピードが急激に上がります。多いときには 1 日 10 個以上の単語を覚えることもあります。このような現象を**語彙爆発**（vocabulary spurt/explosion）といいます。ただし，こうした語彙発達過程は子どもによってさまざまであり，語彙爆発が必ず起こるというわけではありません。

11.4.3　語の意味推測──ガヴァガイ問題

　前項で述べた過大般用のような試行錯誤を経ながら，子どもはどのようにして語の意味がわかるようになるのでしょうか。赤ちゃんは，生後 6 カ月頃から，頻繁に耳にする単語とその指示対象との関連性に気づきはじめるといわれていますが，それは決して容易な作業ではありません。次のような状況を想像してみてください。あなたは，子どもを連れて散歩をしていたところ，突然 1 匹のウサギが道に飛び出してきました。それを見てあなたが「ガヴァガイ！」と無意味語を叫んだとします。「ガヴァガイ」ということばをはじめて聞いた子どもは，それを何だと思うでしょうか。目の前のウサギなのか，ウサギの一部の耳なのか，それとも，動物が急に飛び出してきたという動作なのかなど，無数の仮説が考えられます。哲学者クワイン（Quine, W.）は，未知の言語を学ぶときにはじめて接する単語の指示対象を特定する際の不確実性について指摘しました（Quine, 1960）。今でも子どもの言語獲得研究の分野では，**ガヴァガイ**

問題（the Gavagai problem）として言及されます。

いずれにしろ，新規の単語の意味を推測するのに無数の仮説を片っぱしから一つずつ検証していくのでは，あまりにも非効率的で現実的ではありません。マークマン（Markman, E. M.）は，子どもが単語と指示対象の対応づけを行う方略として，事物全体制約（whole object constraint），事物カテゴリー制約（taxonomic constraint），そして相互排他性の制約（mutual exclusivity）という3つの代表的な制約があると提案しています（Markman, 1990 など）。

事物全体制約とは，子どもが新しいことばを聞いたときに，それが「物の部分」ではなく「物の全体」を指しているように認識するという方略です。先ほどの例で考えると，「ガヴァガイ」ということばを聞くと，ウサギのしっぽでもなく耳でもなく，その全体を「ガヴァガイ」と理解するという仕方です。また，「ガヴァガイ」が意味するのは，その事物が属するカテゴリーの名称であると理解されるという方略は，事物カテゴリー制約といいます（事物の外形に注目してカテゴリー化するということで，これを形バイアスともいいます）。この方略をとった子どもは，「ガヴァガイ」ということばを，目の前にいるウサギにも，おばあさんの家で飼っているウサギにも使えると考えますし，さらにはネコやイヌなど四足を持つ動物すべてに拡張して使うでしょう。さらに，仮に子どもがすでに「ガヴァガイ」がウサギを指すと知っていた場合に，次にその同じものを指して「みみ」と言われたとしたら，それは「ガヴァガイ（ウサギ）」の一部分であるとか，あるいはその特性や行為などを指しているというように別の視点を取り入れて考えます。こうした理解の方略を，相互排他性の制約といいます。

しかし子どもは，必ずしもマークマンの提案するような種々の制約だけを使ってみずから仮説を検証していくわけではなく，周囲との交流経験によって実際の動作や行為と関連づけながらことばを理解していきます。子どもの言語獲得過程においては，養育者などの他者が指す対象に注意を向ける機能，すなわち共同注意（joint attention）が主要な役割を果たします。子どもは，安心できる環境で養育者に食事を与えられて「マンマ」と言われたり，顔を覆っていた両手が外されて「（いないいない）バー」と言われたりして，外界のさまざ

な事象に関心を持ちます。発達心理学者のトマセロ（Tomasello, M.）は，語彙獲得における共同注意の重要性を指摘し，人生初期の語彙獲得に欠かせない要因であることを例証しています（Tomasello & Todd, 1983 など）。そしてこのときに，共同注意に加え，他者がその場で何を意図しているかを理解する**心の理論**（theory of mind; Baron-Cohen, 1995 など）[22] も，子どもが語彙を獲得するために重要な要因であることを示唆しています（Tomasello & Akhtar, 1995 など）。

　このような社会的な手がかりは語彙獲得に不可欠ですが，その手がかりと言語刺激を妥当に結びつけていくためには，第9章の9.2節でも述べたように，前言語期の基本的な認知能力が発達している必要があります。認知的基盤と社会的環境の相互作用によって，子どもは心内辞書を構築していきます。

11.5　母語を獲得した後の外国語の語彙習得

　母語の心内辞書を構築してから外国語（第2言語）を学習するときは，また別の心内辞書を新たに構築していくことになります。この第2の心内辞書の構築は，母語の語彙発達と同じ過程を経ているのでしょうか。その構築過程において，母語の心内辞書はどのような役割を果たしているでしょうか。

　母語での語彙獲得と外国語の語彙習得でもっとも大きな違いは，脳内に既存の意味概念があるか否かです。生まれたばかりの子どもが母語で新しい単語を獲得するときに，その単語の指示対象の意味概念も新たに構築しなければなりません。しかし私たちが新しい外国語の単語を学習するときは，母語で獲得された意味概念にその単語をマッピングさせて覚えることができます。たとえば，英語の rabbit を学習するときに，日本語ではそれと対応する「ウサギ」がありますので，「ウサギ」の意味情報をそのまま英語に当てはめれば理解することができます。

---

[22] 心の理論（認知的共感，メンタライジングとも）の詳細は，第9章の9.2節，第13章の13.4節や第14章の14.2節を参照してください。

　外国語を勉強するときには，単語帳などを使って，各見出し語とその母語に訳された語を何度も照らし合わせながら覚えることが一般的でしょう。母語での訳語を与えない学習法より，訳語を使ったほうが効果的であることが報告されています（Lotto & de Groot, 1998 など）[23]。ただしこの方法も問題がまったくないわけではありません。たとえば，英語を母語とする子どもは文脈からrabbit を獲得するときに，1 匹しかいなければ a rabbit，複数いたら rabbits といったように，状況に応じて複数形や冠詞をつけることを覚えます。日本語ではそのような使い方がないので，訳語を使って rabbit の意味が理解できたとしても，実際の運用では複数形や冠詞をつけ忘れる誤りが出てしまう可能性があります。

　また，母語に頼りすぎると，2 つの言語間で意味範疇がずれるときに，母語からの負の転移（第 10 章の 10.4.2 項参照）が生じ，誤りや不適切な用法がそのまま定着してしまうという化石化（fossilization）につながる恐れがあります。たとえば，英語の "I saw him yesterday." や "Let me see your license." をそのまま日本語に訳すとそれぞれ「昨日，彼を見た」「免許証を見せてください」になりますので，はじめは英語の see を日本語の「見る」とマッピングさせることになります。しかし，日本語では「夢を見る」と言いますが，英語では see を使わずに 'have a dream' と言います。英語で 'see a dream' と言っても，言いたいことはわかってもらえ，相手の母語話者も聞き流して訂正しないかもしれません。そのように訂正されないまま誤りを繰り返すと，それを正しい表現であると勘違いし，see の正しい適用範囲の習得がなかなか進まず化石化してしまう可能性が高くなります。

　このような違いから，母語獲得後の外国語学習者の語彙習得過程には，主に

---

[23] 訳語を利用する学習法と文脈から単語を学習する方法には，利点と欠点がありますので，学習段階に応じて適切な方法を採用すべきでしょう（Prince, 1996 など）。初期段階では母語で同じ意味概念を持つ単語にマッピングさせて覚え，習熟度が高くなるにつれ文脈からその単語が実際にどのように使われるかを学習させる方略も有用です。外国語の語彙習得についてもっと詳しく知りたい方は，関連するレビュー論文（Schmitt, 2008）や章末の参考図書を参照してください。

次の 3 つの段階が想定されます（Jiang, 2000）。まず第 1 段階では，当該の外国語の単語の発音や正書法などの情報を，母語においてそれと対応する語と結びつけます。第 2 段階では，母語の心内辞書に貯蔵される意味や文法に関わる情報（レンマ；第 11 章の 11.3 節参照）が当該の外国語単語にコピーされます。そして第 3 段階では，その外国語の単語のレンマ情報と語形が統合されます。最終の第 3 段階まで順調に進めば，学習者はその外国語の母語話者と同じレンマ情報を身につけることができますが，上述の化石化が起きてしまうとそこまで到達することはできません。

　ただ，化石化現象は，たとえ長年その言語を学習して非常に流暢な話者であっても，まったく経験していない人はほとんどいないでしょう。非母語話者が書く文章に観察される動詞と名詞の組合せ（コロケーション（collocation））の誤用は，半分以上が母語による影響だといわれています（Nesselhauf, 2003）。母語の心内辞書に貯蔵されている情報が自動的に外国語の心内辞書においても稼働することは，多くの実験研究（Dijkstra et al., 2010; Duyck et al., 2007 など多数）によって例証されています [24]。

11.6　おわりに

　本章では，言語を操る人間の脳内に貯蔵される語彙の成り立ちや，子どもや成人が心内辞書をどのように構築して運用しているか，そして母語と外国語の違いについてみてきました。語彙を運用する方略は同じ言語の母語話者の間でも異なること，また複数の言語を学習することによりそれぞれの語彙の情報がお互いに影響し合うことは避けられないということもみてきました。複数の言語を学習して言語間の語彙ネットワークを充実させることは，母語の語彙知識を豊かにすることにもなるでしょう。

---

[24] 母語から外国語への影響だけでなく，外国語の語彙情報が母語の理解に影響を与えるという逆行転移の現象も起こることがあります（Keatley et al., 1994 など）。

復習問題

1. 単語について<u>正しい記述を１つ</u>選んでください。
   ①単語は，意味と形式と指示対象の３つの観点から成立する。
   ②単語の意味は，最初から決まっており，変化することはない。
   ③機能語には，名詞や助詞などが含まれる。
   ④単語は，意味をなす最小の単位である。
   ⑤「本棚」という語は，自由形態素と拘束形態素からなる。

2. 心内辞書について<u>正しい記述を１つ</u>選んでください。
   ①心内辞書では，見出し語がアルファベット順に並べている。
   ②単語の意味概念と語形は，同じレベルで貯蔵されている。
   ③１つの単語を想起するとき，他の関連のある語が想起されることはない。
   ④成人が外国語を学習する際は，母語の心内辞書の構築と同じ過程を経る。
   ⑤単語を音読するには，語彙経路と非語彙経路が想定されている。

3. 子どもの語彙獲得について<u>適切でない記述を１つ</u>選んでください。
   ①子どもは，はじめは少しずつことばを覚えていくが，典型的には，１歳半頃から語彙が急激に拡大する時期を迎える。
   ②子どもが語彙を獲得する過程では，認知能力と社会的環境の両方が重要な基盤となる。
   ③子どもが新たな単語に接したときには，何らかのバイアスを持って意味を推測していると考えられる。
   ④子どもは典型的には，事物の名称を獲得した後に，「バイバイ」のような社会的なことばを身につける。
   ⑤マザリーズは語境界を見出すのに役に立つだけでなく，子どもの注意をひき，大人の伝達意図を受け止めやすくする効果もある。

参考図書

今井 むつみ・針生 悦子（2014）. 言葉をおぼえるしくみ――母語から外国語まで―― 筑摩書房（初級レベル）

　子どもによることばを覚えるしくみをわかりやすく解説しています。子どもたちが名詞，動詞，形容詞などの語彙をいかに身につけるかについて，多様な実験研究を通して知ることができます。

エイチソン，J. 宮谷 真人・酒井 弘（監訳）（2010）. 心のなかの言葉――心内辞書への招待―― 培風館（中級レベル）

　言い間違い，失語症の症例や心理言語学の実験結果など幅広い例を挙げながら，

本章で扱っている人間の脳内に想定されている心内辞書の全体像を解説してくれる一冊です。

門田修平（編著）（2014）．英語のメンタルレキシコン——語彙の獲得・処理・学習

　　　——　第 3 版　松柏社（中級レベル）

　これまで提唱されてきた語彙処理のモデル，単語の音韻・意味へのアクセスなどについて多様な実証研究を用いて解説しています。日本人英語学習者を対象とした研究を多く扱っており，英語の習得についても示唆を得られます。

言語発達（3）
——文法

　私たち人間は，語/単語（word）や文（sentence）を言語ごとに決められた一定の規則にしたがって連ねることによって，複雑な思考を深め，他者にそれを伝達することができます。ことばの連ね方の規則を，文法（grammar）といいます。人は，ことばの意味とともに文法の知識を，それぞれの言語環境でいつどのように身につけ，そして実際の文を産出したり理解したりするときにどのように活用しているのでしょうか。本章では，文法に関する重要な基礎概念，文法を獲得/習得する過程，実際の文を処理する際の仕方について理解を深めます。

12.1 はじめに

　第9章の9.1節で述べたように，人間の言語と動物がコミュニケーションのために使う信号は，いくつかの点で本質的に異なっています。その一つは，私たち人間の言語には**階層**（hierarchy）があるということです。前章までにみてきたように，音節（第10章の10.3節）や語（第11章の11.2節）に構造があるのと同様に，文にも構造があります[1]。文が構成されるしくみ，すなわち統語規則は，各言語の有限の語彙を組み合わせて無限数の文を作ることを可能にするために，階層性という特徴を持っています。本書は言語学の教科書ではあ

---

[1] とくに，語の内部構成の規則（文法）を研究する分野を形態論（morphology），文を構成するために語と語の間の結びつけ方の規則（文法）を研究する分野を統語論（syntax）といいます。言語研究の下位分野の詳細は第9章の9.2節を参照してください。

りませんので，過度に専門に立ち入ることはしませんが，人間が文を理解する
しくみを理解するために必要な知識として，まず基本的な文法項目の概要につ
いて把握してから（12.2 節），子どもおよび成人の文法能力の発達についてみ
ます（12.3 節）。その後，言語心理学において重要な実験研究を参照しながら，
実際に文を処理するしくみに対する理解を深めます（12.4 節）。

12.2　文の基本構造

　人は，複数のことばを同時に聞いたり読んだりすることは不可能です。話し
ことばであれ書きことばであれ，必ず一つひとつ順番に配置しなければなりま
せん。つまり文は，**線状性**（linearity）という特質を持っています。語を並べ
る順序，つまり**語順**（word order）は，言語ごとに異なり，またその制約の強
さも言語によってさまざまです。日本語は，語順の自由度が比較的高い言語と
いえます。たとえば，以下の 2 つの文はいずれも文の要素は同じですが，語順
が異なっています。

　（1a）太郎が花子をほめた。
　（1b）花子を太郎がほめた。

　（1a）は，主語（subject; S），目的語（object; O），動詞（verb; V）という順
序で構成されています。この SOV 語順は，日本語の基本語順（canonical word
order）です。これに対して，（1b）では目的語が主語に先行していますが，こ
の OSV 語順はかき混ぜ語順（scrambled word order）と呼ばれます（Harada,
1977; Saito, 1985 など）[2]。かき混ぜ語順は，話し手（書き手）が目的語をとくに
強調したいなどのさまざまな文脈上の要請に応じて選択されます。いずれにせ

---

[2]　SOV 語順が日本語の基本語順であるということは，OSV 語順と比べても速く理解
できるという反応時間の実験（Tamaoka et al., 2005 など）や，脳機能の面から処理負
荷を検討する実験（Kim et al., 2009; Ueno & Kluender, 2002 など）によって支持され
ています。

よ，日本語では動詞の位置が変わることはなく，主語や目的語の後にきます（倒置についてはここでは考えません）。その他，語順の自由度は，このようなかき混ぜをまったく許さない英語（SVO 語順）のような言語から，動詞の位置も含めてどの順序でも許されるカクチケル語（中米のマヤ諸語の一つ）のような言語までさまざまです（いわゆる少数言語に多くみられます）。

　ところで，この文には動詞以外に「太郎」と「花子」という 2 つの名詞があります。これらのうち，「太郎」が主語であり「花子」が目的語であることがなぜわかるかといえば，それぞれの後に主語であることを示す「が」という助詞や目的語であることを示す「を」という助詞があるからです。文の中では，名詞に相当する語句と他の語句との関係を示しておく必要がありますが，とくに名詞句等が述語とどのような関係を表すかを示すしくみを格（case）といいます。日本語の語順が比較的自由である背景には，このような名詞どうしの関係を表す機能語/機能範疇（第 11 章 11.2 節を参照）として，格助詞（case particle）を持っているという事実があります[3]。一方，英語には日本語のような包括的な格標識がないため，語順によって規定するほかなく，そのため日本語のように主語や目的語の位置を任意に変えることができないのです。

　しかし，日本語がかき混ぜ語順を許すといっても，以下の（1c）のような順序では日本語の文とはいえません。

（1c）＊を花子が太郎ほめた[4]。

　ここで使われている語は（1a）（1b）とまったく同じですが，格助詞「を」と「が」がそれぞれ主語と目的語の前に置かれています。日本語の格助詞は主語や目的語などの自立語の後にきますので，それが前に置かれたのでは日本語

---

[3] 格を表すにはいろいろな方法があります。名詞の前後に別の機能語をともなうとともに，名詞そのものを変化させる方法（英語の I/me などの代名詞）が一般的です。また一方，格によって，すなわち名詞句側に目印をつけるのではなく，動詞の側に名詞句との関係を示す目印をつける言語（エスキモー語など）もあります。これを一致（agreement）といいます。

[4] 言語学の慣例では，文法的に正しくない文（非文）にアスタリスク（＊）をつけます。

の統語規則からは逸脱することになり，非文法的（ungrammatical）な文となってしまいます。

　文の中の語どうしの結びつきの強さは，すべて同じではありません。（1a）（1b）の文の中でも，「花子」と「を」の結びつきは，「花子」と「太郎」の結びつきより強いことがわかると思います。つまり，複数の語は意味的，機能的にまとまりを持っており，そのまとまりどうしがさらに関係づけられて文が完成します。このまとまりを句（phrase）といいます。句の大きさもさまざまで，「花子」をより具体的に表すために，「まだ幼くいたいけな花子」などのように別の語句を加えてさらに大きな句を作ることもできます。本章のはじめに人間の言語には階層性があると述べましたが，それは，このように語が集まって句をなし，そして複数の句が互いに一定の関係を持ちながら文を構成することができるという性質を指しています。

　文の階層性を可視化するためには，樹形図（tree diagram）を描くのが有用です。たとえば（1a）の構造は，図 12.1 のように表現できます。文を理解することは，線状に配列された語の連なりから階層構造を見出すことであるといえます。

図 12.1　「太郎が花子をほめた」という日本語の文の階層構造を示す樹形図

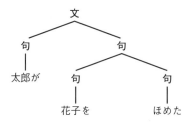

語が連なって句をなし，複数の句が相互に一定の関係を持って文を構成します。

12.2.1 述語と項と付加部——文の構成要素

文を作るということは，「誰が何をどうするか」「何がどうなるか（どうであるか）」など，ある動作や出来事や状態を表し伝えたいという要請に基づく行為です。「どうするか」「どうなるか」「どうであるか」を表す句を，**述語**（predicate）といい，文の中心を担う**主要部**（head）として位置づけられます。述語は動詞であることが多いですが，日本語では形容詞述語や名詞述語もあります。各々の述語には，当該の動作や状態を完成させるために必要不可欠な名詞の数が決まっており，述語の動作・状態を完成させるために必要な名詞句のことを**項**（argument）といいます（Lyons, 1968 国廣訳 1973）。**図 12.1** の文（1a）では，「ほめた」が述語ですが，この「ほめる」という動詞は，主語と目的語がなければ事態を正しく伝えることができませんので，「太郎が」という主語の名詞句と「花子を」という目的語の名詞句が共にこの文の項であると考えます。ただし，実際には各言語の特性やさまざまな文脈的要請によって項が明示されないことも少なくありません。

文において項がいくつ存在するかは，各々の述語の語彙が持つ意味や性質に応じて異なります。たとえば，「閉まる」と「閉める」という日本語の 2 つの類似した動詞を使った文（2a）と（2b）を考えてみましょう。

（2a）ドアが閉まっている。

（2b）彼がドアを閉めた。

これらの文においては，「閉まる」と「閉める」がそれぞれの述語ですが，その述語の動詞の事態を伝えるために必要な項としては，（2a）の「閉まる」の場合，主語の名詞句 1 つです。それに対して（2b）の「閉める」では，主語に加えて「何を」閉めるかという目的語の 2 つの名詞句が項として必要となります。「閉まる」は目的語の不要な**自動詞**（intransitive），「閉める」は目的語をとる**他動詞**（transitive）です。項の数という観点から，自動詞を 1 項動詞（1 項述語），他動詞を 2 項動詞（目的語を 2 つ必要とする場合は 3 項動詞）ともいいます。

　このように，項は，主語や目的語といった文を成立させるための文法機能を
果たすと同時に，述語との関係に応じて**意味役割**（semantic role）を担ってい
ます。文法機能上は，（2a）の「ドアが」と（2b）の「彼が」は，いずれも主
語ですが，意味役割の観点からいえば，（2b）の他動詞文の主語の「彼が」は
動作主（agent）であるのに対し，（2a）の自動詞文の主語の「ドアが」と
（2b）の目的語の「ドアを」はともに「閉まる」動作の**対象/被動者**（theme/
patient）です。つまり，自動詞文と他動詞文の項は，文法機能と意味役割の観
点で逆転することがあります[5]。その他，意味役割には，経験者（experiencer），
着点/目的地（goal），受益者（benefactive）など，それぞれの言語において格
の枠組みが用意されています[6]。項が多すぎる，または少なすぎる文は，非文法
的になります。

　文は，述語と項の他にも，統語構造上必須ではないものの，随意にさまざま
な語句を加えながらふくらませていくことが可能です。そうした項以外の随意
的な語句を**付加部**（adjunct）といいます。たとえば（1a）の日本語文も，「教
室で」のような場所を表す付加部を挟むことができます。このような多彩な名
詞句が文中で果たす機能がわかるのは，**側置詞**（adposition）のおかげです。
側置詞は，言語によって前に置かれるか後に置かれるかが異なり，英語や中国
語のような**前置詞**（preposition）として実現されたり，日本語の助詞のような
後置詞（postposition）として実現されたりします。通言語的には，前置詞は
主要部（動詞）が目的語に先行する言語（主要部先行型言語（head-initial

---

[5] 日本語では，自動詞の主語も他動詞の主語も同一の主格の助詞「が」で示され，他
動詞の目的語は対格の助詞「を」で示されます。しかし，自動詞と他動詞の主語を同
じに扱い，他動詞の目的語を別扱いにするというのは，当たり前のことではありませ
ん。世界の言語の中には，自動詞の主語と他動詞の目的語を同一にして他動詞の主語
を別扱いにする言語（能格言語といいます），さらにすべて別扱いにする言語やすべ
て同一に扱う言語など，さまざまなタイプの分類方法（アラインメント；alignment）
が存在します。詳しくは，角田（2001）などを参照してください。

[6] ある述語に対して項がいくつ必要か，また意味役割の種類や必要性といったことに
ついては，研究者によって議論が分かれます。現実には，その動詞に必要な項の数が
いくつであるかを統一的に決定することは困難です。

languages))でよくみられ，後置詞は日本語のように動詞が目的語の後にくる言語（主要部後置型言語（head-final languages））でよくみられます。

　さらに複雑な内容を持つ文を作るために，句よりさらに上位のまとまりである，述語を備えた**節**（clause）によって，複文を作ることができます。その場合，文全体の主語と述語の対からなる**主節**（main clause）の中に，さらに主語と述語を備えた節を埋め込み，**従属節**（subordinate clause）を作ります（従属節は埋め込み文ともいいます）。以下の（3）では，「お母さんが」と「叱った」は，主節の主語と述語，「太郎が」と「ほめた」は従属節の主語と述語です。ここでの従属節は，主節の目的語「花子」を修飾するはたらきをしているので，形容詞節です（図 12.2）。

（3）お母さんが，太郎がほめた花子を叱った。

図 12.2 「お母さんが，太郎がほめた花子を叱った。」の階層構造を示す樹形図

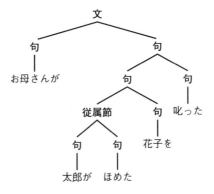

「お母さん」「花子」「叱る」は，それぞれ文全体（主節）の主語，目的語，述語です。「太郎がほめた」は，文の中に埋め込まれている従属節です。この文の従属節は，文（主節）の目的語「花子」を修飾している形容詞節です。

12.2.2　話し手の見方を反映する手段——態とモダリティ/ムード

　同じ事態を述べるにも，話し手の視点に応じて，つまり文の中で述べる事態のうちどの部分に注目するかに応じて文の形を変えることができます。もっとも注目する要素を，文の主語と位置づけます。

　（4a）先生が太郎を叱った。

　この（4a）の文では，主語は「先生」になっていますから，表現されている事態の中で話し手は「叱る」という動作の動作主である「先生」に注目しているということです。もし，この被動者である「太郎」に注目したければ，それを主語にして以下の（4b）のような文にすることもできます。

　（4b）太郎が先生に叱られた。

　このように，どの意味役割を持つ名詞句を主語に据えるかを，**態**（ヴォイス；voice）といいます。（4a）の文は動作主を主語に置いた**能動態**（active voice），（4b）の文は動作の被動者を主語にした**受動態**（passive voice）です。日本語でも私たちが通常大学や高校で学習するいくつかの外国語でも，形式的に能動態が無標（unmarked）で，受動態は有標（marked）です。（4b）の日本語文も，動詞の語幹 shikar- に受動態であることを示す特別な標識 -are が付加されています。英語では be と動詞の過去分詞という形に変えられます。

　その他，私たちが実際に文を他者に伝えようとするときには，文の命題内容に対して，その発信者である自分はどのような態度でいるかを必ず伝えることになります。たとえば，（4a）の文の命題に対して話し手が確信を持てないことを伝えたいときには，（4c）のように述語の後に「だろう」や「らしい」などを付け加えて非断定的にすることができます。

　（4c）先生が太郎を叱ったらしい。

　こうした命題に対する話し手の態度のことを，言語学の専門用語として**モダリティ**（modality）または**ムード**（mood）といいます。これは，文を実際のコミュニケーションの場でどのように発話するかという語用論の問題にもなり

ますので，詳しくは第13章で扱います。

12.2.3　言語構造の進化——なぜ個別言語はそれぞれ異なる構造を持つのか

　ドイツを拠点とするマックスプランク研究所の進化人類学部門では，世界の言語のさまざまな特徴を検索することができる *The World Atlas of Language Structures（WALS）Online*（Dryer & Haspelmath, 2013）というデータベースを無償公開しており，動作主，被動者，動詞という3つの要素を擁する他動詞文の語順がどうなっているかを知ることができます。3つの要素からなる文であれば原理的には6つの語順が考えられますが，登録されている1,376言語のうち，日本語のようなSOV語順が約41％と最多で，次いで英語のようなSVO語順が約36％だということです。それ以外の語順を持つ言語も存在しますが，ごくわずかです。

　実際には世界に約7,000以上もあると推察される数多くの言語が，なぜそれぞれ異なった個別の構造を持つようになったのかを検証することはたいへん難しいことですが，ジェスチャーでの再現や失語症者のデータの研究に基づく説などでは，人間の普遍的な認知機能として，出来事を伝達するにはSOVの順序がもっとも自然で理解しやすいと示唆されています（Gibson et al., 2013; Futrell et al., 2015; O'Grady & Lee, 2005など）。ではなぜ，世界の言語がすべてもっとも自然で理解しやすいはずのSOV語順をとらないのでしょうか。上述の研究は，「太郎（ヒト）が太鼓（モノ）を叩いた（動作）。」のような目に見える（絵に描いたりロールプレイで非言語的に表現できる）事象を描写する順序を調べたものです[7]が，私たちが実際に文を作って表現したいものは必ずしもそのような具体的で明快な事象ばかりではありません。もっと誤解を与えやすい込み入った事態や抽象的な思考を言語化する必要が生じる場合もあります。そのような必要性に対処するための文法は個別言語ごとに異なります。

---

[7] このような実験研究では，事象を絵やビデオで参加者に見せた上で，それをジェスチャーで伝言する課題を行います。事前に実験材料として提示される名詞（ヒトやモノ）や動作動詞のジェスチャーの仕方を学習させた上で，実験ではそれらの要素をどのような順序で表現するかを測定します。

　格標識を持たない言語の語順は SVO 語順をとりやすい傾向にあります。SVO 言語で格標識を持つ言語は約 14％にすぎません（Dryer & Martin, 2013）。ジェスチャーによる事象の描写の実験を行ったギブソン（Gibson, E.）らは，格標識がない言語が SVO 語順をとろうとする動機は，ノイズの中でも誤解する可能性を減じるためであるという仮説を提案しています（Gibson et al., 2013 など）。

　たとえば，先ほどの文「太郎が太鼓を叩いた。」の対象が「太鼓」ではなく「次郎」だった場合を想像してみてください。「太郎が次郎を叩いた。」という文は，動作主も対象/被動者も共にヒトです。モノは被動者にしかなれませんが，ヒトは被動者にも動作主にもなれるので，2 つの項のどちらが叩くほうでも叩かれるほうでも意味的に成立するので，誤解が生じやすくなってしまいます。

　このように，複数の項を入れ替えても意味が成り立つ文を意味的可逆文（reversible sentence）といいますが，内容を正確に伝えるためには，可逆文の 2 つの項の意味役割を明確にしなければなりません。そこで個別言語はそれぞれ，格標識を用意したり，そうでなければ語順を厳密に設定して任意に入れ替えること（かき混ぜ）を禁止したりします。日本語は前者，英語は後者をとった言語です。

　仮に，動作主の太郎と被動者の次郎のうち，動作主の太郎の部分が騒音でかき消されてしまい，被動者の次郎の部分しか聞こえなかった場合を考えてみてください（表 12.1）。日本語であれば「次郎を叩いた」のように格助詞の「を」があるので，次郎は被動者であるとわかります。しかし，格標識を持たない英語が SOV 語順であったらどうでしょうか[8]。"Taro Jiro hit." のうち，Taro が聞こえなかったら，残るのは "Jiro hit." です。項が 2 つとも動詞の前にある語順では，1 つの項が聞こえず 2 つの順番がわからないとき，残された Jiro の部分が叩いた動作主なのか叩かれた被動者なのか可能性を絞れません。

---

[8]　脚注 3 で述べたように，英語でも代名詞の形を変えて格を表しますが（I/me の区別など），代名詞以外の名詞では形式的に格を表し分けることはできません。

表 12.1　格標識を持たない言語のノイズ復元パターンの可能性

語順	ノイズ状況	伝えられた文		意味の復元
SVO	ノイズなし	Taro hit Jiro.	(NP-VP-NP)	太郎が次郎を叩いた。
VO	前方ノイズ	---- hit Jiro.	(VP-NP)	(誰かが) 次郎を叩いた。
SV	後方ノイズ	Taro hit ----.	(NP-VP)	太郎が (誰かを) 叩いた。
SOV	ノイズなし	Taro Jiro hit.	(NP-NP-VP)	太郎が次郎を叩いた。
OV	前方ノイズ	---- Jiro hit.	(NP-VP)	次郎が叩いた。／次郎を叩いた。
SV	後方ノイズ	Taro ---- hit.	(NP-VP)	太郎が叩いた。／太郎を叩いた。

注：S=主語，V=動詞，O=目的語，NP=名詞句，VP=動詞句。

そこで，動詞を 2 つの項の間に置くようにすれば，いずれかの項が欠けても，
"Taro hit." か "Hit Jiro." となり，残された項が動詞の前にあれば動作主，後
にあれば被動者だというように，格標識なしに確定できるわけです。

　この考え方の傍証として，格標識を持つ言語は SOV 言語（約 72％）と VSO
言語[9]（約 47％）に多いという事実があります。これらはいずれも 2 つの格が
動詞に挟まれていない語順です（動詞前置または動詞後置）。2 つの項のうち 1
つが欠けても残された項の役割がわかるように，順序に頼らず格を利用してい
るのかもしれません。

　ここまで世界の言語のしくみの複雑な関係について概観してきました。なぜ
個別言語によって異なる語順がとられているかという理由は明確にはわかりま
せん。さまざまなコミュニケーション上の現実的制約，人間の認知的要請，さ
らには地理的条件などに応じて言語体系が進化してきたのでしょうか。

---

[9] VSO のような動詞からはじまる語順を基本語順に持つ言語も少数ながら存在しま
す。しかし，全体としては SOV と SVO が大多数であり，通言語的に主語前置の動機
はきわめて強いということです。それに対して，動詞は比較的さまざまなところに置
かれやすく，自由度が高いといえます。

12.3　文法の発達

　本章の後半では，私たち人間がそれぞれの環境下で個別に実現されている各言語の文法をどのように身につけていくかをみていきましょう。まず子どもが母語として文法を獲得していく場合について，続いて大人になってから（ある言語を母語として獲得した後に）外国語の文法をどのように身につけるかを考えます。

12.3.1　子どもの母語における文法獲得

　第 11 章の 11.4 節でみたように，子どもは 1 歳頃から初語を産出しますが，最初は 1 語しか発話できません。1 歳半頃になると，「わんわんいた」のような 2 つの単語を連ねて発話する **2 語発話**（two-word utterance）がみられるようになります。単語を複数発するようになったとき，その連なり方，つまり文法を考えなければならなくなります。2 語発話の段階では，統語構造は完成されているといえるでしょうか。

1. 項構造の獲得

　英語を母語とするこの時期の子どもは，何かをもっと与えてほしいというときに，more car, more cereal, more cookie のように，1 つの語を主軸として（ここでは more），もう一方の語を要求に応じて変えています。ブレイン（Braine, 1963）は，子どもの 2 語発話に観察されるこのようなパターンを **軸語文法**（pivot grammar）と呼んでいます。発達心理学者のトマセロ（Tomasello, M.）が自分の娘の発話を記録したところ，生後 16 カ月から 18 カ月の間に産出した 2 語発話では，more＋X，X＋gone などの軸語文法が認められましたが，前置詞が欠如したり，目的語が動詞の前に置かれたり（cookie bite など）と，大人と同じ文法ではなかったといいます（Tomasello, 1992）。この時期の子どもは，周囲の大人から聞こえた発話のパターンを模倣して 2 つの単語を一定の順序に並べて発話してはいますが，まだ階層的な統語構造を獲得しているわけではないようです。その他の数多くの研究（Akhtar, 1999 など）によると，英語を母語とする子どもが英語の SVO 語順を獲得するのは，おおむね 4 歳頃で

あるということです。

　英語は，上述したように語順によって項どうしの関係を区別しますが，日本語の場合はそれらを格助詞によって区別します。日本語環境の子どもたちも，はじめのうちは語順に基づいて項の役割を推測しているようですが，徐々に格助詞に基づいて文を理解するようになるといいます（Hayashibe, 1975 など）。日本児の格助詞の獲得過程の実験を行った鈴木（2007）は，日本語の「コアラがキツネを押した。」のような他動詞を使った意味的可逆文（12.2 節参照）に着目し，「コアラが押しました。」という主語しかない文，「コアラを押しました。」という目的語しかない文の理解を比べました。実験では，コアラがキツネを押している動画と，キツネがコアラを押している動画の両方を子どもに見せ，聞こえてきた「コアラを押しました。」という文が動画のどちらを表しているかを選んでもらいました。その結果，4 歳前後の子どもたちの正答率は約6 割であり，6 歳前後になって，いずれの文も約 9 割の正答率になったということでした[10]。

　このように，英語の場合は子どもが 4 歳頃に項の役割を理解するようになるのに比べ，日本語で子どもが文法関係を獲得するのは遅れるようです。これは，名詞に付加される格助詞の情報を保持するのに認知的処理負荷がかかり，文を理解するために格助詞の情報を保持するワーキングメモリの容量の発達がより強く求められるからではないかと考えられます（水本，2008）。また，日本語の日常会話では，「ごはん食べた？」のように格助詞を省略することが多く，子どもが周囲の発話から得られるインプットが少ないことにも一因があると考えられています（趙・酒井，2014）。

---

[10] なお，目的語が有生物で意味的可逆文の場合と無生物で非可逆文の場合の 3〜6 歳の子どもの産出を比較した実験（Suzuki, 2000）では，目的語が有生物の他動詞文では誤りが 63％ほどもあったのに対して，目的語が無生物の他動詞文（不可逆文）での誤りは 38％程度にすぎなかったということです（Suzuki, 2000 の Figure 4. に基づいて著者が計算した結果）。やはり，意味的可逆文の理解は難しいことがうかがえます。

2.　文法能力獲得における統計的学習

　大量のインプットの中から抽象的な統語規則を見出すためには，要素の連なり方のパターンの確率に基づいて**統計的学習**（statistical learning）を行うことが必要です（Tomasello, 2003 辻ら訳 2008）。私たちの発話は一連の言語音の連続体ですが，まず，子どもはその中から一定のパターンを見出して単語を切り分ける方法を学ぶ必要があります。たとえば，pretty baby /prɪti beɪbi/ という句では，pretty と baby はそれぞれ他の語と組み合わせて新しい句や文を作ることができるので，単語をまたぐ /ti/ と /beɪ/ が隣り合う確率より，単語内での連なりの /beɪ/ から /bi/ へ遷移する確率のほうが高くなります。このような音節の遷移確率といった統計的情報のもとに，子どもは /ti/ と /beɪ/ の間が語境界であると判断するようになります（Jusczyk et al., 1999）。人工言語を用いた実験では，生後わずか 8 カ月の赤ちゃんでも，複数の音節をつなげて作成した人工的な切れ目のない音声（たとえば，bidakupadotigolabubidaku のような音節の連続）を 2 分間聞くだけで，その中から遷移確率が高い 3 音節（上記の例では bidaku）を見出すことができるといいます（Saffran et al., 1996）。

　単語を切り分けることができるようになったら，次に複数の単語どうしの関係，すなわち統語規則を理解するためにも統計的学習が行われます。統語構造の統計的学習の効果を実験的に検討する際には，統語的プライミングという手法がよく用いられます（プライミングについては，第 7 章の 7.3 節，第 11 章の 11.3 節，第 13 章の 13.3 節でも触れています）。トマセロの研究チーム（Savage et al., 2006）は，4 歳の英語を母語とする子どもが受動態の構造を理解するようになる過程を，統語的プライミングを援用した訓練課題を通して縦断的に調べました。実験では，子どもを実験群と統制群に分けます。実験群の子どもに図 12.3（a）（プライム刺激）を見せながら，"The bricks got pushed by the digger.（レンガは掘削機に押された。）" と説明し，受動態のプライム刺激を与えます。そして，子どもにそのプライム刺激文を繰り返してもらった後に，今度は図 12.3（b）（ターゲットの刺激）を見せ，"What happened?" と聞き，子どもにその図の内容を口頭で説明してもらいます。他方，統制群の子ど

図12.3 **統語的プライミング課題で使用した刺激の例** (Savage et al., 2006)

(a) プライム刺激

(b) ターゲット刺激

 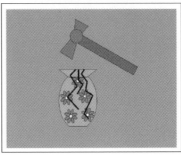

4歳の英語を母語とする子どもの受動態を理解するようになる過程を調べた実験。(a) のプライム刺激を実験群の子どもに見せ，"The bricks got pushed by the digger.（レンガは掘削機に押された。）" と受動態で説明します。子どもはその受動態のプライム刺激文を繰り返します。(b) のターゲット刺激を子どもに見せ，"What happened?" と尋ねます。統制群の子どもには，(a) 受動態プライム刺激を与えずに，(b) ターゲット刺激を見せます。

もには同じターゲットの刺激（**図12.3 (b)**）を見せますが，受動態のプライム刺激（**図12.3 (a)** とその説明文）を与えません。すると，実験群の子どもは統制群よりも受動態を多く産出しました。つまり，明示的に教えなくても受動文のプライムが受動態の獲得を促進し，潜在学習が起こったといえます。この研究でさらに興味深いのは，受動態のプライム刺激を同じ動詞で与え続けるよりも，いろいろな動詞に変えながら与えたほうがより高いプライム効果（＝潜在学習効果）が得られたということです。子どもが言語のある形を学習するために，同じ状況で繰返し触れるより多様な状況下で経験させたほうが有用だということの証拠を提供した研究として，教育的にも示唆に富んでいます。

12.3.2 成人の外国語における文法習得

すでに母語の文法規則を身につけた成人が新たに外国語の文法を学習する場

合は，個人の一般的な認知能力はもちろんのこと，その目標言語の言語特性や母語からの影響，目標言語が話されている地域で学ぶのか外で学ぶのか[11]，動機づけの程度や種類，学習方法など多様な要因が関わっています。

　あなたは，英語の apples の中の複数を示す -s と Hanako's apple の中の所有格を示す -'s のどちらが難しいと感じるでしょうか。日本語に訳すと，複数形でも単数形と変わらず「りんご」，所有格には「の」をつけて「花子のりんご」などとなるでしょうか。日本語には複数形がないので，りんごが 1 個でも 10 個でも同じく「りんご」というのが典型的です（無生物に「たち」をつけるのは日本語としては典型的ではありません）。一方，所有格を示す -'s は，日本語にもそれに対応する所有格の助詞「の」があります。したがって，複数形よりは所有格のほうをより早く身につけることができます（Luk & Shirai, 2009）。

　従来，第 2 言語/外国語としての英語の習得過程の研究の初期段階には，学習者の母語が何であれどのような環境であれ，学習者は所有格の -'s よりも複数形の -s を先に習得するという自然習得順序（natural order）が想定されていました（Krashen, 1977）。しかし，上述のように日本語を母語とする英語学習者はそうではなく，学習者の母語の特性によって習得順序は変わる可能性があります。別の言い方をすれば，日本語を母語とする英語学習者が所有格の -'s を容易に習得できるのは，母語に同等の要素を持っていることからくる**言語転移**（language transfer）——ここでは正の転移（positive transfer）——の恩恵を受けているからだと考えられます（転移については第 6 章の 6.7 節も参照）。逆に，日本語母語話者が学習しようとしている目標言語の英語で複数形の -s を落としてしまいがちであることは，負の転移（negative transfer）の例といえます。母語と目標言語の特徴の一致不一致によって，目標言語の習得が有利になることも不利になることもあるということで，絶対的な習得順序を想定することは必ずしも妥当ではありません。

---

[11] 学習環境について，目標言語圏内で学ぶことを「第二言語環境」，圏外で学ぶことを「外国語環境」といって区別することもあります。

12.4 文理解における個人差

これまで説明してきた実験研究は，複数の話者の集団を平均化して傾向を議論してきたものです。しかし，実際の文法処理の過程は個人の認知能力に左右されます（Kidd et al., 2018 など）。冒頭で述べたように，複数の語が一線上に連なっている文を理解するにあたっては，前に処理した情報を保持しながら後に入力された情報を処理し，それらの情報を統合する過程が必要です。そのため，文処理過程では，情報の保持と処理を担当するワーキングメモリ，そして長期記憶に貯蔵されている知識が重要な役割を果たします（技能に関わる記憶については，第 7 章の 7.2 節を参照）。構造的に複雑な文であるほど，また，文の構成素の間の距離が長いほど，処理の負荷は高くなりワーキングメモリが重要になります。ワーキングメモリは，訓練は可能であるものの，個人の資質によって容量の差が大きいことも知られています（Just & Carpenter, 1992; Klingberg, 2010 など）。

キング（King, J.）とジャスト（Just, M. A.）は，下記のような関係節を含む（7a）と（7b）のような文の処理における参加者のワーキングメモリの容量の影響を調べました（King & Just, 1991）。

（7a）主語関係節文：

The reporter that attacked the senator admitted the error publicly after the hearing.

（議員を攻撃した記者が，聴取後に誤報を公に認めた。）

（7b）目的語関係節文：

The reporter that the senator attacked admitted the error publicly after the hearing.

（議員が攻撃した記者が，聴取後に誤報を公に認めた。）

（7a）では，主節の主語は関係節の主語でもあります（主語関係節文）。この文では，関係代名詞 that の直後に動詞 attacked が置かれていて，その時点で

その動作主は the reporter であることがわかります。一方（7b）では，主節の主語 the reporter は，それを修飾する関係節の中の文では目的語となっています（目的語関係節文）。the reporter の後の関係代名詞 that の直後には，また別の新たな名詞句 the senator が入力されているので，この別個の名詞句がそれぞれどのようなはたらきをするかこの時点ではわかりません。統語理論上は，主語関係節文より，目的語関係節文のほうが処理負荷は高いと考えられてきました。もし本当にそうであれば，目的語関係節文の（7b）は，主語関係節文の（7a）より多くのワーキングメモリを必要とするので，ワーキングメモリ容量が小さい人にとっては困難だと予測できます。

　キングとジャストの実験では，参加者がコンピュータ上でこれらの文を単語ごとに読み，わかったらボタンを押して次に進むように，その作業をできるだけ早く正確に行うように求めました（自己ペース読み課題（self-paced reading task））。言語心理学の実験では，参加者に言語刺激（単語，句，文，談話等）を読ませたり聞かせたりして，それがどれほど正しく速く理解できるかを調べ，その処理過程を**反応時間**（reaction time)/**読み時間**（reading time）を通して条件間で比較します。各語の読み時間を測定して 2 つのタイプの関係節文間で比べたところ，ワーキングメモリ容量に起因する個人差は，主語目的語文の（7a）より目的語関係節文（7b）の処理に顕著に現れ，ワーキングメモリの容量が小さい人ほど，（7b）の主節の動詞 admitted のところでより長い時間を要するという結果が得られました。英語の目的語関係節文では，ワーキングメモリの容量が小さいと，関係節の内容を効率よく理解しながら主節を処理することがとくに難しくなるようです。複雑な構造を持つ文は，母語話者であっても誰もが容易に処理できるわけではないことが確かめられています。

12.5　おわりに

　本章では，複数の言語を比較しながら，言語の文法がどのように実現されるかを考え，語順，態，格標識などが相互に作用して全体として論理的な体系をなしていることをみてきました。また，子どもや成人が母語や外国語の文法を

獲得する過程や，それを獲得した話者の実際の処理上の個人差にも触れました。
本章で扱った現象は文処理の研究のごく一部ですので，さらに理解を深めたい
場合は，章末の参考図書などを頼りに学んでほしいと思います。

復 習 問 題

1. 文（sentence）についてもっとも適切な記述を1つ選んでください。

　①英語の語順は日本語に比べて自由度が高い。

　②文は，階層性と線状性といった特性を持っている。

　③文中の単語どうしの結びつきの強さはすべて同一である。

　④意味役割の観点からみれば，文の主語は動作主である。

　⑤「だろう」や「らしい」などのモダリティ形式は文の命題を表す。

2. 文法獲得過程の説明として正しくない記述を1つ選んでください。

　①日本語を母語とする子どもは，はじめは語順で文を理解し，しだいに格助詞に
　　基づいて理解するようになる。

　②1歳半頃の子どもは，一定のパターンをともないながら2つの語を連ねて発話
　　するようになるが，それは成人の統語構造と同じである。

　③子どもが母語の文法を獲得するには，文の構成要素の連なり方の遷移確率に基
　　づく統計的学習が必要である。

　④どのような文構造を選択するかは先行刺激の文構造に影響されること（プライ
　　ミング効果）が知られているが，それは子どもの言語獲得過程にもみられる。

　⑤第2言語/外国語の文法習得の難易度は，学習者の母語の文法とどの程度に類似
　　しているかに応じて変わり得る。

3. 文の実際の処理過程について正しくない記述を1つ選んでください。

　①態（ヴォイス）によって，文に含まれる項のうちどれに注目するかという話者
　　の視点を操作することができる。

　②一般に，その言語の基本語順に比べ，統語的に複雑な構造を持つかき混ぜ語順
　　を理解するほうが高い処理負荷がかかる。

　③文を理解するとは，線状に並べた複数の語の連続体から階層構造を構築する過
　　程であるといえる。

　④文の理解は個々の話者のワーキングメモリの容量にも左右されるが，定型発達
　　の成人の母語話者であれば，複雑な文構造も一様に困難なく処理できる。

　⑤複数の項を入れ替えても意味が成り立つような意味的可逆文を理解するときに

は，日本語では格助詞，英語では語順によって項の役割を判断できる。

参 考 図 書

佐久間 淳一・加藤 重広・町田 健（2004）．言語学入門——これから始める人のた
　　めの入門書——　研究社（初級レベル）

　非専門家に向けた言語学の入門書としてわかりやすい一冊です。第 14 講から第 21
講までは文法に関わる言語学的な基礎概念を簡潔に解説しています。他の章では，
音声音韻，語彙，語用論の理論についても紹介されています。

西原 哲雄（編）（2017）．心理言語学　朝倉書店（初中級レベル）

　私たちが言語をどのように獲得して理解しているかについて，言語の各側面から
解説しています。第 3 章では，本章で扱う文の理解について具体例を挙げながらわ
かりやすく説明しています。

トマセロ, M.　辻 幸夫・野村 益寛・出原 健一・菅井 三実・鍋島 弘治朗・森吉 直子
　　（訳）（2008）．ことばをつくる——言語習得の認知言語学的アプローチ——
　　慶應義塾大学出版会（上級レベル）

　語彙から文，談話までを取り上げ，子どもの言語獲得のプロセスを幅広い研究成
果を用いて考察しています。言語獲得の根本を考えさせる一冊です。

言語発達（4）
──談話・会話

　発話された文は，必ずしもことばの字義通りの意味を伝えるばかりでなく，字義以外のことを伝えるためにも機能します。時には，字義とはまるで反対のことを伝えることさえあります。字義以外の意味は，ことばを取り巻くさまざまな環境との相互作用で決まります。発話された文の集合である談話（discourse）や，実際の対人交流の現場である会話（conversation）の中で，ことばの意味を理解し産出する力はどのように発達していくのでしょうか。本章では，その理論的背景と，これまでに行われている実証的研究の知見に基づいて，談話や会話を実現させるしくみについて理解を深めます。

13.1　はじめに

　私たちが使うことばは，文脈（context）に取り巻かれています。文脈は，狭義には当該のことばが発せられる前にどのような情報が関係者間で共有されているか（言語的文脈）を指しますが，より広義には，どのような場（媒体）で，誰がどういう相手に向けて発しているのかという物理的，社会的な状況を含んで使われます。私たちは，実際のコミュニケーションの場で発せられたことば──発話（utterance）──に接したときには，そうした文脈に照らし合わせながら，推論をはたらかせてさまざまな事柄を受け取ります。このようなことばの実際の運用の問題を扱う領域をとくに語用論（pragmatics）といいます（第9章図9.2参照）。次節から，語用論の中で発展してきた重要な現象や概念（理論）を確認しながら，談話の管理（13.2節）や会話の管理（13.3節）にかかわる言語的なしくみについて把握し，そしてそれらの発達を促す認知的基盤

を考えます（13.4節）。

13.2　談話の管理

第9章の9.2節で触れたように，私たちは，語，発話，そしてその集合である**談話**（discourse）のレベルへと領域を広げていくことで，複雑な事象や概念を整理し，またそれを他者に伝え，世界を広げていくことができます。ことばは，原理的には無限に他のことばに関連づけ展開させていくことが可能です。物事を伝えようとするとき，その内容を伝え切るために必要な情報量はさまざまです。1語で事足りることもありますが，必要に応じてどんどん語や文を連ねて複雑な内容を構成します。複雑な事柄を整理して伝えるには，前に述べたことを保持しつつ，今述べていることとどのように関連するかを明らかにすることが必要です。

談話は，「複数の発話された文の集合」を指します。ただし，やみくもに無関連の文を寄せ集めたものを談話とは呼びません。複数の文が1つの談話を形成しているというためには，**結束性**（cohesion）と**一貫性/首尾一貫性**（coherence）を備えている必要があります。簡単にいえば，結束性はつながり，一貫性はまとまりのことです。談話の成立要件は，構造によるのではなく，もっぱら内容によっています。たとえば，**図13.1**の文章[1]を読んでみてください。これをつながりとまとまりのある「談話」と認めてよいでしょうか。

最後の文の「飲み会に参加しないことにした」という命題に対して，その前の4つの文はその決定に至る経緯を時系列で述べているようです。文と文の間に時間的経過ないし因果関係が認められることから，一応内容的にまとまりを持った談話であるということができそうです。それでもこの談話例Aは，のみ込みにくい，つながり具合が悪いと感じられるのではないでしょうか。それに対して，**図13.2**のようにすれば，つながりが良く読みやすくなったと感じ

---

[1] 本章では，言語学の慣習にならい，個々の独立した文を指す場合に「文」，複数の文を指す場合に「文章」と記します。

図 13.1　談話例 A

> 私は先月健康診断を受けた。
> 肝機能に異変が見つかった。
> 私は再検査を受けた。
> 医師は私に飲酒を控えるよう指導した。
> 私は明日の飲み会に参加しないことにした。

文が連続していて，内容的には関連して全体としてまとまりを持っていますが，文と文の
つながりが悪いです。

図 13.2　談話例 B

> 私は先月健康診断を受けた<u>ところ</u>，肝機能に異変が見
> つかり，<u>私は</u>再検査を受けた。
> <u>そのとき</u>医師に<u>は</u>私に飲酒を控えるよう指導<u>さ</u>された。
> <u>そのため</u>，<u>私は</u>明日の飲み会に参加しないことにした。

談話としての内容を効果的に伝えるために，接続表現や視点の統一などの工夫を加えてつ
ながりを良くしました。

られるのではないかと思います。

　談話例 B では，文章の流れを良くするために，複数の単文を複文にまとめ
たり，既出の代名詞を省略したり，文を受動態にすることで主語をそろえたり，
文と文の間に接続詞を置いたりと，いくつかの工夫を施してあります。談話の
結束性を強くするための手段を総称して，**談話標識**（discourse marker）とい
います。典型的には，指示表現や接続表現などがあります。

　他にも，「先ほど言ったように」などの注釈表現や，情報提示の順番を工夫
することなどが，結束性や一貫性[2]を強める助けになります。本節では，因果

---

[2]　結束性と一貫性の両者は，必ずしも明確に区別されないこともあります。

関係や階層構造を持つ複雑な内容を構成し，それを他者に伝えるという談話処理を実現するための原理として，グライス（Grice, H. P.）の協調の原理（Grice, 1975 清塚訳 1998）およびスペルベル（Sperber, D.）とウィルソン（Wilson, D.）の関連性理論（Sperber & Wilson, 1986/1996 内田ら訳 1999）を導入した上で，具体的な談話標識がどのようにはたらいているかを考えたいと思います。

13.2.1　グライスの協調の原理

　グライスは，言語哲学者として，人と人とのコミュニケーションが成り立つための共通の了解事項を整理しようと試みました。それが，会話において了解された方向に沿って協力せよという「協調の原理（cooperative principle）」と，その下位原則である 4 つの「格率（maxim）」のセットです。格率は，過不足なく情報提供せよという「量（quantity）」，正しく根拠のある情報を提供せよという「質（quality）」，関連性のある情報を提供せよという「関連性（relation）」，そして明瞭であれという「様態（manner）」の 4 側面からなります。

　協調の原理にしたがえば，首尾一貫して結束性の高い上質な談話を作ることができます。ただしグライスは，実際の発話の多くは格率の違反をはらんだ不完全なものであることをよく認識していました。もし私たちの発話が常に格率にしたがっていたら，いかに無味乾燥なやりとりになってしまうことでしょう。冗談やお世辞を言うこと（質の格率違反）も許されず，相手を傷つけないようにとあえてあいまいな言い方をすること（量や様態の格率違反）もできず，その結果，他者との健全な関係を構築することは難しくなります。

　たとえば，次のような文章が続けて示されたとします。

（1a）今年こそ海外旅行に行こうと思った。

（1b）しかし歯の治療で予想外の出費があった。（旅行はあきらめた？）

　（1a）から（1b）を読んだ時点で，受け手は何を考えるでしょうか。話し手が「関連性のある情報」を提供するはずだと想定しているなら，受け手は，

(1b) は (1a) と関連があるからこそこの順番で文を並べたのだと考えるはずです。そしてこの2つを関連づけるためには，「海外旅行には多額のお金が必要」で，「歯の治療で出費があったならお金がない」ので，「海外旅行に行くことはあきらめた」のだろうと推測するのが自然ではないでしょうか。このような命題と命題の間に生じる関係を**含意**（implication）といいます。

　ここで重要なのは，含意は，その時点では確定したものではなく，取り消し可能だということです。なぜなら，その後に，たとえば (1c) のような文が続いて，旅行をやめたという想定が覆えされることもあるからです。

（1c）そこで親に頼み込んで借金をした。（ならば旅行に行ったのだろう）

　私たちは，不完全な発話を含む談話を処理する過程において，合理的思考能力を駆使してこうした含意を導き，必要に応じてそれを修正しながら確定していきます。

13.2.2 スペルベルとウィルソンの関連性理論

　グライスの協調の原理を発展させ，人と人の間で効果的に意図の伝達が可能になる過程を追究したのが，スペルベルとウィルソンの**関連性理論**（relevance theory）です。この理論では，人間の認知は自分に関連のある情報に注意を払うようにデザインされているという**関連性の認知原理**（第1原理；cognitive principle of relevance）を前提とします。受け手は，発話が自分に関係すると思うからこそ，その発話に注意を払って解釈しようと努力します。話し手も，受け手のそうした注意のあり方に基づいて伝達方法を工夫します。伝達が実現したなら，当該の文脈の中でその発話の関連性があったということになります。

　伝達がもっとも首尾よく，つまりもっとも少ない労力でもっとも効果的な伝達が行われたときに，**最適の関連性**（optimal relevance）が達成されます。関連性理論では，すべての意図明示的な伝達行為は，その行為が最適の関連性を持つことを自動的に伝えていると想定します。これを「**関連性の伝達原理**（第2原理；communicative principle of relevance）」といいます。スペルベルとウ

ィルソンは，話し手にそのつもりがあろうとなかろうと，伝達行為それ自体が，話し手が最適の関連性のある発話をしているという信念を暗に受け手に伝えるといいます。それが，受け手が文脈の中で発話の含意を解釈する前提となるのです。

　現実のコミュニケーションでは，最適な関連性のある発話が常に伝達を成功させるとは限りません。話し手と受け手の努力が食い違う場合も多々あるでしょう。一方，受け手が多くの推論を経なければ関連性を見出せないような，あいまいなわかりにくい言い方をわざとするような場合もあります。ここでいう伝達とは，その発話文の命題内容そのものばかりでなく，その命題内容にまつわる話し手の信念，態度，感情なども含みます。命題の周辺にある事柄も合わせて，受け手は発話の最適な関連性を解釈していきます。

　たとえば，長年連れ添った夫婦などごく親しい間柄では，具体的なモノを指し示しながら「これをそこにあれしておいて」など指示語ばかりを使った伝達が行われることがあるかもしれません。話し手が多くの事柄を暗黙のままにしておくのは，受け手との間の相互理解の程度が高いことを暗示します。伝達における文体の選択は，常に話し手と受け手の関係を反映しているのです。

13.2.3　談話標識の処理

　談話標識は，効果的に談話を構成して伝達行為を効率よく実現させるための道具です。通言語的に認められる主要な形式としては，**指示表現**（referring expressions）や**接続表現**（connectives）が挙げられます。

　多くの情報を包摂して関連づけ，それらを談話として統合するためには，適宜既存の文脈の中で言及された事柄を指示する必要が生じます。すでに文脈上既知である情報をそのまま繰り返すより，既知であることを示す標識を使ったほうが受け手の処理の労力（負荷）は少なくてすみます。また，談話の中でその情報をどのように位置づけたいかによっても指示の仕方は変わります。

　どの言語にもみられる典型的な指示表現といえば，まずは**代名詞**（pronoun）です。文脈で一度言及された名詞は，既知であることを示して発話の労力を軽くするために，短い表現で置き換えたほうが便利です。たとえば英語で

は，Mary という人物が出てきたら，次に言及するときには代名詞 she で置き換えます。

　処理の負荷が大きくなるのは，一人称と二人称代名詞の切り替えです。実際の会話の中では，当然ながら，私が自分自身に言及するなら（I/私）ですが，相手からみれば（you/あなた）になるというように，同一人物を呼ぶ形がめまぐるしく交替します。このように，同じ実体を指す言語標識が発話者によって変わることに適応するには，臨機応変な**視点取得**（perspective-taking）ができる認知能力が求められます。その認知処理の負荷を軽減するためか，一部のヨーロッパ言語以外の多くの言語では，運用上「私」「あなた」「彼（女）」などの代名詞は省略されるのが普通です。日本語はその傾向がとくに強く，徹底した**代名詞脱落**（pronoun-dropping; pro-drop）言語として知られています。書きことばでもその傾向はありますが，話しことばではなおのこと，わざわざ「彼」「あなた」などというと不自然に響くことでしょう。また，日本語をはじめとするアジア言語の多くでは，人を指すための代名詞以外の道具が豊富で，「先生」「社長」のような職階や「お姉さん」「おじさん」などの親族名称を実際の親族以外にも転用して使うことがあります。

　日本語の指示表現としては，「こ/そ/あ」（「これ」「それ」「あれ」等）の指示語がありますが（「ど」は肯定の平叙文では基本的に使われないのでここでは除きます），これらも文脈依存の言語標識です。「こ/そ/あ」そのものは独立して何も表さない，実態のない機能語です。談話の中で指示表現を適切に取り入れることによって，談話の結束性や一貫性を劇的に向上させることができます。逆に，指示表現を使わずに常に絶対的な記述ばかりしていては，談話の中での文を越えた要素どうしの関係を見出しにくかったり，無駄に談話が長くなったりして，受け手にとっては処理効率が下がります。次の2つの談話を比べてみてください。

(2a) 私は学生の頃ある先生の講義を受けた。その講義に触発され，心理学
　　　の研究の道に進もうと決意した。

(2b) 私は学生の頃ある先生の講義を受けた。ある講義に触発され，心理学

の研究の道に進もうと決意した。

　（2a）に比べ，（2b）では，はじめの文が何のために存在したのかわからなくなり，（2b）の「ある講義」が宙に浮いてしまう感じがすると思います。2回出てくる「講義」が同一なのか別個なのかがあいまいになってしまうようでもあります。

　通言語的にみて，指示詞は，おおむね日本語のような「こ/そ/あ」の3系列のタイプ（他に韓国語やトルコ語）か，2系列のタイプ（英語や中国語など）に分かれます。3系列の指示語は，近称，中称，遠称と分類されたりしますが，実際には，物理的な距離ばかりでなく，指示の出発点（視点）がどこにあるか，指示対象が実際に見えているか，聞き手がすでにその対象に注意を払っているか，さらにはその対象に親しみを覚えているかといった心理的距離などの要因によってさまざまに使い分けられ，どの言語でもその原理は複雑です（Levinson et al., 2018 など）。

　その例にもれず日本語の「こ/そ/あ」の運用のしくみも複雑ですが，基本的には「こ/あ」が物理的な現場指示を担い，「そ」が言語的な文脈指示を担います（田窪・金水，1992）。母語として日本語を獲得する幼児も，日本語を母語としない外国人学習者も，言語習得過程で「こ/あ」に比べて「そ」が遅れるという一貫した傾向があることが知られています。「こ/あ」のように現前にあるものの指示より，「そ」のような目に見えない抽象的な指示のほうが難しいのは当然のことでしょう[3]。

　接続表現も，談話の効率的な処理を助けることは確かです。どの言語でも，複数の文や節をつなぐために，順接，逆接，対照，仮定，因果などの論理的関係の標識が用意されています。以下の文章を読んでみてください。

　（3a）太郎はうれしかった。彼はコンテストで優勝したのだ。

---

[3] 実際の「こ/そ/あ」の使い分けはさらに複雑な問題をはらんでいますが，ここではその詳細には立ち入りません。

（3b）太郎はうれしかった。なぜなら彼はコンテストで優勝したのだ。

　（3a）では2つの文が並列していますが，それらの内容を吟味すれば，両者が因果関係でつながれていることは読みとれますが，はっきりはしません。一方（3b）では，「なぜなら」という談話標識によって，1つ目の文の理由として2つ目の文が述べられていることが一目瞭然です。このような談話標識の存在によって，読み手の文の理解はどのように促進されるでしょうか。

　これらの文ごとの**反応/読み時間**（reaction/reading time）を検討した実験（Millis & Just, 1994）では，論理的関係を示す2つの文の読解において，接続詞（because や although）がある条件のほうがない条件に比べて迅速に理解できることが示されています。普通は，他の条件が一定なら，単語が多ければそれだけ読むのに時間がかかるはずですが，この実験では，接続詞が増えているにもかかわらず反応時間が短かったのです。このことは，接続詞が談話処理の負荷を軽くし，文理解を助けていることの証拠といえます。

　なお，どんな言語でも，ある論理的関係を示す手段が1つしかないということはまずありません。因果関係ならそれを表す標識が複数存在し，そうしたレパートリーの微細な使い分けが行われます[4]。談話標識の談話上の効果も，その関係づけが主観的か客観的かに左右されます（Zufferey, 2015）。たとえば反応時間や視線による英語の談話読解過程の実験によれば，同じ because でも，因果関係の結果が主観的な状態となる場合（例：“Gina felt really relieved on Friday night because she submitted a fifteen-paper on Friday morning.”）より，客観的な事実を示す場合（例：“Gina didn't sleep at all on Thursday night because she submitted a fifteen-paper on Friday morning.”）のほうが迅速に処理されるということです（Traxler et al., 1997）。

---

[4] たとえば，英語には因果関係を示す接続詞として主に because, since, as がありますが，それぞれ意味合いが違います。because は比較的どんな場合の因果関係にも用いることができますが，since や as はどちらかというとその因果関係が主観的な判断を示すときに好まれる傾向があるといいます。

13.3　会話の管理

　これまでみてきた談話が（書きことばであれ話しことばであれ）1 人の人間が構成して表現する独話（monologue）であるのに対して，会話は，話し手と受け手の二者の貢献が必要となる対話（dialogue）です。前章までにみてきた言語の音声/音韻，語彙，統語の各レベルの処理のすべてが会話の中で実現されるとき，それぞれの独立したはたらきとはまた異なる作用が生じます。というのは，話し手と受け手の**相互作用的な同調**（interactive alignment）が，会話の進行を助け，両者の情報処理を促進するからです（Pickering & Garrod, 2004）。

　会話における同調は，別の見方をすれば言語的な**プライミング**（priming）**効果**——先行する刺激が後続の認知作用を促進する効果——と考えることができます（第 11 章の 11.3 節，第 12 章の 12.3.1 項も参照）。以下の会話[5]をみてみましょう。

　　1 F139：何かやりたいのにやることがないってすごく何か，〈笑い〉つらい。
　　2 F004：そうだよね。
　　3　　　　うーん，空回りしちゃうよね。
　　4 F139：そう，空回りって感じ。
　　5　　　　やだなー早く脱出したい。
　　6 F004：脱出したいねー。

（『名大会話コーパス』data014 より）

　4 行目の F004 が最初に発した「空回り」ということばを，5 行目の F139 が繰り返し，また F139 が 6 行目で使った「脱出したい」を次の 7 行目で F004

---

[5]　女性どうしの会話です。F139，F004 はそれぞれ話者 ID を示しています。『名大会話コーパス』は，国立国語研究所で公開され，無償で利用できます。（URL：https://mmsrv.ninjal.ac.jp/nucc/（2020 年 9 月 21 日検索））

が「脱出したいねー」と重ねています。このように，F004 と F139 はお互いに相手の発したことばを繰り返しています。情報処理の効率を考えれば，これは無駄というほかありません。けれども私たちの実際の対面の会話は，このような語彙の繰返しであふれています。会話に頻出する「繰返し」の現象は，対面相手による語彙的プライミングとなって相手の言語産出を促します。

　語彙の処理は，単独では使用頻度や獲得年齢による影響を受けることが広く知られていますが，対面する相手との即興的なやりとりでは，相手の発話に左右されますので，必ずしも頻度や獲得年齢の影響を受けません。実際の会話は，あくまでも相手からの刺激に突き動かされて進行していきます。**相互作用同調モデル**（the interactive alignment model; Pickering & Garrod, 2004）は，会話における参加者間の同調が，音声，語彙，統語，意味，（物理的・言語的）文脈のあらゆるレベルで生じると想定します。協調的な会話参加者は，相手と発音や声色が似てきたり（音声/音韻的プライミング），相手が受け身の文を使えば自分もそれにつられて受け身にしたり（統語的プライミング）と，さまざまなレベルで相手と同調してそのとき問題となっている事柄を共有しようとします[6]。この会話参加者間の同調メカニズムが，独話ではみられない数々の冗長さをもたらします。そこで次に，同調の主要な具体的特徴として，発話交替の複雑さ，ほのめかしなどの間接的な発話行為，そしてスタイル（話体）の切り替えについて考えてみましょう。

13.3.1　複雑な発話交替

　すでに述べたように，会話の進行過程は情報処理の観点からみて決して効率の良いものではありません。先に挙げた繰返しの他に，話し手が次のことばを探す間の**言いよどみ**（filler）や誤りの**言い直し**（repair），受け手が話し手の発話の間に挟む**あいづち**（backchannel）などの話しことば特有の要素で会話は満ちあふれています。それらの要素は，会話の円滑な進行を助けるとともに，その使い方が話し手の人となりを反映するという側面もあります。

---

[6]　その詳細の過程も検証されています（Branigan et al., 2000）。

　以下は 3 人の自然会話の例です。そのうちの 1 人（F138）が最近他界した兄の供養の様子を説明しています。

　　　F138[7]：だって，その，兄をね，その，お墓に，その，その 49 日で（うん）あの法要して，（うん）それでお坊さんがお墓に入れるときに，（うん）お墓のお坊さんが（うん）どうしましょうとかって言ったら，（うん）その，お墓の人がね，（うん）あの，うちの専属のお坊さんは，（うん）先生は禅宗ですけど（うん）どの宗のお経でも読めますから。〈笑〉

　　　　　　　　　　　　　　　　　　　（『名大会話コーパス』data008 より）

　F138 の発話の間に，受け手のあいづちが 8 回みられます。実は，このあいづちは文化差の大きい要素です。あいづちの異文化間比較調査（Clancy et al., 1996）によれば，英語がもっとも少なく，次いで中国が少なく，日本語は突出して多いということです。ドイツ語は，英語に比べてさらに少なく，あいづちを打つ場合でも文法的に完結していて，話し手の発話に間ができたときにのみ打つそうです（Heinz, 2003）。実際，外国人の日本語学習者は，日本語母語話者との会話のあいづちの多さに，自分の日本語が下手だからやめさせようとしているのではないか，邪魔されているのではないか，などといった不安や不快感を持つことがあるといいます（水谷，2015）。

　量の多寡はさておき，あいづちの基本的な機能は，発話権を持っていない会話参加者が，発話権を持っている話し手の発話に耳を傾けていることを示す信号であり，本来会話の進行を助けるものです[8]。その相手を助けようとする意識が高じると，もともと発話権を持つ話し手が 1 つの文を完成させる前に，受け手に発話権がわたってしまうこともあります。これが，相手の言いたいことを

---

[7]　発話中のカッコ内の表記「（うん）」などはあいづちを示しています。
[8]　あいづちは，典型的には「うん」や「はい」などの言語的なものですが，うなづきやほほえみといった非言語的なものもあります。ここでは言語行動に限って話を進めています。

推察して，いわば助け舟を出す形で後半部分を完成させる**共話**（co-construction）の現象です。共話はどの言語にもみられますが，日本語では顕著であるといわれています（水谷，2015）。

次のやりとりは上の会話の続きですが，兄を亡くした F138 に対して，F098と F032 がともにお悔やみを述べる中で共話がみられます。

> 1 F098：あー，まーそれにしてもやっぱり。
> 2 F032：いやー，でも大変だったわね。
> 3 F098：大変だわ。
> 4 F138：いえ，でも，そんなもう，あの本当に。

（『名大会話コーパス』data008 より）

1 と 2 の発話をみれば，2 人で 1 つの文を完成させる「共話」といえます。また見方を変えれば，F098 が 1 人で文として完成させようと意図していたのに，途中で F032 が遮ったとも考えられます。このように，話し手と受け手の間で発話権を授受するタイミングは，母語であれば意識せず管理しているものですが，実は難しい面もあります。その意図が相手に誤解され，対人関係を脅かすこともあるからです。

13.3.2　間接的な発話行為

会話における情報伝達上の冗長さは，話者交替のときばかりでなく，発話の内容そのものにおいてもみられます。ブラウン（Brown, P.）とレヴィンソン（Levinson, S. C.）の理論によれば，こうした冗長さは，本来的には，対面している相手の心情を傷つけまいとする**対人配慮**（politeness）が動機となっています（Brown & Levinson, 1987 田中監訳 2011）。

たとえば，クラスメートが明らかにひどい発表をした後に，その本人から「今日の私の発表どうだった？」と聞かれたとします。率直な（グライスの協調の原理に忠実な）返事をするなら，「ひどかった」と答えなければなりません。けれども多くの常識的な人は，相手に発表がひどかったと面と向かって伝

えることはしないでしょう。「良かったよ」とお世辞を言ったり（つまり「質の格率」から逸脱する），または「いい発表をするのって難しいよね」などと話の矛先をずらしたりする（つまり「関連性の格率」から逸脱する）かもしれません[9]。そのクラスメートはその答えを聞いてどう解釈し何を思うでしょうか。類推能力があれば，自分の発表の評価を聞いたのに一般論が述べられていることから，相手は自分の発表の評価を述べたくないこと，良い評価であればそう言うはずであるから，自分の発表は悪かったのだと解釈するでしょう。

　言語哲学者のサール（Searle, J. H.）は，実際のコミュニケーションの場でことばを発することはすべて何かの行為であるとみなします（Searle, 1969 坂本・土屋訳 1986）。話し手は，ことばを発することによって受け手に何らかの変化をもたらすことを意図し，発話によって何らかの点で受け手や世界が変わると考えます。このように，世界を変えることを企図して，真に相手にある意図を伝えようとする行為を**発話行為**（speech act）といいます。サールの理論では，発話行為の意図の核心は**遂行動詞**（performative verb）にあり，これが明示されれば直接的発話行為となり，遂行動詞なしにその発話行為が成立すれば間接的発話行為となります[10]。上の例であれば，「非難」の発話行為となりますが，「（あなたを）非難する/します」という非難の遂行動詞に相当する要素はありませんので，間接的な非難の発話行為となります。発話行為が間接的であるのになぜその意図が相手に伝わるかといえば，相手が状況に照らし合わせて推論できるからです。サールは，それが可能になる状況を**適切性条件**（felic-

---

[9] このやりとりは，英語の実験研究（Holtgraves, 1998）で紹介されている例を応用したものです。

[10] サールの発話行為理論では，遂行動詞が使われていない発話行為はすべて間接的発話行為として扱われます。たとえば，"I ask you to open the door." といえば遂行動詞 ask が使われているので依頼の直接的発話行為ですが，"Can you open the door?" といえば，遂行動詞がないので依頼の間接的発話行為となります。ところが，後者の文は，間接的発話行為とはいえ，英語の言語文化上依頼を意図していることは明らかです。このように，実際の間接的発話行為は，意図が慣習的に明らかであるものから，当該文脈や相手の類推能力等に高度に依存したほのめかしによるものまで，その間接性の程度はさまざまです。

ity conditions）と呼んでいます[11]。

　こうした間接的発話行為は，話しことばでも書きことばでも表現されるもの
ですが，とりわけ会話という媒体は，目の前に相手の顔が見えているという物
理状況的な同調によって，間接的な発話行為が表出される契機に富んでいます。
私たちの日常でも，他人にネガティブなコメントをするときには，たとえば面
と向かって相手に怒りをぶつけにくければ，「私はあなたに怒っている」など
ではなく，「みんながちょっと困っているみたい」と言ったりするなど，間接
的になることがあるのではないでしょうか。

13.3.3　話体の調節

　同じ内容を伝えるにしても，対面する相手との関係，場面の要請，自分をど
う見せたいかなどによって，話しことばのスタイル（話体）は変わります。話
体を形成する要素は，音声/音韻的レベルから語用論的なレベルまで多岐にわ
たります。音量や速さ，発音の明瞭さ，語彙の選択（和語，漢語などの語種や，
仲間内のことばや専門用語を使うかどうかなど），統語構造（単文にするか複
文にするか，繰返し，付加疑問にするかなど），敬意表現を使うかどうかなど
があります。話体の調節が適切でなければ，相手に不快感を与えます。発音が
不明瞭であれば滑舌の悪い人，語彙の選択が適切でなければことばを知らない
教養のない人，統語構造の選択が適切でなければ話がわかりにくい人，敬意表
現が使えなければ失礼な人，などという好ましくない評価を得ることになって
しまいます。

　一方，話し手自身としては受け手を配慮してある話体を選択したつもりでも，
受け手には不快に思われることもあり，そこに対人コミュニケーションの難し
さがあります。その一例として，話し手が受け手を養育したり庇護しなければ
ならないという態度が過剰にはたらくと，受け手との間で齟齬をきたすことが
あります。受け手を庇護する特徴的な話体としては，たとえば，赤ちゃんに対

---

[11] 適切性条件には，命題内容（propositional content），準備（preparatory），誠実性
（sincerity）および本質（essential）の4つがあります。

するベビートーク[12]，生徒に対するティーチャートーク，外国人に対するフォリナートークなどが典型的です。これらは，ゆっくりはっきりとした発音，特徴的な抑揚，シンプルな語彙と統語構造，繰返し等の点で共通しています。

　このような庇護の意識を反映する話体は，高齢者に対しても向けられがちです。高齢者に対する過剰な庇護の意識が世代間コミュニケーションを難しくしていることは，多くの言語文化で報告されています（Giles et al., 2003 など）。とりわけ医療や介護の現場では，実際に受け手となる高齢者に身体的なケアが必要である分，庇護的な話体が現れやすくなります。高齢者は，たとえ医療や介護を受けて身体的ケアを必要としていても，みずからの豊かな人生経験と見識に対して然るべき尊敬を受けることを期待していますが，若い医療・介護従事者はそれを十分認識していないため，話体の選択に注意を払っていないことがあるのかもしれません。

　このような世代間のミスコミュニケーションは，図 13.3 のように，ケア（対人関係構築の目的）とコントロール（業務達成の目的）という 2 つの観点から説明することができます。人と人との関係は，人間としての価値は同じでも，立場が完全に対等であることは現実にはほとんどありません。その関係の非対称性に応じて，ケアとコントロールのバランスを考えてさまざまな話体がとられます。ところが現実には，そのバランスの見積もりが話し手と受け手の間で完全に一致しないことがよくあります（別個の人間である以上当然のことながら）。多少の不一致であれば許容することができますが，不一致の程度が許容範囲を超えたときには，両者の対人関係は損なわれることになります。

　このような話体が聞き手に与える印象のしくみは，どの言語にも共通する部分もありますが，ヨーロッパ言語にはない日本語や韓国語などのアジア言語に特徴的な話体形成要素として，文末表現が影響します。文末表現は，文の述語の後に位置しますので，（述語の）**右側周辺部**（right periphery）ともいいます[13]。アジア言語では，この右側周辺部に話し手の態度を示す要素が表されま

---

[12] ベビートークは，マザリーズ（motherese）または対乳児発話（infant-directed speech）などとも呼ばれます（第 11 章の 11.4.1 項参照）。

[13] 一方，ヨーロッパ言語のような主要部前置（中置）型言語では，モダリティ要素は，

図 13.3　高齢者に対する言語行動の評価バランス（Hummert & Ryan, 1996 を改編）

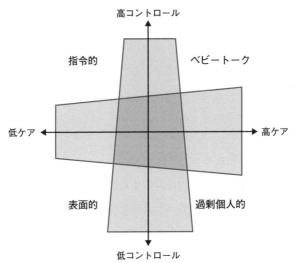

コントロールとケアという 2 つの観点からみて，高齢者の期待から逸脱して高すぎたり低すぎたりすると，その言語行動は高齢者にとって不快なものとなります。両観点が高いか低いかによって，指令的，ベビートーク，表面的，過剰個人的（独りよがり）という印象を与えます。

す。文の命題に対する話し手の態度や気持ちのことを，言語学の専門用語で「モダリティ（modality）」または「ムード（mood）」といいます。日本語では，述語の後に，恩恵の授受を示す「やりもらい」表現，証拠性の程度を表す表現（「らしい」「ようだ」など），丁寧語（「です」「ます」），対人機能を持つ終助詞（「ね」「よ」など）などをつなげ，動詞の後を任意に長くして話し手の態度の機微を表現することができます。これらのモダリティ要素も，話体を形成し，それらを選択する人の人柄が聞き手にどう印象づけられるかを左右します[14]。

助動詞（may など）や副詞（probably など）などで表現されることが典型的で，これを左側周辺部（left periphery）といいます。

[14] ある話体がある人物像を想起させるとき，またはある人物を思い出すと一定の話体

13.4 談話や会話の管理能力の発達と個人差

談話や会話を管理する能力を，私たちはどうして使えるようになったのでしょうか（または使えるようにならないのでしょうか）。談話や会話を管理するためには，複雑な言語処理と状況を関連づけることができるための思考能力や，相手の心情を汲みとって適切に対処できるだけの感情面の充実が求められます。そのような認知・感情的基盤の発達にともなう談話や会話の管理能力の発達過程を示唆するいくつかの研究をみてみましょう。

13.4.1 談話・会話管理を支える認知機能

子どもが談話や会話の管理能力を獲得するためには，その前提となる**実行機能/執行機能**（executive function）——目標を明確化し，試行や行動を適切に制御する認知システム——の発達が不可欠です。実行機能は，①複数の課題の**切り替え**（shifting），②当座に不必要な情報の**抑制**（inhibition），そして③必要な情報を保持する短期記憶または**ワーキングメモリ**（working memory），という3つの側面からなります（Friedman et al., 2008 など）。これらはことごとく，多岐にわたる複雑な情報を制御することが求められる談話や会話の管理の基本となる機能です。切り替えは，たとえば談話の中で話題を転換したり，会話の中で視点取得をするのに必要です。抑制は，対人配慮の実現などに求められます。自分の考えや情報を率直に伝えれば相手の心情を害してしまうかもしれないなどというときには，言いたいことを抑えなければなりません。ワーキングメモリは，長い談話や会話で共有された文脈を保持するためになくてはならないものです。

実行機能とともに，長く複雑な言語表現においてその書き手や話し手が意図したところを理解できるためには，自分以外の他者が何を知っているか，何を

が想起されるとき，それを「役割語」といってその特徴と性格が関連づけて論じられます（金水，2003 など）。それらは演劇やメディアなどにおける表現上の演出に活用されますが，望ましくないステレオタイプを助長する一因になってしまう負の側面も持ちます。

考え，感じているかを的確に推察する力が備わっていなければなりません。他者の意図，心情，願望，感情等を推察することを**心の理論**（theory of mind；Baron-Cohen, 1995 など）といいます[15]。先に挙げた視点取得も，心の理論と深く関連します。心の理論の能力が育っているかどうかを判断するのは難しく，測定方法にも左右されます[16]が，自分と相手の心の状態が一致しているかどうかの認知は早くも 2〜3 歳頃には芽生えるようです（Carlson et al., 2004）。

心の理論能力が欠如するか十分獲得できていない状態が，**自閉スペクトラム症**（autism spectrum disorder; ASD）[17] です。ASD については第 14 章の 14.2 節で詳述しますが，定型発達者の中でも自閉傾向が高く心の理論能力が低いと考えられる人たちはいます。そのような人たちも，やはり談話標識や対人的機能を果たす言語表現の運用に困難があるようです。

13.4.2　談話管理能力の発達

英語を母語とする定型発達の子どもでは，2〜3 歳の段階ではまだ指示表現はほとんどみられません。しかしそれは心の理論能力が未発達だからというよりも，それを言語的に実現する十分な統語能力を獲得していないからとも考えられます（Zufferey, 2015）。現に，この年齢の子どもはすでに，共同注意があるときとないときとで事物の指示の仕方を変えており，共同注意があるときは指示対象について何も言わず，ない場合は名詞そのものを言うそうです（Skarabela et al., 2013）。このように，言語的に実現する前から，自分以外の他者に物事がどのように見えているかを認知し，相手にとって自明のものは省略している様子がみてとれます。

---

[15] 心の理論は，メンタライジング（mentalizing），認知的共感（cognitive empathy）ともおおむね同義で用いられます。第 9 章の 9.2 節，第 11 章の 11.4.3 項，第 14 章の 14.2 節でも触れています。

[16] 心の理論は，通常「誤信念課題」（false-belief task）という課題によって検討されます。これにはさまざまなバリエーションがあり，課題のタイプや教示の与え方，文化等によっても成績が変わります。

[17] 日本語訳としては「自閉症スペクトラム障害」も使われます。いずれも ASD の定訳ですが，「自閉スペクトラム症」のほうが比較的よく使われます。

　5 歳頃になると徐々に指示表現を使いはじめますが，依然として不調和な面が残り，過剰使用もみられます。たとえば，それ以前の文脈で言及されていないのに，“The boy is sitting on a chair.” と定冠詞をつけたり，“She wants to get out.” と代名詞を使ったりします（De Cat, 2020）[18]。事象認知の過程は，まず自己中心的な視点による段階があり，次にその視点を他者の視点にも適用できるかを再考して必要に応じて修正する段階へと移ります。大人と子どもの違い，または自閉傾向などの認知スタイルの違いなどは，その視点修正をどれだけ即座にできるかという速度の差であると考えられます（Heller et al., 2008）。

　一方，日本語には定冠詞はありませんし，代名詞も先述したように省略するほうが自然ですので，上記の英語の事例のような問題は起きにくいかもしれません。それでも，「こ/そ/あ」などの指示詞では，視点取得の能力が求められます。先にも述べましたが，日本語を母語とする定型発達の子どもでは，現前指示の「こ」と「あ」系の指示詞は 20 カ月頃からみられるようになりますが，言語的文脈指示の「そ」はそれより遅れることが報告されています（小椋ら，2016）。

13.4.3　会話管理能力の発達

　会話を首尾よく管理するには，個々の発話の意図を正確に把握する狭義の言語能力だけでなく，それにいつ反応しどう答えるかという文化的慣習，さらに相手の声の調子や顔の表情などの周辺/非言語情報の読みとりなど，複合的なスキルを学習しなければなりません。子どもの基本的な会話管理能力の獲得については個人差も大きいものの，少なくとも 7 歳の段階では，まだ参加者どうしでそのやりとりの前提となる背景を確認し合い，相互作用的同調を実現することは難しいようです（Garrod & Clark, 1993）。

　相手の間接的な意図を把握する能力は，5 歳頃から徐々に獲得されるようで

---

[18] 指示表現の適切な使用は成人にとっても難しいもので，誰でも時には過剰使用をしてしまいます。とくに ASD 者は，知的な遅れがなく言語能力にまったく問題がない場合でも，こうした指示表現の運用が非典型的であることが知られています（Arnold et al., 2009 など）。

すが（Winner & Leekam, 1991），字義と意図が正反対となる皮肉（irony）の理解については7歳でも難しいようです（Filippova & Astington, 2008）。また，間接的な意図理解には，イントネーション（第10章の10.3.4項参照）などの周辺言語情報，顔の表情などの非言語情報も影響します。日本語の場合は，先述のように対人的機能を表す文末表現が手がかりになります。3〜4歳の日本語を母語とする定型発達の子どもの場合，内容は同じでも適切な終助詞を使うことで意図理解の成績が上がるという報告もあります（Matsui et al., 2016）[19]。

13.5　おわりに

　本章では，ことばを現実のコミュニケーション場面で運用する際に生じるさまざまな問題について検討してきました。ことばの語用論的側面は，文脈や対話相手との相互作用への依存度が高く，不確定でとらえにくいものです。だからこそ，語彙や統語などの言語能力に比べて個人差も生じやすいのでしょう。こうした不確かな現象のしくみを把握することは容易ではなく，それを教育することにはさらに困難がともないます。それでも私たちは，実際の言語運用のしくみの複雑さ，気づきにくい言語運用上の慣習の文化差，または話し手と受け手の意図や期待の不一致について認識する必要があります。そうしたことによって，現実の世界で自分と異なる他者を理解し，受容する態度を養うことができると思われます。

復 習 問 題

1. 良い「談話」が実現するしくみについて適切でない記述を1つ選んでください。
　①談話を構成する個々の文の長さは，必ずしも談話の結束性と一貫性に直接関係しない。
　②談話の一貫性は，言語に応じた一定の形式を遵守すれば達成される。

---

[19] ただし，終助詞の使い方が適切か不適切であるかは，文法的に正しいか誤っているかの判断ほどはっきり決められず，個人差の大きいところです。

③代名詞の省略は，談話の一貫性と結束性を高め，聞き手の処理労力を軽減する
ために行われる。

④談話の結束性と一貫性を高めるための指示詞の適切な量は，文脈や聞き手しだ
いで変わる。

⑤談話を構成する複数の文を提示する順番によって，談話の結束性と一貫性の高
さが変わる。

2. 過剰に高いコントロールとケアのために，若年者が高齢者を不快にさせ得る言語
行動の例として，<u>もっとも適切なものを 1 つ選んでください</u>。

①駅で高齢者に道を聞かれ，最短距離だったので「A 出口から行けます」と答えた
が，後で，距離はほんの少し遠いがエレベーターのある B 出口のほうが良かっ
たと気づいた。

②精神的に落ち込んでいる高齢の親戚に対して，「食べないと力も出ないんだから，
この肉もっといっぱい食べて！」と促した。

③介護施設で，読書好きの高齢者が本を読んでいるのに対して，職員が「この本
は難しいし目が疲れるからもうやめて，少し休もうね」と言って止めた。

④自分の祖母と同年配の初対面の高齢者に対し，「私の祖母は，いつも孫の教育に
口を出して嫌がられていて……」など，個人的な話題で長く話し続けた。

⑤病院でリハビリをする高齢患者が，疲れがひどく休みたいと言うのに対して，
作業療法士が「もっとしっかりやらないと退院できないよ」と叱った。

3. 円滑な対人関係を実現する会話管理について<u>適切でない説明を 1 つ選んでくださ
い</u>。

①会話を促進するあいづちは，文化によって適切な量やタイミングがあり，過剰
になるとむしろ会話を邪魔しているような印象を与える可能性がある。

②会話における個々の文の統語的構造は，その命題内容をどう伝達するかの考慮
と共に，対面相手との相互作用的な同調によって選択されることがある。

③文においては，命題内容を伝える中心部を取り巻き，右側ないし左側の周辺部
（periphery）．に話し手のさまざまな態度（ムード/モダリティ）が表される。

④聞き手の心情を配慮した間接的発話の理解は，定型発達の子どもであれば 5 歳
までに獲得される。

⑤会話の管理能力を獲得するには，課題の切り替え，不要な情報の抑制，情報を
保持するワーキングメモリといった実行機能の発達が不可欠である。

参 考 図 書

トマス, J.　浅羽 亮一（監修）田中 典子・津留崎 毅・鶴田 庸子・成瀬 真理（訳）

（1998）．語用論入門──話し手と聞き手の相互交渉が生み出す意味──　研究社（初級レベル）

　語用論の基本的概念やその意義を着実にわかりやすくまとめた入門書として最善のものの一冊です。

林 創（2016）．子どもの社会的な心の発達──コミュニケーションのめばえと深まり──　金子書房（中級レベル）

　子どもの語用論能力の発達過程を丁寧にたどってある一般書。発達障害の理解を深めるためにも適していると思われます。

水谷 信子（2015）．感じのよい英語 感じのよい日本語──日英比較コミュニケーションの文法──　くろしお出版（初級レベル）

　会話の管理の文化差について，臨場感あふれる例とともに，気軽に楽しく知ることのできる一冊です。

言語に関わる障害

14

　ことばは，みずからの思考や感情を整え，それを自己と他者との間で共有するといった一連の精神活動の手段です。精神活動の反映としてことばを表現したり受け取ったりするためには，それに関わる身体器官を適切にはたらかせる必要があります。したがって，ことばの障害は，精神と身体療法のさまざまな疾患ないし障害の結果として，またはそれらに影響を受けて生じます。私たちは，言語機能の困難や不全について単独でみるのではなく，広く心身の機能の中に位置づけ全的な視野で理解する必要があります。本章では，人間の一生を通じて起こり得る言語機能に関わる障害として現在認められている主要なものを紹介します。

14.1 はじめに

　言語機能不全の症状に関わる「障害（disorder）」は，精神障害（発達障害や知的障害を含む）に起因するものと，身体の障害や疾患に起因するものに大別されます。同一ないし類似した言語機能不全の症状が複数の障害や疾患によって生じることも多々あります。とりわけ，精神障害に起因する言語機能の障害ないし不全のほとんどは，他の精神障害同様，いわゆる正常と異常の間をはっきり区切ることは必ずしもできず，**スペクトラム**（連続体）としてとらえたほうがよい場合があります。障害の有無の間には，幅広い境界域が存在するという考え方が有用な場合があるということです。

　同一の名前がつけられた障害であっても，その症状のあり方には大きな個人差が存在しますし，また一人の人の中でも状態は変化します。さらに，障害が

あると診断されていない人であっても，その障害に相当する症状を一定程度持っていることもあります。したがって，障害を「診断」することとともに，どのように「治療」ないし「支援」をするのか，そもそもすべきか否かを判断することは，きわめて難しい問題です。診断や治療には医師があたりますが，言語機能のリハビリテーションに従事する国家資格の専門職として，**言語聴覚士**（speech-language-hearing therapist）がいます。

こうした言語に関わる障害の問題を統合的に理解するためには，精神障害全般と同様に，それが人生のどの時期に起こるかという視点から整理することが有用です。世界的に通用している精神障害の診断名や診断基準として，アメリカ精神医学会（American Psychiatric Association; APA）による精神疾患の診断・統計マニュアル（Diagnostic and Statistical Manual of Mental Disorder; DSM）と世界保健機関（World Health Organization; WHO）による国際疾病分類（International Statistical Classification of Diseases; ICD）がありますが，これらでも好発時期という観点が取り入れられています。

本章の言語に関わる障害の紹介においても，それにしたがって発現時期ごとに代表的なものをみていきます。**表 14.1** のように，まず精神疾患の範疇に含まれるものとして，子どもの乳幼児期（発達期）に発現する神経発達症群に関わるものからはじめ（14.2 節），続いて思春期以降に生じる心因性（機能性）の言語機能不全（14.3 節）に触れます。その後，身体的な疾患や障害に関して，感覚器の疾患や障害に起因する言語機能の不全の問題（14.4 節）と，成年期以

表 14.1 言語機能不全を起こす代表的な心身の障害/疾患の概要

	発現時期	障害/疾患のタイプ	本章で扱う節
精神	乳幼児期（発達期）	神経発達症群による不全	14.2
	思春期以降	心因（機能）性疾患による不全	14.3
身体	先天性・乳幼児期	感覚器障害による不全	14.4
	思春期以降	脳の器質的疾患等による不全	14.5

降に好発する後天的な脳の器質的疾患等による言語障害（14.5節）について述べます。本章で扱う用語のうち，参照可能なものは，DSM-5（最新版，APA，2013 髙橋・大野監訳2014）に準拠し，随時他の呼び方についても補足します。

14.2　子どもの発達期に生じる言語機能の不全

　本節では，子どもの発達期の比較的早期（乳幼児期）に顕在化する**神経発達症群**（neurodevelopmental disorders）における言語機能の不全について紹介します。神経発達症群とは，神経系の発達の不具合が想定される疾患の総称で，DSM-5で新たに導入された用語であり，各疾患は特有の特徴を呈しながらも，発達早期の神経発達の病理，認知—情動処理特性，臨床経過等の面で一定の共通点を持つ妥当性の高いクラスタとして認められています（神尾，2014）。いずれの疾患も，遺伝要因が比較的強く関与すると示唆され，ごく早期にはじまる脳の非定型発達の発現であるという点で共通しており，同クラスタ内の複数の障害が併存することも少なくありません。なお，日本では，**発達障害**（developmental disabilities）という用語のほうが一般的かもしれませんが，DSM-5では使われていません[1]。

　次からは，神経発達症群の中で言語機能に関わりの深い障害について，DSM-5で取り上げられる順番通りに（**表14.2**），**知的能力障害**（intellectual disabilities；14.2.1項），**コミュニケーション障害**（communication disorder；14.2.2項），**自閉スペクトラム症/自閉症スペクトラム障害**（autism spectrum disorder; ASD；14.2.3項），**注意欠如・多動症/注意欠如・多動性障害**（attention-deficit/hyperactivity disorder; ADHD；14.2.4項）による社会的言語使用の障害，そして**限局性学習症/限局性学習障害**（specific learning disorder；14.2.5

---

[1]　発達障害の概念は，複雑です。分野によっても多様で，歴史的にも大きく変遷しており，神経発達症群の用語との異同についても諸説あります（神尾，2014）。日本の行政・医療上の発達障害は，発達障害者支援法（2005年施行）での定義にしたがって，主として自閉スペクトラム症，注意欠如・多動症，限局性学習障害の3疾患を指し，この他にもチック症群なども含む総称として理解されます。

表 14.2 神経発達症群における言語機能不全

障害名		特徴
知的能力障害群		言語的な遅れだけではなく知的機能や適応期機能全般の遅れがみられる。
コミュニケーション症群/コミュニケーション障害群	言語障害	純粋な言語発達の遅れ。
	語音障害	発音の障害。
	小児期発症流暢障害	吃音，どもり，早口症。
	社会（語用論）的コミュニケーション障害	言語の社会的使用面の不全（自閉スペクトラム症と同症状）。
自閉スペクトラム症/自閉症スペクトラム障害		①言語の社会的使用面の不全とともに，②注意・関心の限局と常同行動がみられる。
注意欠如・多動症/注意欠如・多動性障害		①不注意と②多動性および衝動性，のうち両方/いずれかで特徴づけられ，言語機能にも影響を及ぼす。
限局性学習症/限局性学習障害		読み書きの障害。

注：神経発達症群には，上記の他，運動症群，その他の神経発達症群が含まれる。

項）にともなう場合をみていきます。最後に，神経発達症群には含まれませんが，同時期に発現する不安症群の一つである**選択性緘黙**（selective mutism；14.2.6 項）にも触れます。

14.2.1 知的能力障害群 [2]

知的能力（**知能**；intelligence）は，流動性知能と結晶性知能に大別され，種々の検査によって測定された結果が**知能指数**（Intelligence Quotient; IQ）で示されます。知能の遅れは先天的ないし出生後早期の障害によるものと考えられます。その診断は，①概念的，社会的，および実用的な領域における知的機能の欠陥，②継続的な支援を要するほどの適応機能の欠陥，③発達期に発症す

---

[2] ICD では，「精神遅滞」とも呼ばれます。

ることを要件とします（飯高, 2018）。程度はさまざまですが, 知的能力が全般的に遅れますので, それによってことばの発達も遅れることになります。ことばの遅れだけではなく, その他にさまざまな物事の理解が悪い, 身の回りの処理の動作が遅いなどの症状が現れます。

　知的能力障害（知的発達症, 知的発達障害）の重症度は, 軽度, 中等度, 重度, 最重度の 4 段階に分けられます。全知的障害者のうち 85％は軽度で, 残りの 15％ほどが中等度か重度になります。軽度ないし中等度であれば意思疎通は可能で, 社会技能訓練（social skill training）により社会適応を目指すことが可能です。重度ないし最重度の知的障害は, 遺伝性疾患（染色体異常）, 感染症など, ある程度原因が明確です。たとえば遺伝性疾患のダウン症候群は, 知的障害の主要な要因となり, 多くが中等度ですが, 重度以上になることがあります。音韻や統語面では不全が認められるものの, 語用論（社会的言語使用）の面は十分発達するケースが少なくありません。また, 同様に遺伝性疾患であるウィリアムス症候群でも知的障害を引き起こし, 言語を介した感情認知に不全があり, とくにネガティブ感情を読みとりにくいなどの症状が観察されます。このように, 知的障害による言語機能の不全は, その原因となる疾患のタイプに応じて傾向が変わります。

14.2.2　コミュニケーション症群

　DSM-5 におけるコミュニケーション症は, **言語症/障害**（language disorder）, **語音症/障害**（speech sound disorder）, **小児期発症流暢症/障害または吃音**（childhood-onset fluency disorder/stuttering）, そして**社会（語用論）的コミュニケーション症/障害**（social（pragmatic）communication disorder）に分かれます[3]。

1. 言語症/障害

---

[3] この分類は, 最新版 DSM-5 がその前の DSM-IV-TR から大きく変更された部分の一つです。日本語訳における用語の適切性についても, 整備の余地があるようで, 必ずしも言語療法の臨床で通用している用語と一致しないものもあります。両者の変更の経緯や整備の方向性については, 宇野（2016）が詳しく述べています。

　言語症は，純粋な言語機能の遅れを指し，表出性（運動型）と受容性（感覚型）の２つの面があります。表出性は，ことばを理解していても，それを適切に産出できない状態で，それが精神年齢に即した水準より低いものです。短い言い回しでしか表現できず，長い複雑な文の中で情報を保持しておくことが難しいことが特徴です。４歳頃に顕在化し，軽度では50％以上が学齢期の水準の言語能力を獲得できますが，重度の場合には障害が残ることがあります。原因は特定されていませんが，遺伝性が高く，言語症の病歴を持つ家族がいることが多いです。治療としては，言語産出の訓練や言語の音韻，構造，語彙の学習を含む言語療法の他，家庭内の緊張を和らげることが求められます。本人の自尊心の低下などの情緒的な問題があれば精神療法を行うこともあります。

　受容性の言語症はことばの理解面の障害で，理解が不十分であれば必然的に表出性の障害もともなうことになります。１歳頃，よく知っている名称に反応できなかったり，２歳頃になってもごく簡単な指示さえ理解できないようなことが出てきます。他者とのコミュニケーションをとるようになってからは，複雑な文構造やことばの意味が理解できないことが目立つようになります。本人が治療を受け入れにくい傾向があり，成人になっても障害が持続しやすいことが知られています。この障害は，知的障害，他者との社会的関係の構築に困難が生じる自閉スペクトラム症，視聴覚等の感覚器障害，その他の精神疾患によって説明できない場合に診断されます。

　次に，語音症は，いわゆる発音の障害です。DSM-5 以前には，**音韻障害**（phonological disorder），（機能的）構音障害（articulation disorder）[4] などと呼ばれてきたもので，器質的ないし感覚器の障害によるものとは区別されます。言語能力そのものの遅れはないにもかかわらず，言語音（speech sound）を適切に産出するための呼吸，発声，構音器官（顎，舌，唇等）の操作に困難があります（構音/調音については第10章図10.1 も参照）。小学校などの学校現場

---

[4] 言語音の発音のために必要な音声器官の操作を英語では articulation といいますが，それに対応する日本語訳は「構音」と「調音」の２つがともに通用しています。どちらを用いても同じですが，前者は医療・医学研究分野で，後者は言語（心理）学の研究の文脈で主に使われます。

などで，環境の調整，言語面の訓練（言語要求を下げたり速度を低くする等），認知・情動療法などが行われます。困難の程度はしだいに軽快し，必ずしも生涯にわたるものではありませんが，いじめやからかいによって残りやすくなります（森，2018）。

2.　小児期発症流暢症/障害/吃音

　小児期発症流暢症は，**発達性吃音**（developmental stuttering）を指し，成人期に心因や脳損傷などによって生じる獲得性吃音とは区別されます[5]。話したい内容が明確であり，調音器官等に問題がないにもかかわらず，同じ音を繰り返したり，引き伸ばしたり，声が出ないといったことがあります。吃音の状態には変動があり，時，場，相手，内容などによって生じる頻度が変わります。また，吃音にともなってまばたきや体を揺すったりするなどの随伴症状が生じることもあります。こうした困難が本人の対人恐怖や回避等，社会情緒的な発達に影響を及ぼす可能性がありますので，周囲の適切な配慮による指導や支援が求められます。現在のところ原因は不明です。

3.　社会（語用論）的コミュニケーション症/障害

　最後に，DSM-5 は，コミュニケーション症の中に社会的（語用論的）コミュニケーション症を含めています。これは，ことばの社会的使用の困難を指しますが，次に扱う自閉スペクトラム症によっても生じる困難と同じ現象ですので，症状の説明はそちらに譲ります。社会的（語用論的）コミュニケーション症は，自閉スペクトラム症の要件である，限局された興味と常同行動（駆り立てられるように同じ行動を繰り返さずにいられない症状）が，発達歴の中で明らかにされない場合に診断されます（APA, 2013）。

14.2.3　自閉スペクトラム症による社会的言語使用の不全

　2013 年に出版された DSM-5 では，DSM-IV の自閉性障害/自閉症（autism），アスペルガー障害，小児期崩壊性障害，特定不能の広汎性発達障害，レット障

---

[5] 成人期に発吃しても，脳損傷などのエピソードがなければ発達性吃音に分類されることもあります。

害などが，自閉スペクトラム症[6]という診断名のもとに包括されました。理由としては，とりわけ自閉性障害/自閉症（autism），アスペルガー障害，特定不能の広汎性発達障害は，それぞれがはっきりと区別される障害というよりも，社会的コミュニケーション障害や，限局された興味と常同行動の2領域における能力低下の程度の差ととらえたほうがよいと考えられるようになったということがあります。この障害については1940年代から精神医学上の関心事となり，多くの研究が重ねられています。現在では，遺伝的要因による脳の神経連絡の非典型的な発達の結果と考えられており，環境や養育の仕方が原因であるという説は否定されています（飯高，2018）。その発症メカニズムについては諸説ありますが，心理・認知科学的な説明としては，複雑な課題を可能にする**実行機能/執行機能**（executive function；課題の維持，切り替え，抑制等思考や行動を制御する機能）の低下の影響が示唆されています（Geurts et al.，2004）。それにより，他者の心的状態を推察する心の理論（第9章の9.2節，第13章の13.4節も参照）に不全が生じると考えられます。

　DSM-5の自閉スペクトラム症の診断基準での症状の要点としては，①社会的コミュニケーションおよび対人的相互反応に持続的な不全があること，②感覚への過敏さまたは鈍感さや，行動，興味，または活動において限定された反復的な様式を呈すること，の2つに集約されます。これらの症状について，③発達早期に顕在化している，④社会，学業等の機能で臨床的に看過されない障害を引き起こしている，そして⑤知的能力障害や全般的発達遅延のみではうまく説明できない場合に，自閉スペクトラム症と診断されます。とりわけ，これらのうちの1つ目の基準が，ことばに関わる障害として主要な問題になります。

　言語機能面での障害の特徴としては，他者とのコミュニケーション場面でみられます。知的能力の遅れをともなわない場合には，基本的な音韻，形態，統語，語彙や文の字義通りの意味の理解といった言語能力そのものは問題がなくても，他者との関係を築くために必要な社会情緒的な言語行動に問題が生じて

---

[6] ASD の定訳として「自閉症スペクトラム障害」も通用していますが，「自閉スペクトラム症」のほうが比較的よく使われます。

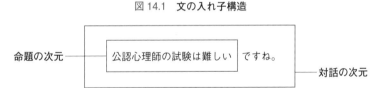

図 14.1　文の入れ子構造

コミュニケーションに供される言語は，命題の次元と，それを受信者に伝える際の発信者の態度や感情を表す部分としての対話の次元に分けられます。

きます。たとえば，あいづちなどの相手を配慮した表現，相手との関係や文脈によって判断しなければならない要素，つまり視点取得を要する言語形式の使用の切り替え（代名詞，指示詞，敬語の有無の判断）などの語用論的言語能力（第13章の話題）が低いという現象がいろいろな言語で観察されます（Hobson et al., 2010 など）。とくに日本語をはじめとするアジア言語では，相手との関係の認定に関わる文末詞（終助詞の「ね」「よ」等）の機能不全が特徴的です（Chan & To, 2016; 綿巻，1997 など）。

　こうした現象は，対人コミュニケーションにおいて発せられる文を，図14.1 のように命題そのものの次元と，それを相手にどのように伝えるかという対話の次元に分けるとすると，その両者の間を臨機応変に行き来する注意の切り替えがうまくいかないことに由来するのではないかと考えられます。自閉スペクトラム症，ないし自閉傾向が高い人は，命題の次元に関心が限局・固執しがちになり，対話の次元に柔軟に視点を切り替えることが難しいのかもしれません。そう考えると，自閉スペクトラム症の1つ目の診断基準である社会的言語使用面の機能不全は，明らかに2つ目の基準である限局された注意・関心と常同行動にも関連するといえます。

　治療の成否は，重症度にもよりますが，知的能力の遅れがなければ改善することは可能です。状況と言語使用方略の関係について逐次的かつ論理的な説明

を施した上で実践（ロールプレイ）を繰り返す等のトレーニングを行うことによって，自閉スペクトラム症者/児が言語の社会的使用能力を向上させられるという報告も蓄積されています（Peters & Thompson, 2015）。

　自閉スペクトラム症の言語的および非言語的症状は，典型的には発達早期に，おおむね生後12カ月頃から顕在化しはじめるものの，場合によっては隠れたまま成人することもあります。成人後も多くは持続するので，周囲の理解や援助が必要です。これらの傾向は，自閉スペクトラム症として診断されていない定型発達者（児）の間でも大なり小なり認められますが，診断された人々の間でも症状のあり方はさまざまです[7]。そうした程度の差が重視されるようになってきたために，最新版DSM-5の診断名では「スペクトラム（連続体）」という表現が含まれているのです。

14.2.4　注意欠如・多動症による言語機能不全

　注意欠如・多動症は，不注意と多動性—衝動性の両方またはいずれかが，発達や日常の機能に支障が生じるほど持続するものです。不注意は，反抗や理解力の欠如によるものではありません。多動性は，子どもなら不適切な場で走り回ったり，成人では落ち着きがなかったりする過剰な運動活動性を指します。衝動性は，先の見通しを立てることができず，すぐに報酬を欲しがったり満足を先延ばしできないなどのふるまいに現れます。4〜12歳の間に症状が認められ，とくに就学後に顕著になります。成人後，多動性は軽快することが多いものの，不注意と衝動性は一定程度残りがちです。3分の1は自閉スペクトラム症との併存があります。

　この疾患そのものが直接言語機能不全に関与するとは考えられていないので，言語心理学を扱う本章では深く立ち入りませんが，注意欠如・多動症において理解と産出の両面の言語処理に困難があること報告されています（Korrel et

---

[7]　知的能力の遅れをともなうか否かによっても重症度は変わりますし，注意欠如・多動症と併存することも多くあります。また，成人になると不安や抑うつになりやすい傾向もあり，そのために精神科を受診してはじめて自閉スペクトラム症の診断を受ける人も少なくありません。

al., 2017)。たとえば，注意欠如・多動症の子どもは，語りの一貫性が低い（まとまりが悪い），指し示すものがあいまいである，統語的に不正確である，などの特徴がみられるといいます（Jepsen et al., 2021）。これらの困難は，言語機能そのものの障害というより，注意欠如・多動症の中核的な特徴である実行機能の障害から派生する2次的な現象と考えられています。

14.2.5　限局性学習症による言語機能不全

　限局性学習症は，読み，書き，計算というリテラシーの障害です。DSM-5以前には単に「学習障害」と呼ばれ，読字障害，算数障害，書字表出障害，特定不能の4つの下位分類がありました。知的能力の水準は正常域にあり，適切な教育環境にあるにもかかわらず，上記の特定の領域の学習能力がその年齢の水準で期待されるより十分に低い場合に診断されます。

1. 読字障害

　言語機能に関する障害としては，まず読みの困難で，これは**特異的読字障害**（specific reading disorder），**ディスレクシア**（dyslexia），難読症，識字障害などと呼ばれます。限局性学習障害のうちではこれがもっとも多くみられ，言語ごとの書字法の複雑さに応じて症状の現れ方も異なります。日本語では，仮名（ひらがな・カタカナ）の習得が遅れたり，または仮名そのものは理解していても，漢字になって語を形成すると理解しにくくなったり，漢字の音読みと訓読みの使い分けが難しかったり，文字列の区切り方がわかりにくかったりします。

2. 書字表出障害

　次に，書くことの困難は，**特異的書字障害**（specific spelling disorder），または**ディスグラフィア**（dysgraphia）とも呼ばれます。特徴は，自分では正しく文字を書いているつもりでも，鏡文字になってしまう，誤字脱字が多い，書き順がおかしい，字の書き写しが遅い，形や大きさがバラバラになる，などのことがあります。その結果，書くことを嫌がるようになってしまうこともあります。

　これらの学習障害は，学校教育がはじまるまでは判別しにくいものです。自

閉スペクトラム症や注意欠如・多動症の併存もみられます。日本語の現状としては，学校教員が主体となってさまざまな指導方法が提案され，実践されています。原因は，先天的な中枢神経における認知機能障害と考えられており，それが環境要因と相互作用して発症するようです。

14.2.6 選択性緘黙

選択性緘黙は，他の状況では話せているにもかかわらず，話すことが期待される特定の社会的状況（学校等）で話せない状態を指します。その状態が1カ月以上持続し，学業や職業上支障をきたすことを要件とします。除外基準としては，話せないことが知識や楽しさの不足によるものではないこと，またコミュニケーション症，自閉スペクトラム症，統合失調症等に起因する症状でないことです。早ければ2〜5歳くらいから発症します。

選択性緘黙は，DSM-5では不安症群/障害群の一つとして位置づけられています[8]。選択性緘黙の経過はまちまちですが，成人になって持続することもあります（梅永，1995）。選択性緘黙のある子どもは，問題行動を起こすことが少なく顕在化しにくいため，就労後になってから診断されることもあります。性格特性との区別も困難です。

本来，不安やそれにともなう回避行動は，人間が危険をはらむ環境の中に適応して生存するために必要不可欠な感情で，誰もが経験するものです。それを「障害」と診断する上では，その症状によって著しい葛藤を経験し，日常生活に支障をきたすほどであるかどうかが考慮されます。選択性緘黙の病因は明らかになっていませんが，気質面では社会的孤立，社交不安，否定的感情などの要因，環境面では親の社会的抑制や過保護などの要因，また遺伝要因の可能性も示唆されています。治療においては，学校教育の現場に対して有用な情報提供をし，適切な配慮のもとで介入を行うことで改善は可能という研究結果があります（McHolm et al., 2005 河井・吉原訳 2007）。

---

[8] ICD-10 までは selective mutism の日本語訳として「選択性緘黙」が用いられていましたが，日本場面緘黙研究会によれば，ICD-11（日本語訳未完成）からは「場面緘黙」とされる予定です。

14.3　心因性（機能性）の言語に関わる障害

　本節では，身体疾患に起因しない心因性のもので，前節で紹介した発達性の
ものより遅く，思春期以降に顕在化する機能的な言語の障害について，**機能性
発声障害**（functional dysphonia），**機能性難聴**（functional hearing loss），**獲得
性吃音**（acquired stuttering）の順に取り上げます。これらはいずれも，精神
医学上の分類（DSM-5）では**変換症/転換性障害**（conversion disorder）また
は機能性神経症状症と呼ばれるものに含まれます。感覚機能の変化の症状が 6
カ月以上続き，日常生活の機能に支障が生じ，医学的疾患では説明できない場
合に診断されます。治療としては，薬物療法や精神療法（認知行動療法）など
がとられます。変換は，葛藤への不安の中で自我を保つという一種の防衛機制
として起こると考えられます。

　変換症/転換性障害の他に，思春期から青年期に発症し社会機能を著しく低
下させる深刻な精神疾患である統合失調症スペクトラム障害[9]でも，音韻，統
語，語用論レベルのさまざまな言語機能低下が観察されますが（Cummings,
2014），本書では扱いません。

14.3.1　機能性発声障害

　機能性発声障害または失声症[10]は，呼吸，発声，構音器官に器質的疾患や運
動障害を認めず，また中枢神経にも異常を認めないにもかかわらず，言語音の
発声が持続的に困難になるものです。多くの場合，ストレスの多い出来事や対
人関係の障害に関連した心理的原因が存在し，患者本人がその原因を否定して
いることもあります。

　そもそも声を出すには，第 10 章の 10.2 節で説明しているように，声帯（図

---

[9]　DSM-5 では，統合失調症スペクトラム障害および他の精神病性障害群の鍵となる
特徴として，妄想，幻覚，まとまりのない思考（発語），ひどくまとまりのないまた
は異常な運動行動（緊張病を含む），そして陰性症状の 5 つを挙げています。
[10]　14.5 節で扱う失語症と紛らわしいですが，まったく異なるものですので注意してく
ださい。

図 14.2 **声帯が開いている状態（上から見下ろしたところ）**（Laver, 1994）

失声症は，声帯の運動そのものに問題がないのに，言語音の発声の場合に限って声帯閉鎖不全となります。

14.2）の両側を接触（閉鎖）させて震わせる必要があります（声を出している間に喉仏を押さえると振動がわかります）。心因性の発声障害では，咳[11] をするときなどの声帯の閉鎖には問題がないのに，言語音を発声する場合に限って閉鎖不全となります。

典型的な患者は，心因的な自覚を持たずに声が出なくなって耳鼻咽喉科（音声外来）を受診し，服薬や行動療法としての音声訓練等の治療を受けます（牧山，2016）。数週間から数カ月で障害はなくなりますが，再発することもあります。治療には，耳鼻科医や言語聴覚士とともに，心理的サポートのために精神科医や公認心理師・臨床心理士なども加わります。機能的発声障害のタイプとしては，この心因性のものの他に過緊張性発声障害や，思春期の男性が発症する変声障害（変声期になってもそれ以前の声を出し続けようとする疾患）があります。これらにも精神的なストレスの関与が示唆されています。

14.3.2 機能性難聴

機能性難聴は，器質的疾患をともなわずに，心理的要因によって聞こえの障害が生じることです[12]。心理的要因としては，家庭や学校等生活上の問題，パ

---

[11] 咳は，一度声帯を完全に閉鎖してから開放するという過程を経ます。
[12] この他に，詐聴（意図的に装った難聴）も機能的難聴に含まれますが，本書では扱いません。

ーソナリティなどが指摘されますが，はっきりとはわかっていません。小児の難聴では，学校健診で指摘される健診難聴が多く，難聴以外に，耳鳴りやめまい，聴覚以外の感覚器官の障害，過敏性腸症候群，失調歩行，排尿困難等，多様な身体症状を合併することがしばしばあります。自閉スペクトラム症や注意欠如・多動症との併存も一部に認められます。治療としては，心理的ストレスを解消するなど精神科による薬物ないし心理療法を用います。

14.3.3　獲得性吃音

　獲得性吃音は，症状としては小児期発症流暢障害（発達性吃音）と同様，繰り返し，引き伸ばし，阻止などの症状を呈する発話障害です。早口言語症（クラタリング）の症状も併発することがあります。吃音は発達性が圧倒的多数ですが，成人後の獲得性吃音は大部分が心因性で，まれに脳損傷と薬害によるものがあります。症状が現れる場面は限定的で比較的重症度も低く，身体症状を随伴することはまれです。治療は発達性吃音と同様になされますが，心因が除去されても症状が残ってしまうことがあります（森，2020）。

14.4　感覚器の障害や疾患による言語機能の不全

　本章後半では，身体的な障害と言語機能との関連を検討します。本節は，聴覚や視覚といった外界の情報を得るための感覚器官の障害や疾患による言語機能のあり方を扱います。いずれも，先天的にその感覚を持たないのか，人生の途中でその感覚機能を失うのかによって，言語機能不全の症状も異なれば，そのことに対する本人の態度も異なりますので，経過も大きく変わってきます。

14.4.1　聴覚障害と言語

　聴覚機能を実現する耳は，空気の振動である音を，外耳から中耳にかけての伝音器官（系）で増強して内耳に伝え，内耳の感音器官（系）でそれを電気エネルギーに変換して音を感じることを可能にします。聴覚機能が低下した難聴の状態は，耳から聴覚を司る脳中枢のどこに不全があるかによって，**伝音難聴**

（conductive hearing loss），**感音難聴**（sensorineural hearing loss），そしてそれらの**混合難聴**（mixed hearing loss）に分けられます。

　伝音難聴は，外耳や中耳の各種疾患に起因する伝音器官の不全です。感音器官に不全がなければ重度の難聴とはならず，補聴器などで音を大きくすれば聞きとることができます。それに対して感音難聴は，感音器官からそれより中枢の神経系の障害に起因し，高度難聴ないしろう（聾）が含まれます。人工内耳の装用が適応できれば，手術をしてその後言語訓練を行うことになります。先天的または後天的な内耳の障害・疾患によって生じます。

　先天的なろう者は，**手話**（sign language）[13] を母語として獲得していくことになります。ろう者の**手話母語話者**（native signer）にとっては，手話を母語とした共同体で文化を形成し，独自の確立したアイデンティティを持っているので，聴覚によらずにことばを操ることを必ずしも障害と言うことはできません。アメリカの全国ろうあ協会（National Association of the Deaf）では，ろう者を「手話を使う聴覚障害者」ではなく「発達した視覚を持つ人々」と規定しています（斉藤，1999）。

　後天的な失聴者は，補聴器とともに，それまで使ってきた話しことばを理解するための読話を使います。これにより，話し手の口の形，表情などから話しことばを視覚的に理解します（伊藤，1998）。その他，筆談等の文字によるコミュニケーションも援用されます。

14.4.2　視覚障害と言語

　視覚障害は，眼鏡等をつけても視力ないし視野に支障がある状態を指します。見え方もさまざまな状態がありますが，全盲，弱視，ロービジョン（低視覚）

---

[13] ここでいう「手話（sign language）」は，先天的なろう者が持つ，言語中枢のはたらきの反映としての一つの「言語」であり，地域によってさまざまな手話があります（日本手話：Japanese Sign Language（JSL），アメリカ手話：American Sign Language（ASL）等）。聴者の言語をそのまま身ぶりに置き換えた「対応手話（日本語対応手話/手指（しゅし），英語対応手話：Signed Japanese, Signed English 等）」とはまったく異質なものです（対応手話は，聴者が効率よくろう者とコミュニケーションをとることができるための簡便な身ぶりを集めたもので，言語とはいえません）。

などと呼ばれます。弱視であれば，普通の文字を拡大鏡や拡大読書器等によって読むことができますが，全盲の場合には点字が使われます。日本語の点字では，6点点字と呼ばれる方法が一般的です。ひらがな・カタカナの区別はなく，分かち書きなど，空白を入れて表記し，触読によって内容を理解します。

　生まれたときないし乳幼児期から視覚機能がなく，視覚経験の記憶を持たない先天盲は，先天素因や未熟児網膜症などに起因します。先天盲の子どもの言語発達は，そうでない子どもと比べ，語彙産出の開始時期が遅れることが多いようです。それは，視覚経験がないまたは乏しいために，語彙の概念化が困難になり，語彙の音韻が習得されても意味的な理解が不十分になりやすいことに起因します。したがって，語彙を単に教え覚えさせるのではなく，実際にそれを使った経験をさせ，それによる達成感を持たせるように促すことがとりわけ重要です。

　それまでの人生で視覚経験を持つ中途失明の場合は，現代の日本では眼球の各種疾患やケガ，糖尿病，先天素因に起因することが多く[14]，思春期以降の幅広い年齢で起こり得ます。多くは弱視の状態で，各地の施設で音声機器やパソコンの訓練を受けたり，保有視覚機能を活用する補助具の操作など，ロービジョン・ケアを受けたりすることができます。

14.4.3　視聴覚の障害と言語

　視覚と聴覚の双方に障害を持つ状態を**盲ろう**（deafblindness），視聴覚二重障害などといいます。上述した視覚障害と聴覚障害を引き起こす疾患に加え，脳障害によっても視聴覚の二重の障害を負うことがあります。先天性盲ろうの場合は，原因は低出生体重によるもの，感染症，代謝異常などさまざまです。盲ろうの状態は，視覚障害，聴覚障害どちらが先だったか，同時だったか等の障害歴によって，盲ベース，ろうベースに分けられます。また，障害の程度によっても①全盲ろう，②弱視ろう，③全盲難聴，④弱視難聴の4つのタイプに

---

[14] かつては，ハンセン病等の感染症にともなう中途失明もみられましたが，現代ではほとんどありません。

図 14.3 盲ろうの 4 タイプ

盲ろう（視聴覚二重障害）は，視覚障害と聴覚障害の程度の組合せによって 4 つのタイプに分けられます。

大別されます（図 14.3）。

　盲ろう者の精神状態は，コミュニケーションや移動の困難などにより，極度の孤独と欲求不満感覚をもたらすといいます。そして，あらゆる外部情報が不足することによる言語経験の不足が知的・情緒的発達の遅れを招きます。盲ろう児では視覚体験も聴覚体験も困難またはできないため，触覚を駆使したはたらきかけにより，種々の情報を統合してことばの概念を理解させるよう促す必要があると考えられます（福島，1994）。

　視聴覚器官を通した外部情報の入力が絶たれていることは，環境におけるさまざまな情報を統合していく上で大きな支障となり，それが盲ろう児（者）の言語獲得をきわめて困難なものにします（村井，1970）。その困難を乗り越えるためには，①養育者との情緒的関係が結ばれているという前提の上で，②その交流の中で触覚を通じて外界に注意を向け表象を形成するということ，そして③ことばを覚える前に身ぶりサインによって日常生活の習慣を身につけていること，が必要だと考えられます（福島，1994）。このような準備が整っていて，養育者の愛情深いはたらきかけの継続によって，子どもの意欲が育まれ，

ことばの獲得が促されるのでしょう[15]。

　一方，ある程度言語を獲得した中途盲ろう児（者）は，他者のことばを受信し自分の意思を送信することでコミュニケーションが成立します。主に音声を使える盲ろう児（者）は発話を中心にコミュニケーションを行いますが，難しい場合は盲ベースかろうベースによって異なります。盲ベースは，手書き文字や指点字を多く用い，ろうベースの場合は，指文字や触手話を使い，コミュニケーションを行っています。

　盲ろう児（者）のための支援として，各地の訓練施設で指文字，指点字，口話法，触手話等の訓練が用意されています。

14.5　脳の器質的疾患等による言語障害

　最後に，主に成年期以降に発生する器質的疾患による言語障害として，**失語症（aphasia）**と**運動性構音障害（motor speech disorder）**[16]を扱います。失語症は，脳の大脳皮質に損傷を受ける疾患（脳卒中，事故による頭部外傷，感染症等）に起因する言語障害で，音声言語と文字言語の理解と産出（読み，書き，聞く，話す）の障害を指します。一方，運動性構音障害は，中枢から末梢に至る神経・筋系のいずれかの病変による構音器官の障害で，言語を理解する能力に不全はありません。

　失語症の症状は，損傷を受けた脳領域がどこであるか，どの程度広範囲にわたっているかなどによって千差万別です。一度十分に獲得された言語能力が医学的な疾患によって低下または消失することを指すので，前節までの発達性や

---

[15] 世界的に有名な全盲ろう者であるヘレン・ケラー（Keller, H.）は，献身的な家庭教師アン・サリヴァン（Sullivan, A.）を得て，触覚的なサイン（指文字）を通して言語学習をはじめました。はじめに具体的な語彙（「水」など）の指す対象を理解し，後に抽象的な語彙（「愛」など）の概念をも理解し，長じては複雑な思索を深め，それを表現して著作をなすまでに至りました（Keller, 1923）。このことは，聴覚であれ，視覚であれ，触覚であれ，感覚モダリティ（媒体）の種類にかかわらず，ことばによる思考や表現の習得は可能であることを示唆します。

[16] 言語聴覚士の間では，運動障害性構音障害（dysarthria）と呼ばれるものです。

心因性の言語障害を失語症とは呼びません。また，認知症による認知機能の低下にともなう症状とは区別されます（実際には，脳損傷の後遺症と認知症が併存することがあります）。また，古くから失語症に注目したジャクソン（Jackson, H.）は，たとえ重度の失語であっても，全言語機能が失われるわけではなく，残る能力が必ずあることを強調しています。第9章の9.2.3項で触れた知的言語と感情的言語という2つの側面のうち，感情的言語は残りやすいことが知られており，重度の失語症患者であっても感情表現をする場面はみられます。

　失語症の型（失語型）は，発話，聴覚理解，復唱という3側面から分類されます（石合，2003）。まず，発話が流暢か否か，次にそれぞれにおいて聴覚理解が十分か否かで分けられ，さらに，発話が流暢でも復唱が十分か否かで分けられます。本節では，その分類法（図14.4）にしたがって，主要な型である運動性（ブローカ）失語と感覚性（ウェルニッケ）失語の概略を述べた後，その他のタイプにも触れます。その後，運動性構音障害について説明します。

図 14.4　**主要な失語型の分類**（石合，2003 を一部改編，簡略化）

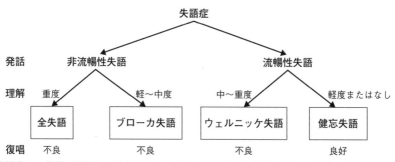

失語症は，発話が流暢か，聴覚理解が十分か，また復唱が可能かという観点で分類されます。

14.5.1　運動性失語（ブローカ失語）

　19 世紀の脳外科医ブローカ（Broca, P.）は，大脳皮質の前頭前野にある左下前頭回（図 14.5）に損傷を受けた患者が，言語の理解面の機能は保たれているものの発話機能に低下がみられると報告しました。これによって，この左下前頭回が発語運動を司る主要な領域とみなされるようになってブローカ野と呼ばれ，運動性失語が**ブローカ失語**（Broca's aphasia）と呼ばれるようになりました[17]。特徴としては，まず構音機能の障害により，非流暢な発話が観察されます。仮名文字の認識や文法機能の低下（失文法）もあります。言語聴覚士による言語訓練により，比較的治療効果が期待できるタイプと考えられています。

14.5.2　感覚性失語（ウェルニッケ失語）

　ブローカより少し後に，やはり脳外科医だったウェルニッケ（Wernicke, C.）は，発話は流暢であるものの聴覚理解に障害のある脳損傷患者の症例を報告しました。その患者の脳損傷は，左の側頭葉の上側頭回，中側頭回，角回，縁上回のあたりの領域にありました。上側頭回の後部はウェルニッケ野（図 14.5）と呼ばれるようになり，上述の症状を呈する失語症のタイプを，感覚性

図 14.5　ブローカ野（左下前頭回）とウェルニッケ野（左上側頭回の一部）

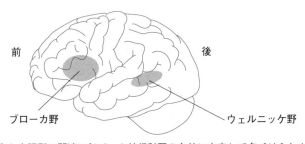

その損傷と失語型の関連に気づいた神経科医の名前に由来して名づけられました。

---

[17] ブローカ野は，文法機能にも関与します（Kinno et al., 2009）。

失語ないし**ウェルニッケ失語**（Wernicke's aphasia）といいます（実際には，病巣はウェルニッケ野以外にも，側頭葉や頭頂葉の周辺領域にも広がることが多いです）。よく話す割には内容に乏しかったり何を言っているかわからなかったりする点が特徴です。

14.5.3　その他の失語症のタイプ

　失語症のタイプとしては上述の2つが比較的多いですが，それ以外に，ことばが思い出せなかったりことばにならない**失名詞失語**（健忘失語）や，話す，聞く，書く，読むのすべての機能が重度に障害される**全失語**もみられます。急性期に全失語であったものが，改善して運動性失語の様相を呈することもあります。

　上述のように，言語機能の中心は大脳皮質の左半球が担っています（左利き手の人の一部では，反転して右半球にあることもあります）。しかし，（右利き手の人の）右半球に病巣がある場合にも失語症を発することがあり，それを**交叉性失語**（crossed aphasia）と呼びます（鳥居・岩崎，1995）。その他，復唱が不良である伝導失語，復唱が良好である超皮質性運動失語や超皮質性感覚失語というタイプもあります。

14.5.4　運動性構音障害

　前述したように，**運動性構音障害**は，構音器官に麻痺があったりして調整ができないために上手にことばを発音できない障害ですので，言語の理解や産出の基盤となる認知機能に問題はありません。したがって，筆談でやりとりをすることができます。主なタイプとしては，構音器官の運動の調整障害によって声の大きさや長さのコントロールがうまくいかない失調型構音障害，構音器官の弛緩性の麻痺によって声を出したり子音を作ったりすることが難しい弛緩性麻痺型構音障害などがあります（伊藤，1998）。

14.6　おわりに

　本章では，ごく概略的ながらも，生涯の間に，先天的または後天的にどのようなことばの機能不全を経験する可能性があるかをみてきました。各項目の内容の本格的理解のためには，それぞれの専門書等でさらに勉強する必要があります。言うまでもなく，診断の目的は，それらの症状に苦しむ人を理解し支援する手立てを考えることであり，診断された人を差別し傷つけることではありません。同じ障害の名のもとでも人によって状態は異なっており，同一の人の中でも変わっていくものですから，周囲の人々はそのことを認識して見守り，望まれる手助けをすべきでしょう。

　ことばの機能不全の状態を知ることは，障害の有無にかかわらず人間一般のことばのはたらき方の多様性や，生涯にわたって変容していく過程について統合的な理解を深めることにつながると思われます。障害の有無を超えて人間の高次認知機能を包括的に理解しようと努めることが大切で，断片的な理解は，差別や偏見を助長する恐れもあります。ことばの障害についてはわかっていない点もまだまだ多く残されており，今後の研究の進展が期待されます。

復習問題

1.「音韻，語彙，統語，字義的な意味を理解する能力の発達には問題がないが，相手との関係を考慮した社会情緒的な言語行動に支障がある」といった症状は，何の障害によるものと考えられるか，もっとも適切なものを1つ選んでください。

　①限局性学習症

　②注意欠如・多動症

　③自閉スペクトラム症

　④場面緘黙

　⑤発達性吃音

2.　感覚器の障害や疾患による言語機能の障害について適切でない記述を1つ選んでください。

　①人生において視覚経験の記憶を持たない子どもは，語彙産出の開始時期が遅くなりやすい。

②先天的に聴覚を持たないろう者は，手話を母語として獲得することで，その共同体の文化を形成し，独自のアイデンティティを持つようになる。

③視聴覚二重障害を持つ子どもに対しては，言語入力の圧倒的な不足を補うために触覚を使いながら，養育者との十分な情緒的・知的交流がなければ母語の獲得が困難となる。

④ろう者が母語とする手話は，聴者の言語を身ぶり（ジェスチャー）に置き換えた体系である。

⑤全盲の視覚障害者のコミュニケーションに使われる点字は，日本語では6点式が一般的であり，書字の種類の区別がないため分かち書きで記される。

3. 失語症について正しい説明を1つ選んでください。

①加齢にともなう身体機能の不全により，話したり聞いたりすることに支障が生じること。

②発達期の不全により，読み書きの能力がその年齢の水準で期待されるより低くとどまること。

③後天的な器質的疾患により，言語の構音機能に障害が生じること。

④いったん母語を獲得して成人してから，心理的要因によって言語機能のいずれかに障害が生じること。

⑤後天的な脳損傷により，聞く・話す・読む・書くなど言語のすべての面に何らかの障害が生じること。

参 考 図 書

西村 辨作（編）（2001）．ことばの障害入門　大修館書店（入門レベル）

　ことばの障害に特化した日本語の入門書が少ない中で，その概略を把握するために有用な一冊です。

斉藤 道雄（1999）．もうひとつの手話——ろう者の豊かな世界——　晶文社（入門レベル）

　聴覚という感覚器官が機能しない生涯の中で，どのように自己のアイデンティティや他者との共同体を構築していくかに示唆を与えてくれます。

飯高 哲也（編著）（2018）．精神医学　理工図書（中級レベル）

　あらゆる精神疾患について最新の情報も多く含まれる包括的な一冊。精神疾患にともなうことばの障害について，精神疾患全般の中で相対化しながら理解するために役立つでしょう。

復習問題解答

第1章

1. ②　アルコールによる変化は経験による行動の変化ではあるものの，一時的な薬理作用にすぎないため，学習とはみなされません。

2. ①⑤　②③④はいずれも新行動主義に関する記述であり，その中でも③はトールマン，④はハルの立場に関する記述です。

3. ④　スキナーは，パヴロフ型の条件づけのことをレスポンデント条件づけ，ソーンダイクによる道具的条件づけのことをオペラント条件づけと呼びました。

第2章

1. ③④　ラットが身体の異なる部位を用いた異なる動作でレバーを押すことは，それぞれ反応型が異なる別個の行動ですが，「餌を得る」という共通の機能を持つという意味では同一の行動であるといえます。

2. ④　頻度記録法は当該セッション内で生起した標的行動の頻度を連続的に記録するものであり，離散記録法とは異なる連続記録法に分類されます。

3. ④　反転法では，環境要因が導入されていない状態であるA期（ベースライン期）から環境要因を導入したB期（介入期）に移行した後，環境要因を取り除くことで再びA期へと反転させ，行動がベースラインの水準まで戻るかどうかを検討します。

第3章

1. ③　生得性行動は，同一種内であれば異なる個体であっても決まりきったワンパターンなものとして現れます。

2. ⑤　固定的活動パターンは完了するまで中断できないのに対し，生得的反応連鎖は環境の変化に応じて柔軟に中断することができます。なお，②は解発子（触発子）あるいは信号刺激に関する正しい記述です。

3. ②　馴化が起こった後でも，その刺激が一定時間提示されなければ反応は回復します（自発的回復）。なお，④は脱馴化，⑤は刺激般化に関する正しい記述です。

第４章

1. ④　古典的条件づけは，脊椎動物からアメフラシなどの無脊椎動物まで，ほとんどすべての動物種でみられます。なお，③は消去，⑤は刺激般化に関する正しい記述です。

2. ③　条件制止ではなく，条件抑制（条件情動反応）のことです。名称は似ているが異なる概念なので注意が必要です。

3. ①⑤　②③④はそれぞれ正しくは隠蔽，条件制止，阻止に関する記述です。なお，①は味覚嫌悪学習の選択的連合に関する正しい記述です。

第５章

1. ①　②は負の罰，③は正の強化，④は（正の）罰，⑤は第８章でみる観察学習の説明です。

2. ③　①は連続強化，②は固定比率（FR）スケジュール，④は変動比率（VR）スケジュール，⑤は変動時隔（VI）スケジュールの例です。

3. ⑤　偶然的に重なったある行動（＝いつもと違う道を通る）と事象（＝試験で良い成績をとる）との間に，あたかも因果関係があるかのようにふるまうことを指して迷信行動と呼びます。

第６章

1. ③　①は試行錯誤による問題解決，②は問題解決における転移，④は孵化効果，⑤は手段−目標分析に関する説明といえます。

2. ①　本来の機能や用途以外での物や道具の使い方になかなか目が向かない傾向を機能的固着と呼びます。

3. ②　①：類推に利用可能な情報を持っているだけでは転移は必ずしも生じないことを示す研究結果があります（6.7.2 項参照）。③：正の転移でなく負の転移の説明です。④：時間間隔は短いほうが転移は生じやすいことが示されています。⑤：正負と距離（遠近）は異なる転移の分類基準です。

第７章

1. ⑤　①：技能は，宣言的記憶ではなく非宣言的記憶に含まれます。②：潜在記憶でなく意味記憶の説明です。③：長期記憶に技能が蓄積されたことは，パフォーマ

ンス（行動遂行）の変化に認めることができます。④：活性化拡散モデルは，意味記憶の貯蔵形式を説明するモデルです。

2. ①　②：フィードバックの遅延は，一般に練習効果を低めます。③：パフォーマンスの誤りをみずから検出する能力を身につけることも技能学習では重要です。④：集中練習でも，技能の学習自体は（潜在的に）分散練習と同程度に進むことを示唆する研究結果があります。⑤：集中練習に対する分散練習の説明です。

3. ②　適応的熟達者は，単に型通りの技能に習熟しているだけでなく，習熟した技能を新規な場面や不慣れな状況に応用できるタイプの熟達者を指します。②以外はどちらかといえば定型的熟達（者）の例といえるでしょう。

第8章

1. ③　①：人間以外のさまざまな動物にも，模倣行動が生じることが確かめられています。②：模倣行動は代理強化がなくても生じます。④⑤：般化模倣は，ある模倣行動が強化を受けたことにより，直接的に強化が与えられていない別の行動に対して模倣が生じることを指します。

2. ③　①：記銘，保持，想起は記憶の過程です。②：保持過程では，観察された情報は視覚的イメージの他，言語としても保持されます。④：説明自体は正しいですが，脱制止効果の説明ではありません。⑤：バンデューラの「ボボ人形」実験でも，代理罰による模倣行動の抑制がみられています。

3. ④　代理的古典条件づけは，他者が経験する古典的条件づけの手続きを観察しただけで，自分にも条件反応が生じるようになる現象を指します。①は模倣，②はオペラント条件づけ，③は通常の古典的条件づけ，④は般化模倣の例といえます。

第9章

1. ④　他の動物にはない人間言語特有の特徴として，情報を保持する象徴機能と，新規の意味体系を構築するための階層性があるという2点を押さえてほしいと思います。

2. ③　言語獲得の臨界期は存在するものの，それは従来考えられていたより長く，臨界期以降の言語獲得の可能性を否定するものではないことが多くの実証研究からわかってきています。

3. ①　さまざまな言語処理は，脳の一領域のみがはたらいて他は一切関係しないと

いうことはなく，主たる領域を中心に他のさまざまな領域のはたらきとの連携に
よって実現しています。

第10章

1. ①　子どもの音声産出の最初期にみられるクーイングと喃語には，いずれも言語
的な意味はありません。最初に発することばは，初語といいます。

2. ⑤　母音を中心とする音節で数えれば，「パソコン（/pa.so.kon/）」は3つの母音
がありますので，3音節になります。

3. ①　文脈があればそこに含まれる情報を用いてトップダウン処理が可能になるの
で，騒音によって欠落した音素を補うことができます。

第11章

1. ①　②単語の意味は変化します。③機能語は明確な指示対象を持たないもので，
助詞は含まれますが名詞は内容語です。④意味をなす最小の単位は形態素です。⑤
「本」と「棚」はいずれも単独で使われ得る自由形態素です。

2. ⑤　綴りと発音が規則的に対応していない語（pint/paɪnt/等）でも，心内辞書に
あれば語彙経路に沿って発音できます。逆に語彙情報を持っていない非単語（trisk/
trɪsk/等）でも，綴りと発音が対応していれば，非語彙経路に沿って発音できます。

3. ④　子どもがどのことばから覚えるかには個人差があり，社会的なことばを先に
身につける場合，名詞から多く覚えていく場合などさまざまです。

第12章

1. ②　①英語より日本語のほうが語順の自由度が高いです。③結びつきの強い単語
どうしは句を作ります。④文の主語は態によって異なる意味役割を示します。⑤モ
ダリティは，言語学では文の命題に対する態度のことです。

2. ②　子どもの2語発話には軸語文法と呼ばれるパターンがみられますが，前置詞
の欠如や語順の乱れなどもみられ，まだ大人と同じ文法を獲得しているとはいえま
せん。

3. ④　文理解には，情報の保持と処理を行うワーキングメモリや，長期記憶に貯蔵
される語彙知識等が必要です。こうした能力には個人差があり，とくに複雑な文は
母語話者であっても必ずしも容易に処理できるわけではありません。

第13章

1. ②　談話の結束性と一貫性を絶対的に高める形式的手段はなく，どのような場で誰に何を伝えたいかによって，望まれる方略も変わります。

2. ③　①は低コントロール低ケア，②⑤は低ケア高コントロール，④は高ケア低コントロールの例です。③は，相手をいたわっているようでも，その意欲を考慮せず，目上であるのに敬語を使っていない点が，不快にさせ得る要因です。

3. ④　現実の間接発話のあり方はきわめて多岐にわたっており，定型発達児であってもその理解能力は文化差や個人差が大きいので，一概に獲得年齢をいうことはできません。

第14章

1. ③　自閉スペクトラム症で，知能障害がともなわない場合，狭義の言語能力知能に問題はないものの，言語の社会的使用（語用論）の面で支障が生じます。

2. ④　ろう者が母語とする「手話（sign language）」は，それぞれ独自の象徴機能と階層性を持つ言語体系です。各地域の聴者の言語を身ぶりに置き換えたものは，「対応手話/手指手話」といいます。

3. ⑤　失語症では，一見，4技能のうちどれかは保たれているようであっても，たとえ軽度でもすべての技能で何らかの障害が生じていると考えられます。

引 用 文 献

第 1 章

Boakes, R. (1984). *From Darwin to behaviorism: Psychology and the minds of animals.* Cambride, UK: Cambridge University Press.
（ボークス，R. 宇津木 保・宇津木 成介（訳）(1990). 動物心理学史——ダーウィンから行動主義まで—— 誠信書房）

Buckley, K. W. (1989). *Mechanical man: John Broadus Watson and the beginnings of behaviorism.* New York: Guilford Press.

Darwin, C. (1871). *The decent of man, and selection in relation to sex.* London: John Murray.
（ダーウィン，C. 長谷川 眞理子（監訳）(2016). 人間の由来（上・下） 講談社）

Hergenhahn, B. R. (1992). *An introduction to the history of psychology* (2nd ed.). CA: Wadsworth.

Hull, C. L. (1943). *Principles of behavior: An introduction to behavior theory.* New York: Appleton-Century.

今田 寛 (1996). 学習の心理学 培風館

Pavlov, I. P. (1910). *The work of the digestive glands* (2nd ed.) (Thompson, W. H. Trans.). London: Charles Griffin. (Original work published 1897)

Pavlov, I. P. (1927). *Conditioned reflexes: An investigation of the physiological activity of the cerebral cortex* (Anrep, G. V. Trans.). London: Oxford University Press. (Original work published 1926)

坂上 貴之・今田 純雄 (2005). 「学習・行動」領域の特徴 中島 義明・繁桝 算男・箱田 裕司（編）新・心理学の基礎知識（p.100） 有斐閣

坂上 貴之・井上 雅彦 (2018). 行動分析学——行動の科学的理解をめざして—— 有斐閣

サトウ タツヤ・高砂 美樹 (2003). 流れを読む心理学史——世界と日本の心理学—— 有斐閣

Schultz, D. (1981). *A history of modern psychology* (3rd ed.). New York: Academic Press.

Skinner, B. F. (1938). *The behavior of organisms: An experimental analysis.* New York: Appleton-Century.

Thorndike, E. L. (1898). Animal intelligence: An experimental study of the associative processes in animals. *The Psychological Review Monograph Supplement, 2* (4), i-109.

Thorndike, E. L. (1911). *Animal intelligence: Experimental studies.* New York: Macmillan.

Tolman, E. C. (1932). *Purposive behavior in animals and men.* New York: Century.

Watson, J. B. (1913). Psychology as the behaviorist views it. *Psychological Review, 20,* 158-177.

Watson, J. B., & Rayner, R. (1920). Conditioned emotional reactions. *Journal of Experimental Psychology, 3,* 1-14.

山田 弘司 (1998). 行動生態学と擬人化 動物心理学研究, *48,* 217-232.

第 2 章

Baer, D. M., Wolf, M. M., & Risley, T. R. (1968). Some current dimensions of applied behavior analysis. *Journal of Applied Behavior Analysis, 1*, 91-97.

Barlow, D. H., & Hersen, M. (1984). *Single case experimental designs: Strategies for studying behavior change* (2nd ed.). New York: Pergamon Press.

長谷川 芳典 (2007). 心理学研究における実験的方法の意義と限界 (4)――単一事例実験法をいかに活用するか―― 岡山大学文学部紀要, *48*, 31-47.

桑田 繁 (1993). 新しい実験計画法としての単一被験者法の紹介 (Ⅰ)――その適用方法と群間比較法との相違―― 全日本鍼灸学会雑誌, *43*, 28-35.

松田 壮一郎・山本 淳一 (2019). 遊び場面における広汎性発達障害幼児のポジティブな社会的行動に対するユーモアを含んだ介入パッケージの効果 行動分析学研究, *33*, 92-101.

小田切 敬子・松沢 安夫 (1993). 子ヒツジの遊び行動における瞬間サンプリング法の適用の検討 動物心理学研究, *43*, 9-16.

奥田 健次 (2005). 不登校を示した高機能広汎性発達障害児への登校支援のための行動コンサルテーションの効果――トークン・エコノミー法と強化基準変更法を使った登校支援プログラム―― 行動分析学研究, *20*, 2-12.

坂上 貴之・井上 雅彦 (2018). 行動分析学――行動の科学的理解をめざして―― 有斐閣

山田 恒夫 (1999). 行動 中島 義明・安藤 清志・子安 増生・坂野 雄二・繁桝 算男・立花 政夫・箱田 裕司 (編) 心理学辞典 (pp.253-254) 有斐閣

第 3 章

Lorenz, K. (1949). *Er redete mit dem Vieh, den Vögeln und den Fischen.* Wien: Verlag Dr. Borotha Schoeler.
　　(ローレンツ, K. 日高 敏隆 (訳) (2006). ソロモンの指環――動物行動学入門―― 早川書房)

Marken, R. S. (2002). Looking at behavior through control theory glasses. *Review of General Psychology, 6*, 260-270.

森山 哲美 (2019). 刻印反応の獲得と維持にかかわる強化随伴性 行動分析学研究, *34*, 103-125.

Reiss, M. J. (1984). Courtship and reproduction in the three spined stickleback. *Journal of Biological Education, 18*, 197-200.

坂上 貴之・井上 雅彦 (2018). 行動分析学――行動の科学的理解をめざして―― 有斐閣

Squire, L. R., & Kandel, E. R. (2009). *Memory: From mind to molecules* (2nd ed.). Colorado: Roberts and Company.
　　(スクワイア, L. R.・カンデル, E. R. 小西 史朗・桐野 豊 (監修) (2013). 記憶のしくみ (上)――脳の認知と記憶システム―― 講談社)

Thompson, R. F., & Spencer, W. A. (1966). Habituation: A model phenomenon for the study of neuronal substrates of behavior. *Psychological Review, 73*, 16-43.

Tinbergen, N. (1948). Social releasers and the experimental method required for their study. *The Wilson Bulletin, 60*, 6-51.

Vicedo, M. (2009). The father of ethology and the foster mother of ducks: Konrad Lorenz as expert on motherhood. *Isis, 100*, 263-291.

第4章

De Houwer, J., Thomas, S., & Baeyens, F. (2001). Associative learning of likes and dislikes: A review of 25 years of research on human evaluative conditioning. *Psychological Bulletin, 127*, 853-869.

Estes, W. K., & Skinner, B. F. (1941). Some quantitative properties of anxiety. *Journal of Experimental Psychology, 29*, 390-400.

福田 実奈 (2019). 嗜好品がもたらす効果における古典的条件づけの役割　基礎心理学研究, *38*, 143-148.

Garcia, J., Ervin, F. R., & Koelling, R. A. (1966). Learning with prolonged delay of reinforcement. *Psychonomic Science, 5*, 121-122.

Garcia, J., & Koelling, R. A. (1966). Relation of cue to consequence in avoidance learning. *Psychonomic Science, 4*, 123-124.

今田 寛 (1996). 学習の心理学　培風館

Kamin, L. J. (1968). "Attention-like" processes in classical conditioning. In M. R. Jones (Ed.), *Miami symposium on the prediction of behavior: Aversive stimulation* (pp.9-31). Coral Gables, FL: University of Miami Press.

Marczinski, C. A., & Fillmore, M. T. (2005). Compensating for alcohol-induced impairment of control: Effects on inhibition and activation of behavior. *Psychopharmacology, 181*, 337-346.

Mazur, J. E. (2006). *Learning and behavior* (6th ed.). UK: Pearson Education.
　　（メイザー, J. E. 磯 博行・坂上 貴之・川合 伸幸 (訳) (2008). メイザーの学習と行動　日本語版第3版　二瓶社）

Pavlov, I. P. (1927). *Conditioned reflexes: An investigation of the physiological activity of the cerebral cortex* (Anrep, G. V. Trans.). London: Oxford University Press. (Original work published 1926)

Rescorla, R. A. (1988). Pavlovian conditioning: It's not what you think it is. *American Psychologist, 43*, 151-160.

坂上 貴之・井上 雅彦 (2018). 行動分析学――行動の科学的理解をめざして――　有斐閣

坂井 信之 (2000). 味覚嫌悪学習とその脳メカニズム　動物心理学研究, *50*, 151-160.

Seligman, M. E. P. (1970). On the generality of the laws of learning. *Psychological Review, 77*, 406-418.

Siegel, S. (1976). Morphine analgesic tolerance: Its situation specificity supports a Pavlovian conditioning model. *Science, 193*, 323-325.

Siegel, S. (1982). Pharmacological habituation and learning. In M. L. Commons, R. J.

Herrnstein, & A. R. Wagner (Eds.), *Quantitative analyses of behavior.* Cambridge, MA: Ballinger.

Squire, L. R., & Kandel, E. R. (2009). *Memory: From mind to molecules* (2nd ed.). Colorado: Roberts and Company.
（スクワイア，L. R.・カンデル，E. R. 小西 史朗・桐野 豊（監修）(2013). 記憶のしくみ（上）講談社）

Watson, J. B., & Rayner, R. (1920). Conditioned emotional reactions. *Journal of Experimental Psychology, 3,* 1-14.

Yeomans, M. R. (2012). Flavour-nutrient learning in humans: An elusive phenomenon? *Physiology and Behavior, 106,* 345-355.

第5章

Blough, D. S. (1967). Stimulus generalization as signal detection in pigeons. *Science, 158,* 940-941.

Bower, G. H., & Hilgard, E. R. (1981). *Theories of learning* (5th ed.). Englewood Cliffs, NJ: Prentice-Hall.
（バウアー，G. H.・ヒルガード，E. R. 梅本 堯夫（監訳）(1988). 学習の理論（上）原書第5版　培風館）

Breland, K., & Breland, M. (1961). The misbehavior of organisms. *American Psychologist, 16,* 681-684.

Griffith, M. (1977). Effects of noncontingent success and failure on mood and performance. *Journal of Personality, 45,* 442-457.

Guttman, N., & Kalish, H. I. (1956). Discriminability and stimulus generalization. *Journal of Experimental Psychology, 51,* 79-88.

Hanson, H. M. (1959). Effects of discrimination training on stimulus generalization. *Journal of Experimental Psychology, 58,* 321-334.

Humphreys, L. G. (1939). The effect of random alternation of reinforcement on the acquisition and extinction of conditioned eyelid reactions. *Journal of Experimental Psychology, 25,* 141-158.

Jenkins, H. M., & Harrison, R. H. (1960). Effects of discrimination training on auditory generalization. *Journal of Experimental Psychology, 59,* 246-253.

Kelleher, R. T. (1958). Fixed-ratio schedules of conditioned reinforcement with chimpanzees. *Journal of the Experimental Analysis of Behavior, 1,* 281-289.

木村 裕 (2001). オペラント条件づけの基礎　山内 光哉・春木 豊（編著）グラフィック学習心理学――行動と認知――（pp.43-92）サイエンス社

Mazur, J. E. (2006). *Learning and behavior* (6th ed.). Boston, MA: Pearson.
（メイザー，J. E. 磯 博行・坂上 貴之・川合 伸幸（訳）(2008). メイザーの学習と行動　日本語版第3版　二瓶社）

Saltzman, I. J.（1949）. Maze learning in the absence of primary reinforcement: A study of secondary reinforcement. *Journal of Comparative and Physiological Psychology, 42*, 161-173.

Seligman, M. E. P.（1975）. *Helplessness: On depression, development and death.* San Francisco, CA: W. H. Freeman.

Seligman, M. E., & Maier, S. F.（1967）. Failure to escape traumatic shock. *Journal of Experimental Psychology, 74*, 1-9.

Skinner, B. F.（1938）. *The behavior of organisms: An experimental analysis.* New York: Appleton-Century.

Skinner, B. F.（1948）. 'Superstition' in the pigeon. *Journal of Experimental Psychology, 38*, 168-172.

Solomon, R. L., & Wynne, L. C.（1953）. Traumatic avoidance learning: Acquisition in normal dogs. *Psychological Monographs: General and Applied, 67*, 1-19.

Thorndike, E. L.（1898）. Animal intelligence: An experimental study of the associative processes in animals. *Psychological Review, 5*, 551-553.

Thorndike, E. L.（2017）. *Review of animal intelligence: Experimental studies*（Kindle ed.）. New York: Routledge.（Original work published 1911, New York: Macmillan.）

Wolfe, J. B.（1936）. Effectiveness of token rewards for chimpanzees. *Comparative Psychology Monographs, 12*, 72.

第6章

Bassok, M., & Novick, L. R.（2012）. Problem solving. In K. J. Holyoak, & R. G. Morrison（Eds.）, *The Oxford handbook of thinking and reasoning*（pp.413-432）. New York: Oxford University Press.

Blanchette, I., & Dunbar, K.（2000）. How analogies are generated: The roles of structural and superficial similarity. *Memory and Cognition, 28*, 108-124.

Blodgett, H. C.（1929）. The effect of the introduction of reward upon the maze performance of rats. *University of California Publications in Psychology, 4*, 113-134.

Bower, G. H., & Hilgard, E. R.（1981）. *Theories of learning*（5th ed.）. Englewood Cliffs, NJ: Prentice-Hall.
（バウアー, G. H.・ヒルガード, E. R. 梅本 堯夫（監訳）（1988）. 学習の理論（下）原書第5版　培風館）

Chen, Z.（2002）. Analogical problem solving: A hierarchical analysis of procedural similarity. *Journal of Experimental Psychology: Learning, Memory, and Cognition, 28*, 81-98.

Chen, Z., & Klahr, D.（2008）. Remote transfer of scientific-reasoning and problem-solving strategies in children. *Advances in Child Development and Behavior, 36*, 419-470.

Chen, Z., Mo, L., & Honomichl, R.（2004）. Having the memory of an elephant: Long-term retrieval and the use of analogues in problem solving. *Journal of Experimental Psychology: General, 133*, 415-433.

Dunbar, K.（1995）. How scientists really reason: Scientific reasoning in real-world laboratories. In R. J. Sternberg, & J. E. Davidson（Eds.）, *The nature of insight*（pp.365-395）. Cambridge, MA: MIT Press.

Dunbar, K.（1997）. How scientists think: On-line creativity and conceptual change in science. In T. B. Ward, S. M. Smith, & J. Vaid（Eds.）, *Creative thought: An investigation of conceptual structures and processes*（pp.461-493）. Washington, DC: American Psychological Association.

Duncker, K.（1945）. On problem-solving（L. S. Lees, Trans.）. *Psychological Monographs, 58*, i-113.

Eysenck, M. W., & Keane, M. T.（2015）. *Cognitive psychology: A student's handbook*（7th ed.）. New York: Psychology Press.

German, T. P., & Defeyter, M. A.（2000）. Immunity to functional fixedness in young children. *Psychonomic Bulletin and Review, 7*, 707-712.

Gick, M. L., & Holyoak, K. J.（1980）. Analogical problem solving. *Cognitive Psychology, 12*, 306-355.

Greeno, J. G.（1974）. Hobbits and orcs: Acquisition of a sequential concept. *Cognitive Psychology, 6*, 270-292.

池上 知子・遠藤 由美（2009）. グラフィック社会心理学　第2版　サイエンス社

Jung-Beeman, M., Bowden, E. M., Haberman, J., Frymiare, J. L., Arambel-Liu, S., Greenblatt, R., Reber, P. J., & Kounios, J.（2004）. Neural activity when people solve verbal problems with insight. *PLoS Biology, 2*, e97. doi: https://doi.org/10.1371/journal.pbio.0020097

Kershaw, T. C., & Ohlsson, S.（2004）. Multiple causes of difficulty in insight: The case of the nine-dot problem. *Journal of Experimental Psychology: Learning, Memory, and Cognition, 30*, 3-13.

Köhler, W.（1917）. *Intelligenzprüfungen an Menschenaffen*. Berlin: Springer.
（ケーラー，W. 宮 孝一（訳）（1962）. 類人猿の知恵試験　岩波書店）

Kounios, J., & Beeman, M.（2014）. The cognitive neuroscience of insight. *Annual Review of Psychology, 65*, 71-93.

Luchins, A. S.（1942）. Mechanization in problem solving: The effect of einstellung. *Psychological Monographs, 54*, i-95.

Maier, N. R. F.（1931）. Reasoning in humans. Ⅱ. The solution of a problem and its appearance in consciousness. *Journal of Comparative Psychology, 12*, 181-194.

Mayer, R. E.（1990）. Problem solving. In M. W. Eysenck（Ed.）, *The Blackwell dictionary of cognitive psychology*（pp.284-288）. Oxford, UK: Blackwell.

Newell, A., & Simon, H. A.（2019）. *Human problem solving*. Brattleboro, VT: Echo Point Books & Media.（Original work published 1972, Englewood Cliffs, NJ: Prentice-Hall.）

Ohlsson, S.（1992）. Information-processing explanations of insight and related phenomena. In M. T. Keane, & K. J. Gilhooly（Eds.）, *Advances in the psychology of thinking*（pp.1-44）.

London, UK: Harvester Wheatsheaf.

太田 信夫・邑本 俊亮・永井 淳一（2011）．認知心理学——知性のメカニズムの探求—— 培風館

Scheerer, M.（1963）．Problem-solving. *Scientific American, 208,* 118-128.

Simon, H. A.（1966）．Scientific discovery and the psychology of problem solving. In R. G. Colodny（Ed.）, *Mind and cosmos: Essays in contemporary science and philosophy*（pp.22-40）. Pittsburgh, PA: University of Pittsburgh Press.

Spencer, R. M., & Weisberg, R. W.（1986）．Context-dependent effects on analogical transfer. *Memory and Cognition, 14,* 442-449.

Tolman, E. C., Ritchie, B. F., & Kalish, D.（1946）．Studies in spatial learning. I. Orientation and the short-cut. *Journal of Experimental Psychology: General, 121,* 429-434.

Tversky, A., & Kahneman, D.（1974）．Judgment under uncertainty: Heuristics and biases. *Science, 185,* 1124-1131.

Vallée-Tourangeau, F., Euden, G., & Hearn, V.（2011）．Einstellung defused: Interactivity and mental set. *The Quarterly Journal of Experimental Psychology, 64,* 1889-1895.

Weisberg, R. W., & Alba, J. W.（1981）．An examination of the alleged role of "fixation" in the solution of several "insight" problems. *Journal of Experimental Psychology: General, 110,* 169-192.

第 7 章

Adams, J. A.（1987）．Historical review and appraisal of research on the learning, retention, and transfer of human motor skills. *Psychological Bulletin, 101,* 41-74.

Adams, J. A., & Dijkstra, S.（1966）．Short-term memory for motor responses. *Journal of Experimental Psychology, 71,* 314-318.

Adams, J. A., & Reynolds, B.（1954）．Effect of shift in distribution of practice conditions following interpolated rest. *Journal of Experimental Psychology, 47,* 32-36.

Anderson, J. R.（1982）．Acquisition of cognitive skill. *Psychological Review, 89,* 369-406.

Anderson, J. R.（1995）．*Cognitive psychology and its implications*（4th ed.）. Hoboken, NJ: Wiley.

Anderson, J. R.（2000）．*Learning and memory: An integrated approach*（2nd ed.）. Hoboken, NJ: Wiley.

Atkinson, R. C., & Shiffrin, R. M.（1968）．Human memory: A proposed system and its control processes. In K. W. Spence, & J. T. Spence（Eds.）, *The psychology of learning and motivation.* Vol. 2（pp.89-195）. New York: Academic Press.

Bassok, M., & Novick, L. R.（2012）．Problem solving. In K. J. Holyoak, & R. G. Morrison（Eds.）, *The Oxford handbook of thinking and reasoning*（pp.413-432）. New York: Oxford University Press.

Bohle-Carbonell, K., & Van Merrienboer, J. J. G.（2019）．Adaptive expertise. In P. Ward, J. M. Schraagen, J. Gore, & E. Roth（Eds.）, *The Oxford handbook of expertise*（pp.262-285）. New

York: Oxford University Press.

Bovair, S., Kieras, D. E., & Polson, P. G.（1990）. The acquisition and performance of text-editing skills: A cognitive complexity analysis. *Human-Computer Interaction, 5*, 1-48.

Bryan, W. L., & Harter, N.（1897）. Studies in the physiology and psychology of the telegraphic language. *Psychological Review, 4*, 27-53.

Bryan, W. L., & Harter, N.（1899）. Studies on the telegraphic language: The acquisition of a hierarchy of habits. *Psychological Review, 6*, 345-375.

Chase, W. G., & Simon, H. A.（1973a）. Perception in chess. *Cognitive Psychology, 4*, 55-81.

Chase, W. G., & Simon, H. A.（1973b）. The mind's eye in chess. In W. G. Chace（Ed.）, *Visual information processing.* London: Academic Press.

Chen, Z., & Klahr, D.（1999）. All other things being equal: Acquisition and transfer of the control of variables strategy. *Child Development, 70*, 1098-1120.

Collins, A. M., & Loftus, E. F.（1975）. A spreading-activation theory of semantic processing. *Psychological Review, 82*, 407-428.

de Groot, A. D.（2008）. *Thought and choice in chess.* Amsterdam, The Netherlands: Amsterdam University Press.（Original work published 1965, Hague, Netherlands: Mouton.）

Eysenck, M. W., & Keane, M. T.（2010）. *Cognitive psychology: A student's handbook*（6th ed.）. New York: Psychology Press.

Fitts, P. M., & Posner, M. I.（1967）. *Human performance.* Pacific Grove, CA: Brooks/Cole.

藤田 哲也（2013）. 潜在記憶　日本認知心理学会（編）認知心理学ハンドブック（pp.138-139）　有斐閣

Graf, P., & Schacter, D. L.（1985）. Implicit and explicit memory for new associations in normal and amnesic subjects. *Journal of Experimental Psychology: Learning, Memory, and Cognition, 11*, 501-518.

Greenspoon, J., & Foreman, S.（1956）. Effect of delay of knowledge of results on learning a motor task. *Journal of Experimental Psychology, 51*, 226-228.

Hambrick, D. Z., Burgoyne, A. P., & Oswald, F. L.（2020）. Domain-general models of expertise: The role of cognitive ability. In P. Ward, J. M. Schraagen, J. Gore, & E. Roth（Eds.）, *The Oxford handbook of expertise*（pp.56-84）. New York: Oxford University Press.

春木 豊（2001）. 技能学習　山内 光哉・春木 豊（編著）グラフィック学習心理学──行動と認知──（pp.93-124）　サイエンス社

Hatano, G., & Inagaki, K.（1986）. Two courses of expertise. In H. Stevenson, H. Azuma, & K. Hakuta（Eds.）, *Child development and education in Japan*（pp.262-272）. New York: W. H. Freeman.

Henke, K.（2010）. A model for memory systems based on processing modes rather than consciousness. *Nature Reviews Neuroscience, 11*, 523-532.

Hull, C. L.（1943）. *Principles of behavior: An introduction to behavior theory.* New York: Appleton-Century.

稲垣 佳世子・波多野 誼余夫（1989）．人はいかに学ぶか――日常的認知の世界――　中央公論社

神宮 英夫（1993）．スキルの認知心理学――行動のプログラムを考える――　川島書店

Kimble, G. A., & Horenstein, B. R.（1948）．Reminiscence in motor learning as a function of length of interpolated rest. *Journal of Experimental Psychology*, *38*, 239-244.

Lorge, I., & Thorndike, E. L.（1935）．The influence of delay in the aftereffect of a connection. *Journal of Experimental Psychology*, *18*, 186-194.

水野 りか（1998）．分散学習の有効性の原因――再活性化量の影響の実験的検証――　教育心理学研究，*46*，11-20.

邑本 俊亮（2005）．意味ネットワークモデル　森 敏昭・中條 和光（編）認知心理学キーワード（pp.92-93）　有斐閣

National Research Council（2000）．*How people learn: Brain, mind, experience, and school*（expanded ed.）. Washington, DC: National Academy Press.
　（米国学術研究推進会議（編著）森 敏昭・秋田 喜代美（監訳）（2002）．授業を変える――認知心理学のさらなる挑戦――　北大路書房）

Newell, A., & Rosenbloom, P. S.（1981）．Mechanisms of skill acquisition and the law of practice. In J. R. Anderson（Ed.）, *Cognitive skills and their acquisition*（pp.1-55）. Hillsdale, NJ: Lawrence Erlbaum.

Newell, A., & Simon, H. A.（2019）．*Human problem solving*. Brattleboro, VT: Echo Point Books & Media.（Original work published 1972, Englewood Cliffs, NJ: Prentice-Hall.）

Oxford Economics（2019）．*How robots change the world: What automation really means for jobs and productivity*. Retrieved from https://www.oxfordeconomics.com/recent-releases/how-robots-change-the-world（2021 年 2 月 10 日）

Pirolli, P. L., & Anderson, J. R.（1985）．The role of practice in fact retrieval. *Journal of Experimental Psychology: Learning, Memory, and Cognition*, *11*, 136-153.

Reynolds, B., & Adams, J. A.（1953）．Effect of distribution and shift in distribution of practice within a single training session. *Journal of Experimental Psychology*, *46*, 137-145.

Salmoni, A. W., Schmidt, R. A., & Walter, C. B.（1984）．Knowledge of results and motor learning: A review and critical reappraisal. *Psychological Bulletin*, *95*, 355-386.

Schmidt, R. A.（1991）．*Motor learning and performance: From principle to practice*. Champaign, IL: Human Kinetics.
　（シュミット，R. A. 調枝 孝治（監訳）（1994）．運動学習とパフォーマンス――理論から実践へ――　大修館書店）

篠原 彰一（2008）．学習心理学への招待――学習・記憶のしくみを探る――　改訂版　サイエンス社

Swift, E. J.（1905）．Memory of a complex skillful act. *American Journal of Psychology*, *16*, 131-133.

Swinnen, S. P., Schmidt, R. A., Nicholson, D. E., & Shapiro, D. C.（1990）．Information feedback for skill acquisition: Instantaneous knowledge of results degrades learning. *Journal of Experimental Psychology: Learning, Memory, and Cognition, 16,* 706-716.

Thorndike, E. L. (1927). The law of effect. *The American Journal of Psychology, 39,* 212-222.

Trowbridge, M. H., & Cason, H. (1932). An experimental study of Thorndike's theory of learning. *Journal of General Psychology, 7,* 245-260.

第8章

Baer, D. M., Peterson, R. F., & Sherman, J. A. (1967). The development of imitation by reinforcing behavioral similarity to a model. *Journal of the Experimental Analysis of Behavior, 10,* 405-416.

Baer, D. M., & Sherman, J. A. (1964). Reinforcement control of generalized imitation in young children. *Journal of Experimental Child Psychology, 1,* 37-49.

Bandura, A. (1965). Influence of models' reinforcement contingencies on the acquisition of imitative responses. *Journal of Personality and Social Psychology, 1,* 589-595.

Bandura, A. (1969). *Principles of behavior modification.* New York: Holt, Rinehart & Winston.

Bandura, A. (1971a). *Psychological modeling: Conflicting theories.* Chicago, IL: Aldine-Atherton.
（バンデューラ，A．原野 広太郎・福島 脩美（訳）(2020)．モデリングの心理学——観察学習の理論と方法—— 新装版 金子書房）

Bandura, A. (1971b). *Social learning theory.* New York: General Learning Press.
（バンデュラ，A．原野 広太郎・福島 脩美（訳）(1974)．人間行動の形成と自己制御——新しい社会的学習理論—— 金子書房）

Bandura, A. (1977). *Social learning theory.* Upper Saddle River, NJ: Prentice Hall.
（バンデュラ，A．原野 広太郎（監訳）(1979)．社会的学習理論——人間理解と教育の基礎—— 金子書房）

Bandura, A., Grusec, J. E., & Menlove, F. L. (1967). Vicarious extinction of avoidance behavior. *Journal of Personality and Social Psychology, 5,* 16-23.

Bandura, A., & Menlove, F. L. (1968). Factors determining vicarious extinction of avoidance behavior through symbolic modeling. *Journal of Personality and Social Psychology, 8,* 99-108.

Bandura, A., Ross, D., & Ross, S. A. (1963). Imitation of film-mediated aggressive models. *Journal of Abnormal and Social Psychology, 66,* 3-11.

Bandura, A., & Walters, R. H. (1963). *Social learning and personality development.* New York: Holt Rinehart and Winston.

Berger, S. M. (1962). Conditioning through vicarious instigation. *Psychological Review, 69,* 450-466.

Brigham, T. A., & Sherman, J. A. (1968). An experimental analysis of verbal imitation in preschool children. *Journal of Applied Behavior Analysis, 1,* 151-158.

Foss, B. M. (1964). Mimicry in mynas (Gracula religiosa): A test of Mowrer's theory. *British Journal of Psychology, 55,* 85-88.

Gerst, M. S. (1971). Symbolic coding processes in observational learning. *Journal of Personality and Social Psychology, 19*, 7-17.

春木 豊・都築 忠義 (1970). 模倣学習に関する研究　心理学研究, *41*, 90-106.

Hicks, D. J. (1965). Imitation and retention of film-mediated aggressive peer and adult models. *Journal of Personality and Social Psychology, 2*, 97-100.

Hoffman, M. L. (1960). Power assertion by the parent and its impact on the child. *Child Development, 31*, 129-143.

Lövaas, O. I. (1961). Effect of exposure to symbolic aggression on aggressive behavior. *Child Development, 32*, 37-44.

Mazur, J. E. (2006). *Learning and behavior* (6th ed.). Boston, MA: Pearson.
　　(メイザー，J. E. 磯 博行・坂上 貴之・川合 伸幸 (訳) (2008). メイザーの学習と行動 日本語版第3版　二瓶社)

McDougall, M. (1908). *An introduction to social psychology.* London: Methuen.

Meltzoff, A. N., & Moore, M. K. (1977). Imitation of facial and manual gestures by human neonates. *Science, 198*, 74-78.

Miller, N. E., & Dollard, J. (1941). *Social learning and imitation.* New Haven, CT: Yale University Press.
　　(ミラー，N. E.・ドラード，J. 山内 光哉・祐宗 省三・細田 和雅 (訳) (1956). 社会的学習と模倣　理想社)

Morgan, C. L. (1896). *Habit and instinct.* London: Edward Arnold.

Mussen, P., & Rutherford, E. (1961). Effects of aggressive cartoons on children's aggressive play. *Journal of Abnormal and Social Psychology, 62*, 461-464.

日本心理学会倫理委員会 (編) (2011). 公益社団法人日本心理学会倫理規程　第3版　公益社団法人日本心理学会　Retrieved from https://psych.or.jp/publication/rinri_kitei/ (2022年4月9日)

Phillips, D. P. (1979). Suicide, motor vehicle fatalities, and the mass media: Evidence toward a theory of suggestion. *American Journal of Sociology, 84*, 1150-1174.

Phillips D. P. (1982). The impact of fictional television stories on U.S. adult fatalities: New evidence on the effect of the mass media on violence. *American Journal of Sociology, 87*, 1340-1359.

Puleo, J. S. (1978). Acquisition of imitative aggression in children as a function of the amount of reinforcement given the model. *Social Behavior and Personality: An International Journal, 6*, 67-71.

Rosekrans, M. A., & Hartup, W. W. (1967). Imitative influences of consistent and inconsistent response consequences to a model on aggressive behavior in children. *Journal of Personality and Social Psychology, 7*, 429-434.

玉瀬 耕治 (1977). 社会的学習の理論　春木 豊 (編著) 人間の行動変容――新しい学習理論とその応用――　川島書店

渡辺 弥生（2019）．社会的学習　楠見 孝（編）学習・言語心理学（pp.61-86）　遠見書房

第9章

甘利 俊一（監修）入來 篤史（編）（2008）．言語と思考を生む脳　東京大学出版会

Anand, P., Chung, S., & Wagers, M.（2011）．Widening the net: Challenges for gathering linguistic data in the digital age. *White paper published in NSF project SBE 2020: Future Research in the Social, Behavioral and Economics Sciences.*

Bruner, J. S.（1985）．*Actual minds, possible worlds.* Cambridge, MA: Harvard University Press.

Chomsky, N.（1957）．*Syntactic structures.* Hague, Netherlands: Mouton.

Costa, A., Foucart, A., Arnon, I., Aparici, M., & Apesteguia, J.（2014）．"Piensa" twice: On the foreign language effect in decision making. *Cognition, 130,* 236-254.

Evans, J. S. B. T.（2007）．Dual-processing accounts of reasoning, judgment, and social cognition. *Annual Review of Psychology, 59,* 255-278.

Friederici, A., Bahlmann, J., Friederich, R., & Makuuchi, M.（2011）．The neural basis of recursion and complex syntactic hierarchy. *Biolinguistics, 5,* 87-104.

Hartshorne, J. K., Tenenbaum, J. B., & Pinker, S.（2018）．A critical period for second language acquisition: Evidence from 2/3 million English speakers. *Cognition, 177,* 263-277.

針生 悦子（2019）．赤ちゃんはことばをどう学ぶのか　中央公論新社

Hübener, M., & Bonhoeffer, T.（2014）．Neuronal plasticity: Beyond the critical period. *Cell, 159,* 727-737.

石合 純夫（2012）．高次脳機能障害学　第2版　医歯薬出版

Jackson, H.（1915）．Clinical remarks on emotional and intellectual language in some cases of disease of the nervous system. *Brain, 38,* 43-58.（原著は Lancet, 1866 に掲載）

Karmiloff, K., & Karmiloff-Smith, A.（2002）．*Pathways to language: From fetus to adolescent.* Cambridge, MA: Harvard University Press.

Liu, S., Erkkinen, M. G., Healey, M. L., Xu, Y., Swett, K. E., Chow, H. M., & Braun, A. R.（2015）．Brain activity and connectivity during poetry composition: Toward a multidimensional model of the creative process. *Human Brain Mapping, 36,* 3351-3372.

Norcliffe, E., Harris, A. C., & Jaeger, T. F.（2015）．Cross-linguistic psycholinguistics and its critical role in theory development: Early beginnings and recent advances. *Language, Cognition and Neuroscience, 30,* 1009-1032.

小椋 たみ子（2001）．言語獲得と認知発達　今水 寛・銅谷 賢治・二見 亮弘・田邉 敬貴・小椋 たみ子・齊藤 智・山鳥 重・大津 由紀雄　運動と言語（pp.87-126）　岩波書店

岡ノ谷 一夫（2008）．動物の音声コミュニケーション　甘利 俊一（監修）入來 篤史（編）言語と思考を生む脳　東京大学出版会

Opitz, B., & Degner, J.（2012）．Emotionality in a second language: It's a matter of time. *Neuropsychologia, 50,* 1961-1967.

Purves, D., Augustine, G. J., Fitzpatrick, D., Katz, L., LaMantia, A.-S., McNamara, J., & Williams,

S. M. (Eds.) (2001). *Neuroscience* (2nd ed.). Sunderland, MA: Sinauer Associates.

杉崎 鉱司 (2016). はじめての言語獲得——普遍文法に基づくアプローチ——　岩波書店

Wagers, M., & Chung, S. (2022). Language processing experiments in the field. In J. Sprouse (Ed.), *Oxford handbook of experimental syntax*. Oxford University Press.

Wason, P. C., & Evans, J. S. B. T. (1975). Dual processes in reasoning? *Cognition, 3*, 141-154.

Wassiliwizky, E., Koelsch, S., Wagner, V., Jacobsen, T., & Menninghaus, W. (2017). The emotional power of poetry: Neural circuitry, psychophysiology and compositional principles. *Social Cognitive and Affective Neuroscience, 12*, 1229-1240.

山鳥 重 (2001). 失語症からみる脳の言語機能　今水 寛・銅谷 賢治・二見 亮弘・田邉 敬貴・小椋 たみ子・齊藤 智・山鳥 重・大津 由紀雄　運動と言語 (pp.157-188)　岩波書店

山鳥 重 (2008). 知・情・意の神経心理学　青灯社

第 10 章

Başkent, D., Clarke, J., Pals, C., Benard, M. R., Bhargava, P., Saija, J., Sarampalis, A., Wagner, A., & Gaudrain, E. (2016). Cognitive comparison of speech perception with hearing impairment, cochlear implants, and aging: How and to what degree can it be achieved? *Trends in Hearing, 20*, 1-16.

Erickson, D. (2013). Speech rhythm in English and applications to second language teaching. *Acoustical Science and Technology, 34*, 153-158.

Hisanaga, S., Sekiyama, K., Igasaki, T., & Murayama, N. (2016). Language/culture modulates brain and gaze processes in audiovisual speech perception. *Scientific Reports, 6*, 35265, 1-10.

Kuhl, P. K. (2004). Early language acquisition: Cracking the speech code. *Nature Reviews Neuroscience, 5*, 831-843.

Kuhl, P. K., Conboy, B. T., Coffey-Corina, S., Padden, D., Rivera-Gaxiola, M., & Nelson, T. (2008). Phonetic learning as a pathway to language: New data and native language magnet theory expanded (NLM-e). *Philosophical Transactions of the Royal Society B: Biological Sciences, 363*, 979-1000.

Kuhl, P. K., Stevens, E., Hayashi, A., Deguchi, T., Kiritani, S., & Iverson, P. (2006). Infants show a facilitation effect for native language phonetic perception between 6 and 12 months. *Developmental Science, 9*, F13-F21.

Kushnerenko, E., Teinonen, T., Volein, A., & Csibra, G. (2008). Electrophysiological evidence of illusory audiovisual speech percept in human infants. *Proceedings of the National Academy of Sciences, 105*, 11442-11445.

McGurk, H., & MacDonald, J. (1976). Hearing lips and seeing voices. *Nature, 264*, 746-748.

Otake, T., Hatano, G., Cutler, A., & Mehler, J. (1993). Mora or syllable? Speech segmentation in Japanese. *Journal of Memory and Language, 32*, 258-278.

Rogers, C. S., Jacoby, L. L., & Sommers, M. S. (2012). Frequent false hearing by older adults:

The role of age differences in metacognition. *Psychology and Aging, 27,* 33-45.

斎藤 純男（2015）．イントネーション　斎藤 純男・田口 善久・西村 義樹（編）明解言語学辞典（p.14）　三省堂

斎藤 純男・田口 善久・西村 義樹（編）（2015）．明解言語学辞典　三省堂

氏家 悠太（2018）．McGurk 効果の多様性における環境要因と個人特性の影響　基礎心理学研究，*37,* 88-93.

Warren, R. M.（1970）．Perceptual restoration of missing speech sounds. *Science, 167*（3917），392-393.

山田 玲子（2004）．第二言語の音声学習──知覚と生成および処理階層間の相互作用──電子情報通信学会技術研究報告．TL, 思考と言語，*104*（503），41-46.

第 11 章

Aitchison, J.（2003）．*Words in the mind: An introduction to the mental lexicon*（3rd ed.）．Oxford, UK: Blackwell.

（エイチソン，J. 宮谷 真人・酒井 弘（監訳）（2010）．心のなかの言葉──心内辞書への招待──　培風館）

Baron-Cohen, S.（1995）．*Mindblindness: An essay on autism and theory of mind.* Cambridge, MA: The MIT Press.

Burke, D. M., MacKay, D. G., Worthley, J. S., & Wade, E.（1991）．On the tip of the tongue: What causes word finding failures in young and older adults? *Journal of Memory and Language, 30,* 542-579.

Chomsky, N.（1957）．*Syntactic structures.* Hague, Netherlands: Mouton.

Coltheart, M., Curtis, B., Atkins, P., & Haller, M.（1993）．Models of reading aloud: Dual-route and parallel-distributed-processing approaches. *Psychological Review, 100,* 589-608.

Dell, G. S.（1988）．The retrieval of phonological forms in production: Tests of predictions from a connectionist model. *Journal of Memory and Language, 27,* 124-142.

Dijkstra, T., Miwa, K., Brummelhuis, B., Sappelli, M., & Baayen, H.（2010）．How cross-language similarity and task demands affect cognate recognition. *Journal of Memory and Language, 62,* 284-301.

Duyck, W., Van Assche, E., Drieghe, D., & Hartsuiker, R. J.（2007）．Visual word recognition by bilinguals in a sentence context: Evidence for nonselective lexical access. *Journal of Experimental Psychology: Learning, Memory, and Cognition, 33,* 663-679.

Evans, V.（2014）．*The language myth: Why language is not an instinct.* Cambridge, MA: Cambridge University Press.

（エヴァンス，V. 辻 幸夫・黒滝 真理子・菅井 三実・村尾 治彦・野村 益寛・八木橋 宏勇（訳）（2021）．言語は本能か──現代言語学の通説を検証する──　開拓社）

Fenson, L., Dale, P. S., Reznick, J. S., Bates, E., Thal, D. J., Pethick, S. J., ...Stiles, J.（1994）．Variability in early communicative development. *Monographs of the Society for Research in*

Child Development, 59, i-185.

Fernald, A. (1993). Approval and disapproval: Infant responsiveness to vocal affect in familiar and unfamiliar languages. *Child Development, 64* (3), 657-674.

福田 由紀（編著）(2012). 言語心理学入門――言語力を育てる――　培風館

Gollan, T. H., & Acenas, L.-A. R. (2004). What is a TOT? Cognate and translation effects on tip-of-the-tongue states in Spanish-English and Tagalog-English bilinguals. *Journal of Experimental Psychology: Learning, Memory, and Cognition, 30*, 246-269.

Harley, T. A. (2014). *The psychology of language: From data to theory* (4th ed). Hove, UK: Psychology Press.

Jiang, N. (2000). Lexical representation and development in a second language. *Applied Linguistics, 21*, 47-77.

Keatley, C. W., Spinks, J. A., & de Gelder, B. (1994). Asymmetrical cross-language priming effects. *Memory and Cognition, 22*, 70-84.

Levelt, W. J. M. (1989). *Speaking: From intention to articulation*. Cambridge, MA: MIT Press.

Lotto, L., & de Groot, A. M. B. (1998). Effects of learning method and word type on acquiring vocabulary in an unfamiliar language. *Language Learning, 48*, 31-69.

Markman, E. M. (1990). Constraints children place on word meanings. *Cognitive Science, 14*, 57-77.

Neely, J. H., Keefe, D. E., & Ross, K. L. (1989). Semantic priming in the lexical decision task: Roles of prospective prime-generated expectancies and retrospective semantic matching. *Journal of Experimental Psychology: Learning, Memory, and Cognition, 15*, 1003-1019.

Nelson, K. (1973). Structure and strategy in learning to talk. *Monographs of the Society for Research in Child Development, 38*, 1-135.

Nesselhauf, N. (2003). The use of collocations by advanced learners of English and some implications for teaching. *Applied Linguistics, 24*, 223-242.

Newport, E. L., Gleitman, H., & Gleitman, L. R. (1977). Mother, I'd rather do it myself: Some effects and non-effects of maternal speech style. In C. E. Snow, & C. A. Ferguson (Eds.), *Talking to children: Language input and acquisition* (pp.109-149). Cambridge, UK: Cambridge University Press.

小椋 たみ子（2007）. 日本の子どもの初期の語彙発達　言語研究, *132*, 29-53.

小椋 たみ子・綿巻 徹・稲葉 太一（2016）. 日本語マッカーサー乳幼児言語発達質問紙の開発と研究　ナカニシヤ出版

Pelaez, M., Virués-Ortega, J., & Gewirtz, J. L. (2011). Contingent and noncontingent reinforcement with maternal vocal imitation and motherese speech: Effects on infant vocalizations. *European Journal of Behavior Analysis, 12*, 277-287.

Prince, P. (1996). Second language vocabulary learning: The role of context versus translations as a function of proficiency. *Modern Language Journal, 80*, 478-493.

Quine, W. V. O. (1960). *Word and object*. Cambridge, MA: MIT Press.

Ramírez, N. F., Lytle, S. R., & Kuhl, P. K. (2020). Parent coaching increases conversational turns and advances infant language development. *Proceedings of the National Academy of Sciences, 117*, 3484-3491.

Rosch, E., Mervis, C. B., Gray, W. D., Johnson, D. M., & Boyes-Braem, P. (1976). Basic objects in natural categories. *Cognitive Psychology, 8*, 382-439.

Saint-Georges, C., Chetouani, M., Cassel, R., Apicella, F., Mahdhaoui, A., Muratori, F., …Cohen, D. (2013). Motherese in interaction: At the cross-road of emotion and cognition? (A systematic review). *PLOS ONE 8* (10) e78103.

佐久間 淳一・加藤 重広・町田 健 (2004). 言語学入門——これから始める人のための入門書 —— 研究社

Schmitt, N. (2008). Instructed second language vocabulary learning. *Language Teaching Research, 12*, 329-363.

Singh, L., Nestor, S., Parikh, C., & Yull, A. (2009). Influences of infant-directed speech on early word recognition. *Infancy, 14*, 654-666.

Skinner, B. F. (1957). *Verbal behavior.* New York: Appleton-Century-Crofts.

寺尾 康 (2002). 言い間違いはどうして起こる？　岩波書店

Tomasello, M., & Akhtar, N. (1995). Two-year-olds use pragmatic cues to differentiate reference to objects and actions. *Cognitive Development, 10*, 201-224.

Tomasello, M., & Todd, J. (1983). Joint attention and lexical acquisition style. *First Language, 4*, 197-211.

第12章

Akhtar, N. (1999). Acquiring basic word order: Evidence for data-driven learning of syntactic structure. *Journal of Child Language, 26*, 339-356.

Braine, M. D. S. (1963). The ontogeny of English phrase structure: The first phase. *Language, 39*, 1-13.

Dryer, M. S., & Haspelmath, M. (Eds.) (2013). *The world atlas of language structures online.* Leipzig: Max Planck Institute for Evolutionary Anthropology. doi: 10.5281/zenodo.3606197 (2021 年 04 月 23 日)

Futrell, R., Hickey, T., Lee, A., Lim, E., Luchkina, E., & Gibson, E. (2015). Cross-linguistic gestures reflect typological universals: A subject-initial, verb-final bias in speakers of diverse languages. *Cognition, 136*, 215-221.

Gibson, E., Piantadosi, S. T., Brink, K., Bergen, L., Lim, E., & Saxe, R. (2013). A noisy-channel account of crosslinguistic word-order variation. *Psychological Science, 24* (7), 1079-1088.

Harada, S. I. (1977). Transformations are needed in Japanese. *Gekkan Gengo, 6*, 88-95.

Hayashibe, H. (1975). Word order and particles: A developmental study in Japanese. *Descriptive and Applied Linguistics, 8*, 1-18.

Jusczyk, P. W., Houston, D. M., & Newsome, M. (1999). The beginnings of word segmentation in English-learning infants. *Cognitive Psychology, 39* (3-4), 159-207.

Just, M. A., & Carpenter, P. A. (1992). A capacity theory of comprehension: individual differences in working memory. *Psychological Review, 99* (1), 122-149.

Kidd, E., Donnelly, S., & Christiansen, M. H. (2018). Individual differences in language acquisition and processing. *Trends in Cognitive Sciences, 22* (2), 154-169.

Kim, J., Koizumi, M., Ikuta, N., Fukumitsu, Y., Kimura, N., Iwata, K., ...Kawashima. R. (2009). Scrambling effects on the processing of Japanese sentences: An fMRI study. *Journal of Neurolinguistics, 22*, 151-166.

King, J., & Just, M. A. (1991). Individual differences in syntactic processing: The role of working memory. *Journal of Memory and Language, 30* (5), 580-602.

Klingberg, T. (2010). Training and plasticity of working memory. *Trends in Cognitive Sciences, 14* (7), 317-324.

Krashen, S. (1977). Some issues relating to the monitor model. In H. D. Brown, C. A. Yorio, & R. H. Crymes (Eds.), *On TESOL '77: Teaching and learning English as a second language: Trends in research and practice* (pp.144-158). Washington, DC: TESOL.

Luk, Z. P-S., & Shirai, Y. (2009). Is the acquisition order of grammatical morphemes impervious to L1 knowledge? Evidence from the acquisition of plural -s, articles, and possessive 's. *Language Learning, 59* (4), 721-754.

Lyons, J. (1968). *Introduction to theoretical linguistics.* Cambridge University Press. （ライオンズ，J. 国廣 哲彌（監訳）(1973). 理論言語学　大修館書店）

水本 豪 (2008). 幼児の格助詞の理解に及ぼす作動記憶容量の影響——特にかきまぜ文の理解から—— 認知科学, *15*, 615-626.

O'Grady, W., & Lee, M. (2005). A mapping theory of agrammatic comprehension deficits. *Brain and Language, 92* (1), 91-100.

Saffran, J. R., Aslin, R. N., & Newport, E. L. (1996). Statistical learning by 8-month-old infants. *Science, 274* (5294), 1926-1928.

Saito, M. (1985). Some asymmetries in Japanese and their theoretical implications, Ph.D. dissertation, MIT.

Savage, C., Lieven, E., Theakston, A., & Tomasello, M. (2006). Structural priming as implicit learning in language acquisition: The persistence of lexical and structural priming in 4-year-olds. *Language Learning and Development, 2*, 27-49.

Suzuki, T. (2000). Multiple factors in morphological case-marking errors. *Studies in Language Sciences, 1*, 123-134.

鈴木 孝明 (2007). 単一項文の理解から探る幼児の格助詞発達　言語研究, *132*, 55-76.

Tamaoka, K., Sakai, H., Kawahara, J., Miyaoka, Y., Lim, H., & Koizumi, M. (2005). Priority information used for the processing of Japanese sentences: Thematic roles, case particles or grammatical functions? *Journal of Psycholinguistic Research, 34* (3), 281-332.

Tomasello, M. (1992). *First verbs: A case study of early grammatical development.* Cambridge,

MA: Cambridge University Press.

Tomasello, M.（2003）. *Constructing a language: A usage-based theory of language acquisition.* Cambridge, MA: Harvard University Press.

（トマセロ，M. 辻 幸夫・野村 益寛・出原 健一・菅井 三実・鍋島 弘治朗・森吉 直子（訳）（2008）. ことばをつくる——言語習得の認知言語学的アプローチ—— 慶應義塾大学出版会）

角田 太作（2009）. 世界の言語と日本語——言語類型論から見た日本語—— 改訂版　くろしお出版

Ueno, M., & Kluender, R.（2003）. Event-related brain indices of Japanese scrambling. *Brain and Language, 86*, 243-271.

趙 墨・酒井 弘（2014）. 日本語児の統語標識ガ，ヲの学習——既存動詞を用いた文理解実験から—— 日本認知科学会第 31 回大会発表論文集，108-117.

第 13 章

Arnold, J. E., Bennetto, L., & Diehl, J. J.（2009）. Reference production in young speakers with and without autism: Effects of discourse status and processing constraints. *Cognition, 110*, 131-146.

Baron-Cohen, S.（1995）. *Mindblindness: An essay on autism and theory of mind.* Cambridge, MA: The MIT Press.

Branigan, H. P., Pickering, M. J., Stewart, A. J., & McLean, J. F.（2000）. Syntactic priming in spoken production: Linguistic and temporal interference. *Memory and Cognition, 28*, 1297-1302.

Brown, P., & Levinson, S. C.（1987）. *Politeness: Some universals in language usages.* Cambridge, UK: Cambridge University Press.

（ブラウン，P.・レヴィンソン，S. C. 田中 典子（監訳）（2011）. ポライトネス——言語使用における，ある普遍現象—— 研究社）

Carlson, S. M., Mandell, D. J., & Williams, L.（2004）. Executive function and theory of mind: Stability and prediction from ages 2 to 3. *Developmental Psychology, 40*, 1105-1122.

Clancy, P. M., Thompson, S. A., Suzuki, R., & Tao, H.（1996）. The conversational use of reactive tokens in English, Japanese, and Mandarin. *Journal of Pragmatics, 26*, 355-387.

De Cat, C.（2020）. Socio-economic status as a proxy for input quality in bilingual children? *Applied Psycholinguistics, 42*, 301-324. doi: https://doi.org/10.31219/osf.io/5y2wt

Filippova, E., & Astington, J. W.（2008）. Further development in social reasoning revealed in discourse irony understanding. *Child Development, 79*, 126-138.

Friedman, N. P., Miyake, A., Young, S. E., DeFries, J. C., Corley, R. P., & Hewitt, J. K.（2008）. Individual differences in executive functions are almost entirely genetic in origin. *Journal of Experimental Psychology: General, 137*, 201-225.

Garrod, S., & Clark, A.（1993）. The development of dialogue co-ordination skills in schoolchildren. *Language and Cognitive Processes*, *8*, 101-126.

Giles, H., Noels, K. A., Williams, A., Ota, H., Lim, T-S., Ng, S. H., Ryan, E. B., &Somera, L. (2003). Intergenerational communication across cultures: Young people's perceptions of conversations with family elders, non-family elders and same-age peers. *Journal of Cross-Cultural Gerontology*, *18*, 1-32.

Grice, H. P. (1975). Logic and conversation. In D. Davidson, & G. Harman (Eds.), *The logic of grammar* (pp.64-75). Encino, CA: Dickenson.
　　（グライス，P. 清塚 邦彦（訳）（1998）. 論理と会話　勁草書房）

Heinz, B. (2003). Backchannel responses as strategic responses in bilingual speakers' conversations. *Journal of Pragmatics*, *35*, 1113-1142.

Heller, D., Grodner, D., & Tanenhaus, M. K. (2008). The role of perspective in identifying domains of reference. *Cognition*, *108*, 831-836.

Holtgraves, T. (1998). Interpreting indirect replies. *Cognitive Psychology*, *37*, 1-27.

Hummert, M. L., & Ryan, E. B. (1996). Toward understanding variations in patronizing talk addressed to older adults: Psycholinguistic features of care and control. *International Journal of Psycholinguistics*, *12*, 149-169.

金水 敏 (2003). ヴァーチャル日本語　役割語の謎　岩波書店

金水 敏・田窪 行則（編）(1992). 指示詞　ひつじ書房

Levinson, S. C., Cutfield, S., Dunn, M. J., Enfield, N. J., & Meira, S. (Eds.). (2018). *Demonstratives in cross-linguistic perspective.* Cambridge, UK: Cambridge University Press.

Matsui, T., Yamamoto, T., & McCagg, P. (2006). On the role of language in children's early understanding of others as epistemic beings. *Cognitive Development*, *21*, 158-173.

Millis, K. K., & Just, M. A. (1994). The influence of connectives on sentence comprehension. *Journal of Memory and Language*, *33*, 128-147.

水谷 信子 (2015). 感じのよい英語　感じのよい日本語——日英比較コミュニケーションの文法——　くろしお出版

小椋 たみ子・綿巻 徹・稲葉 太一 (2016). 日本語マッカーサー乳幼児言語発達質問紙の開発と研究　ナカニシヤ出版

Pickering, M. J., & Garrod, S. (2004). Toward a mechanistic psychology of dialogue. *Behavioral and Brain Sciences*, *27*, 169-225.

Searle, J. R. (1969). *Speech acts.* Cambridge, UK: Cambridge University Press.
　　（サール，J. R. 坂本 百大・土屋 俊（訳）(1986). 言語行為——言語哲学への試論——勁草書房）

Skarabela, B., Allen, S. E. M., & Scott-Phillips, T. C. (2013). Joint attention helps explain why children omit new referents. *Journal of Pragmatics*, *56*, 5-14.

Sperber, D., & Wilson, D. (1996). *Relevance: Communication and cognition* (2nd ed). Oxford, UK: Blackwell.
　　（スペルベル，D.・ウイルソン，D. 内田 聖二・中逵 俊明・宋 南先・田中 圭子（訳）

（1999）．関連性理論——伝達と認知—— 第2版 研究社）

Traxler, M. J., Sanford, A. J., Aked, J. P., & Moxey, L. M.（1997）．Processing causal and diagnostic statements in discourse. *Journal of Experimental Psychology: Learning, Memory, and Cognition, 23*, 88-101.

Winner, E., & Leekam, S.（1991）．Distinguishing irony from deception: Understanding the speaker's second-order intention. *British Journal of Developmental Psychology, 9*, 257-270.

Zufferey, S.（2015）．*Acquiring pragmatics: Social and cognitive perspectives.* London: Routledge.

第14章

American Psychiatric Association（2013）．Highlights of changes from DSM-IV-TR to DSM-5. Retrieved from: https://psychiatry.msu.edu/_files/docs/Changes-From-DSM-IV-TR-to-DSM-5.pdf

芦谷 道子（2015）．小児機能性難聴の心理的臨床像と支援——臨床心理士の立場より—— 音声言語医学, *56*, 148-153.

馬場 均（2007）．機能性発声障害の診断における内視鏡的評価のポイント 音声言語医学, *48*, 347-351.

Chan, K. K. L., & To, C. K. S.（2016）．Do individuals with high-functioning autism who speak a tone language show intonation deficits? *Journal of Autism Developmental Disorders, 46*, 1784-1792.

福島 智（1994）．盲ろう児の言語発達と教育に関する文献的考察——「読み」の指導と想像力の形成を中心に—— 特殊教育学研究, *32*（1），9-17.

Geurts, H. M., Verté, S., Oosterlaan, J., Roeyers, H., & Sergeant, J. A.（2004）．How specific are executive functioning deficits in attention deficit hyperactivity disorder and autism? *Journal of Child Psychology and Psychiatry, 45*, 836-854.

Hobson, R. P., García-Pérez, R. M., & Lee, A.（2010）．Person-centred（deictic）expressions and autism. *Journal of Autism and Developmental Disorders, 40*, 403-415.

飯高 哲也（編著）（2018）．精神医学 理工図書

石合 純夫（2012）．高次脳機能障害学 第2版 医歯薬出版

Jepsen, I. B., Hougaard, E., Matthiesen, S. T., & Lambek, R.（2021）．A systematic review and meta-analysis of narrative language abilities in children with attention-deficit/hyperactivity disorder. *Research on Child and Adolescent Psychopathology, 50*, 737-751.

神尾 陽子（2014）．発達障害の概念・分類とその歴史的変遷 精神科治療学, *29*（増刊号），10-13.

Keller, H.（1923）．*The story of my life.* London: George G. Harrap.

Kinno, R., Muragaki, Y., Hori, T., Maruyama, T., Kawamura, M., & Sakai, K. L.（2009）．Agrammatic comprehension caused by a glioma in the left frontal cortex. *Brain and Language, 110*, 71-80.

Korrel, H., Mueller, K. L., Silk, T., Anderson, V., & Sciberras, E.（2017）．Research Review:

Language problems in children with Attention-Deficit Hyperactivity Disorder-a systematic meta-analytic review. *Journal of Child Psychology and Psychiatry, 58*（6）, 640-654.

Laver, J.（1994）. *Principles of phonetics.* Cambridge, MA: Cambridge University Press.

牧山 清（2016）. 機能性発声障害の診断と治療　日本耳鼻咽喉科学会会報, *119*, 142-143.

McHolm, A. E., Cunningham, C. E., & Vanier, M. K.（2005）. *Helping your child with selective mutism: Practical steps to overcome a fear of speaking.* Oakland, CA: New Harbinger.
（マクホルム, A. E.・カニンガム, C. E.・バニエー, M. K. 河井 英子・吉原 桂子（訳）（2007）. 場面緘黙児への支援――学校で話せない子を助けるために――　田研出版）

森 浩一（2018）. 小児発達性吃音の病態研究と介入の最近の進歩　小児保健研究, *77*（1）, 2-9.

森 浩一（2020）. 吃音（どもり）の評価と対応　日本耳鼻咽喉科学会会報, *23*, 1153-1160.

村井 潤一（1970）. 言語機能の形成と発達――乳幼児の音声, 言語活動の比較発達的研究――　風間書房

Peters, L. C., & Thompson, R. H.（2015）. Teaching children with autism to respond to conversation partners' interest. *Journal of Applied Behavior Analysis, 48*, 544-562.

斉藤 道雄（1999）. もうひとつの手話――ろう者の豊かな世界――　晶文社

笹沼 澄子（監修）伊藤 元信（編）（1998）. 成人のコミュニケーション障害　大修館書店

鳥居 方策・岩崎 真三（1995）. 交叉性失語をめぐる最近の知見　音声言語医学, *36*, 35-39.

梅永 雄二（1995）. 場面緘黙者に対する職業指導――非音声言語による表出コミュニケーション指導および視覚的JIGを使用した作業指導――　職業リハビリテーション, *8*, 41-48.

宇野 彰（2016）. コミュニケーション症群/コミュニケーション障害群　臨床精神医学, *45*（2）, 135-138.

綿巻 徹（1997）. 自閉症児における共感獲得表現助詞「ね」の使用の欠如――事例研究――　発達障害研究, *19*（2）, 146-157.

人名索引

事項索引

著 者 紹 介

木山　幸子 （きやま　さちこ）　　　　　　（第 9，10，12 〜 14 章）

2002 年　早稲田大学第一文学部卒業

2005 年　東京外国語大学大学院地域文化研究科博士前期課程修了

2011 年　麗澤大学大学院言語教育研究科博士後期課程修了

現　在　東北大学大学院文学研究科准教授　博士（文学）

主 要 論 文

'Individual mentalizing ability boosts flexibility toward a linguistic marker of social distance: An ERP investigation.'（共著）（Journal of Neurolinguistics, 47, 2018）

'Multiple factors act differently in decision making in the East Asian region: Assessing methods of self-construal using classification tree analysis.'（共著）（Journal of Cross-Cultural Psychology, 50, 2019）

「俳句の心理言語学的一考察——定型詩を介した感情認知について」（ことばと文字——地球時代の日本語と文字を考える，13，2020）

大沼　卓也 （おおぬま　たくや）　　　　　　（第 1 〜 4 章）

2013 年　東北大学文学部卒業

2015 年　東北大学大学院文学研究科博士課程前期修了

2018 年　東北大学大学院文学研究科博士課程後期修了

現　在　近畿大学産業理工学部准教授　博士（文学）

主 要 論 文

'Higher-order conditioning of taste-odor learning in rats: Evidence for the association between emotional aspects of gustatory information and olfactory information.'（共著）（Physiology and Behavior, 164, 2016）

'Enhancement of saltiness perception by monosodium glutamate taste and soy sauce odor: A near-infrared spectroscopy study.'（共著）（Chemical Senses, 43, 2018）

'Eye-tracking research on sensory and consumer science: A review, pitfalls and future directions.'（共著）（Food Research International, 145, 2021）

新国　佳祐 （にいくに　けいゆう）　　　　　　　　（第５〜８章）

2010 年　東北大学教育学部卒業

2012 年　東北大学大学院教育学研究科博士課程前期修了

2015 年　東北大学大学院情報科学研究科博士課程後期修了

現　在　新潟青陵大学福祉心理学部臨床心理学科准教授　博士（情報科学）

主 要 論 文

「自己主体感の個人差が主語省略文理解時の視点取得に及ぼす影響」（共著）（心理学
　　研究, 92, 2021）

'Intentional binding and self-transcendence: Searching for pro-survival behavior in
　　sense-of-agency.'（共著）（Consciousness and Cognition, 102, 2022）

'Pupil dilation reflects emotional arousal via poetic language.'（共著）（Perceptual and
　　Motor Skills, in press）

熊　可欣 （XIONG, Kexin）　　　　　　　　　　（第 10 〜 12 章）

2011 年　（中国）大連外国語学院日本語学院卒業

2015 年　名古屋大学大学院国際言語文化研究科博士前期課程修了

2018 年　名古屋大学大学院国際言語文化研究科博士後期課程修了

現　在　東北大学学際科学フロンティア研究所助教　博士（学術）

主 要 論 文

「2 言語間の非選択的活性化は統語情報の処理においても起こるか──日中同形同義
　　漢語動詞の受動態の処理を例に」（共著）（認知科学, 23, 2016）

「中国人日本語学習者の日中同形同義語の品詞性の習得──語彙知識・文法知識との
　　因果関係」（共著）（第二言語としての日本語の習得研究, 20, 2017）

'The time course of brain activity in reading identical cognates: An ERP study of
　　Chinese-Japanese bilinguals.'（共著）（Journal of Neurolinguistics, 55, 2020）

ライブラリ 心理学の杜=7

学習・言語心理学

2022 年 10 月 10 日 ©　　　　　　　　初 版 発 行

著　者　木山幸子　　　発行者　森平敏孝
　　　　大沼卓也　　　印刷者　中澤　眞
　　　　新国佳祐　　　製本者　小西惠介
　　　　熊　可欣

発行所　　株式会社　サイエンス社

〒151-0051　東京都渋谷区千駄ヶ谷 1 丁目 3 番 25 号
営業 TEL　(03) 5474-8500(代)　　振替 00170-7-2387
編集 TEL　(03) 5474-8700(代)
FAX　　　(03) 5474-8900

組版　ケイ・アイ・エス
印刷　㈱シナノ　　　　製本　ブックアート
《検印省略》

本書の内容を無断で複写複製することは，著作者および出
版者の権利を侵害することがありますので，その場合には
あらかじめ小社あて許諾をお求め下さい。

サイエンス社のホームページのご案内
https://www.saiensu.co.jp
ご意見・ご要望は
jinbun@saiensu.co.jp　まで.

ISBN978-4-7819-1550-0

PRINTED IN JAPAN

ポテンシャル 学習心理学

眞邉一近 著
A5 判・272 頁・本体 2,600 円（税抜き）

私たちヒトや動物は，様々な環境の変化に柔軟に対応しながら生活しています。環境に働きかけ，うまくいかなければ振る舞い方を変えるという経験を積み重ねることによって「学習」していきます。
本書は，ヒト以外の動物でも生じる単純な学習から，ヒトに特有な言語による学習まで，基礎研究で得られた知見に加えて，学習心理学以外の領域や臨床場面での応用事例についても紹介しています。

サイエンス社

学習の心理　第2版

行動のメカニズムを探る

実森正子・中島定彦 著
四六判・304頁・本体2,300円（税抜き）

本書は，「最新の学習心理学のもっとも簡明な教科書」の改訂版です。実際の講義で提起された疑問や意見を参考に，随所に変更や補足を施し，適宜近年の研究を追加しました。特に，進展の著しい動物におけるエピソード記憶やメタ記憶の行動的研究に焦点をあて，新たな章を設けました。入門から応用にまで活用できる，決定版ともいえる一冊です。

【主要目次】

サイエンス社

心理学概論

行場次朗・大渕憲一 共著
A5 判・304 頁・本体 2,600 円（税抜き）

本書は，心理学を学ぶ上で入り口となる心理学概論の
教科書です。研究・教育経験豊富な著者陣が，広範囲
にわたる内容についてわかりやすく解説します。バラ
エティ豊かで，独特の面白さや深みを持つ心理学を学
ぶ楽しさを味わってもらえるよう，興味深い実験例や
事例，学説などについて適宜囲み記事を設けて紹介し
ます。はじめて学ぶ方から心理職・資格を目指す方ま
で，おすすめの一冊です。

【主要目次】

サイエンス社